SEIS ELEFANTES CEGOS

VOLUME 2

Aplicações e explorações de abrangência e categoria
na programação neurolingüística

Dados Internacionais de Catalogação na Publicação (CIP)
(Câmara Brasileira do Livro, SP, Brasil)

Andreas, Steve
  Seis elefantes cegos, volume 2 : aplicações e explorações de abrangência e categoria na programação neurolingüística / Steve Andreas; [tradução Denise Bolanho]. — São Paulo : Summus, 2008.

  Título original: Slix blind elephants: understanding ourselves and each other volume 2: applications and explorations of scope and category.
  Bibliografia.
  ISBN 978-85-323-0503-9

  1. Programação neurolingüística I. Título.
  II. Título: Aplicações e explorações de abrangência e categoria na programação neurolingüística.

08-07458   CDD-158.1

Índice para catálogo sistemático:
1. Programação neurolingüística: Psicologia aplicada 158.1

Compre em lugar de fotocopiar.
Cada real que você dá por um livro recompensa seus autores
e os convida a produzir mais sobre o tema;
incentiva seus editores a encomendar, traduzir e publicar
outras obras sobre o assunto;
e paga aos livreiros por estocar e levar até você livros
para a sua informação e o seu entretenimento.
Cada real que você dá pela fotocópia não autorizada de um livro
financia o crime e ajuda a matar a produção intelectual de seu país.

STEVE ANDREAS

SEIS ELEFANTES CEGOS

VOLUME 2
Aplicações e explorações de abrangência e categoria
na programação neurolingüística

Do original em língua inglesa
SIX BLIND ELEPHANTS: Understanding ourselves and each other
Volume II - Applications and explorations of scope and category
Copyright ©2006 by Real People Press
Direitos desta tradução reservados por Summus Editorial

Editora executiva: **Soraia Bini Cury**
Assistentes editoriais: **Bibiana Leme e Martha Lopes**
Tradução: **Denise Bolanho**
Capa e Projeto gráfico: **Daniel Rampazzo/Casa de Idéias**
Diagramação: **Jordana Chaves/Casa de Idéias**

Summus Editorial
Departamento editorial:
Rua Itapicuru, 613 – 7º andar
05006-000 – São Paulo – SP
Fone: (11) 3872-3322
Fax: (11) 3872-7476
http://www.summus.com.br
e-mail: summus@summus.com.br

Atendimento ao consumidor:
Summus Editorial
Fone: (11) 3865-9890

Vendas por atacado:
Fone: (11) 3873-8638
Fax: (11) 3873-7085
e-mail: vendas@summus.com.br

Impresso no Brasil

"Nem verdade, nem certeza. Essas coisas eu previ
Em meu noviciado, pois os jovens destinados à ordenação devem
renunciar ao mundo.
'Se... então...' apenas isso eu declaro:
E os meus sucessos são apenas atraentes correntes
Unindo dúvidas duplas, pois é inútil perguntar
Se aquilo que eu presumo é justificado,
Ou se aquilo que eu confirmo possui o traço da realidade.

Mesmo assim as pontes continuam em pé e os homens não
engatinham mais em duas dimensões. E esses triunfos resultam
em grande parte do poder que esse jogo, jogado com as sombras
três vezes atenuadas das coisas, tem sobre os seus originais.
Quão frágil a varinha de condão, mas quão profundo
o encantamento!"

Clarence R. Wylie Jr., matemático (Weaver, 1960)

"Muitas idéias se desenvolvem melhor quando transplantadas em outra mente do que naquela onde nasceram."

Oliver Wendell Holmes

"Nenhum de nós é tão brilhante quanto todos nós."

Provérbio japonês

Agradecimentos

"CENTENAS DE VEZES TODOS OS DIAS, LEMBRO A MIM MESMO QUE MINHA VIDA INTERIOR E EXTERIOR DEPENDE DOS ESFORÇOS DE OUTRAS PESSOAS, VIVAS E MORTAS, E QUE EU PRECISO ME ESFORÇAR PARA DEVOLVER NA MESMA PROPORÇÃO EM QUE RECEBI E AINDA ESTOU RECEBENDO."

ALBERT EINSTEIN

Charles Faulkner ajudou demais no desenvolvimento de muitas das compreensões incluídas neste livro, como colega de discussões durante os últimos vinte anos, apresentando comigo uma "pesquisa" inicial na qual muitos dos conceitos fundamentais apresentados aqui foram, em primeiro lugar, explorados e desenvolvidos, sugerindo leituras relacionadas e, finalmente, como editor e crítico dos rascunhos do manuscrito, inclusive do manuscrito quase final. Em diversas ocasiões, ele apontou erros que me teriam feito parecer um perfeito idiota. Sem o seu constante estímulo, apoio e valiosas sugestões, este livro ainda poderia ser "fumaça", existindo apenas no mundo diáfano do "possível, mas ainda não".

Richard Bandler e *John Grinder*, os criadores da programação neurolingüística, ensinaram-me muitas das distinções e métodos para modelar e compreender o pensamento e o comportamento das pessoas – utilizados por mim nos últimos 28 anos –, bem como no desenvolvimento do material deste livro.

Wilson Van Dusen, o único místico com o qual desejei passar meu tempo, cujo exemplo vivo durante cerca de quarenta anos me ensinou muito sobre aceitação e sobre como entrar gentilmente na experiência de outra pessoa com curiosidade, buscando a compreensão não influenciada por qualquer plano ou objetivos pessoais.

Bruce Horn, um dos *designers* do primeiro computador Macintosh, colega e amigo há muitos anos, ofereceu diversas sugestões e me deu a certeza de que aquilo em que eu pensava estava de acordo com seu amplo e profundo conhecimento de matemática, computação e programação.

Jay Haley e *Paul Watzlawick* me proporcionaram uma ampla variedade de idéias e exemplos em seus muitos livros e *workshops* realizados durante mais de quarenta anos. Grande parte deste livro baseia-se em seu trabalho, algumas vezes desenvolvendo-o um pouco mais e modificando algumas partes.

George Lakoff, cujo maravilhoso livro *Women, fire and dangerous things: what categories reveal about the mind* (1987) só descobri quando o primeiro rascunho deste estava quase completo. Como resultado, aprofundei e ampliei minha compreensão de categorias e tive de reescrever e ampliar diversas seções do manuscrito. Meu foco principal é a utilização prática da categorização (e da recategorização) na solução de problemas, e não os detalhes refinados de Lakoff sobre como a linguagem revela o uso que fazemos das categorias. Também tenho um ponto de partida diferente: os processos práticos que podem ser utilizados na terapia e na mudança pessoal em vez da lingüística acadêmica. Acredito que este livro seja compatível com a obra de Lakoff, complementando-a. Se em qualquer momento parecer que o estou contradizendo, por favor, presuma que ele está certo e que eu não compreendi ou não me expressei bem.

Finalmente, meus agradecimentos vão para muitos outros colegas e amigos que dedicaram seu tempo a ler o manuscrito e oferecer formas para melhorar o conteúdo e a apresentação. Agradeço especialmente aos participantes dos meus seminários de treinamento nos últimos vinte anos, pelas perguntas, comentários, desafios, exemplos e tantas outras contribuições à minha aprendizagem. Suas diversas respostas me estimularam a fazer distinções melhores e a desenvolver maneiras para compreendê-las, organizá-las e apresentá-las. Vocês sabem quem são.

Muito obrigado a todos.

Sumário

Introdução 11

1. Implicação – Dizendo sem dizer 14

2. Negação – Nem isso, nem aquilo 43

3. Julgamento – A armadilha do bom e do ruim 77

4. Modos de operação – Atitudes básicas 104

5. Auto-referência – Circularidade 133

6. Autocontradição – Sim e não 161

7. Paradoxo lógico – Auto-reversão 185

8. Certeza – O cálice profano 206

9. Duplos vínculos – Estreitando a escolha 226

10. Metáfora – Sobrepondo grupos 262

11. Perdão – Sessão com um cliente 297

Nota de encerramento 327

Referências bibliográficas 329

"Não há nada tão prático quanto uma boa teoria."

ALBERT EINSTEIN

Introdução

"O GRANDE PROPÓSITO DA VIDA NÃO É O CONHECIMENTO, MAS A AÇÃO."
FRANCIS BACON

Este livro pressupõe que você tenha lido o volume 1 de *Seis elefantes cegos*, que explora as propriedades fundamentais e o funcionamento da *abrangência* e da *categoria*, processos presentes em *todo* pensamento. Uma abrangência é a extensão daquilo em que prestamos atenção com todos os sentidos e imagens internas (lembradas ou previstas) da experiência baseada nos sentidos. Então, escolhemos e reunimos um grupo de abrangências naquilo que é chamado de categoria de nível básico, de acordo com alguns critérios, para organizar e simplificar nossa experiência.

Também subdividimos essas categorias de nível básico em outras mais específicas, agrupando-as em categorias mais gerais, criando "níveis lógicos" de compreensão – uma das características da inteligência humana é a base de todos os seus sucessos para compreender e modificar o mundo. Abrangência e categoria ainda interagem de diversas formas. Uma mudança na abrangência geralmente muda a maneira como nós a categorizamos e uma mudança na categorização sempre muda a abrangência com a qual estamos lidando.

As categorias de eventos criam *significado* e *significância* juntamente com o contexto, que é exemplo de uma abrangência maior. Os *valores* constituem categorias daquilo que é importante para nós, interagindo em uma *heterarquia dinâmica* (diferente de uma hierarquia fixa), orientando a atenção para satisfazer nossas diversas necessidades. A categoria "abrigo" nos protege dos elementos, enquanto a categoria "alimento" nos nutre. Se as confundíssemos, tentaríamos comer nossas casas e encontrar abrigo debaixo de alimentos, e nada disso funcionaria muito bem.

Esses processos são, muitas vezes, inconscientes e em geral agimos como se seu resultado fosse "verdade" ou "realidade", em lugar da construção um tanto arbitrária que eles de fato são. Geralmente, dá certo ignorar esses processos e aceitar que o mundo de experiência que eles criam para nós é real.

Contudo, algumas vezes somos levados a compreensões frustrantes e dolorosas das quais não conseguimos escapar. Nessas ocasiões, precisamos desesperadamente entender como o processo de compreensão nos desviou do caminho ou nos conduziu para becos sem saída desagradáveis ou dolorosos. Sem essa compreensão ficamos presos e, por mais que lutemos, tornamo-nos escravos de nossa interpretação errada. No volume 1, exploramos de que maneira podemos mudar a *abrangência* daquilo com que estamos lidando e como isso é categorizado de diversas maneiras para mudar a experiência.

Este volume aplica as compreensões fundamentais desenvolvidas no volume 1 em vários problemas interessantes que habitualmente ocorrem na comunicação e nas más interpretações, começando pela explicação da *implicação*, uma maneira de dizer algo sem realmente dizê-lo. A implicação apóia-se em categorias das quais normalmente estamos apenas vagamente conscientes e ela pode ser utilizada de maneira positiva e negativa.

A implicação verbal baseia-se na *negação*, uma habilidade única e fundamental no pensamento humano e na matemática, apesar de conter perigosas armadilhas para os menos avisados. O *julgamento* divide o mundo em duas metades – boa e ruim –, uma habilidade útil em emergências do tipo vida ou morte, mas que pode causar um sofrimento imenso e penetrante no cotidiano. A implicação não-verbal ou contextual utiliza as maneiras como inconscientemente categorizamos e respondemos a coisas e eventos a nosso redor.

Dividimos a experiência em diferentes *modos de operação*, atitudes básicas como "precisar", "querer" e "escolher" que, embora importantes para categorizar nossas atividades, também podem se tornar armadilhas que nos limitam e causam infelicidade. Falando sobre nós mesmos, nossas compreensões ou relacionamentos criam *auto-referência*, outra habilidade humana singularmente útil também capaz de provocar confusão e dificuldades.

A *autocontradição* cria uma situação confusa na qual simultaneamente *precisamos* e *não conseguimos* fazer alguma coisa – uma situação impossível, a menos que seja reconhecida. O paradoxo, que há milhares de anos desconcerta os pensadores, é criado por uma combinação de *auto-referência*, *negação* e uma afirmação *universal* na qual "preciso" e "não consigo" oscilam continuamente. Ainda que o paradoxo aprisione com freqüência as pessoas em dilemas, ele também serve para libertá-las, particularmente quando elas têm muita *certeza* com relação às suas categorias. Como nossas categorias sempre são incertas, pensar que elas são certas nos impedirá até mesmo de considerar a possibilidade de modificá-las.

Um *duplo vínculo*, como implicação e paradoxo, pode criar uma armadilha horrível e punitiva ou libertar alguém de uma armadilha na qual já se encontra. A *metáfora* constitui uma maneira singular para compreender e comunicar aquilo que é utilizado desde muito antes do início da civilização. Trata-se de uma das formas mais poderosas e sutis de comunicação, mas como todas as outras habilidades e capacidades, ela pode ser utilizada para nos envenenar ou nos nutrir, para nos escravizar ou nos libertar.

Finalmente, apresento uma transcrição literal completa de determinada sessão com um cliente, "Alcançando o perdão", que ilustra muitos dos padrões de mudança de abrangência e categorizações que exploramos nesses dois volumes.

Com a compreensão de todos esses diferentes processos e as escolhas e opções que eles nos oferecem, podemos usá-los com sabedoria e cuidado para melhorar a nossa vida e a das pessoas à nossa volta. Sem esse conhecimento, ficamos impotentes, "vagando em um labirinto escuro".

STEVE ANDREAS
MARÇO DE 2006

1

Implicação
Dizendo sem dizer

"QUANDO A TERAPIA DE CASAIS PODE TERMINAR?
QUANDO O MARIDO DIZ À ESPOSA 'ESSE CAFÉ ESTÁ HORRÍVEL',
E AMBOS SABEM QUE ELE ESTÁ FALANDO DO CAFÉ."
PAUL WATZLAWICK

A implicação é uma das maneiras mais comuns utilizada para inconscientemente obter significado quando nos comunicamos. As palavras de um orador *sugerem* alguma coisa que o ouvinte *deduz*. Minha esposa diz que está com frio, sugerindo que gostaria de estar aquecida, e deduzo que ela gostaria que eu ligasse o aquecedor. Digo que não sei o que nosso filho fez hoje e ela deduz que eu gostaria de saber, portanto me conta. Se você examinar suas comunicações diárias comuns, descobrirá que a implicação costuma ser bem mais comum do que as comunicações diretas e explícitas, como "Ligue o aquecedor, por favor" ou "O que Mark fez hoje?"

A implicação resulta do fato de lidarmos com a significância ou significado mais geral de determinada abrangência de comunicação, ação, coisa ou evento, categorizando-a de algum modo. Em um bom relacionamento, pensar *além* daquilo que alguém diz, indo para uma outra coisa que ele poderia querer dizer ou desejar, é sinal de respeito, consideração e carinho. Ouço minha esposa dizer que está com frio, coloco-me em sua posição e penso: "Aposto que ela gostaria de estar mais aquecida; vou ligar o aquecedor". Usar a posição do "outro" dessa maneira constitui a base da empatia e da compaixão, que me faz prestar atenção às necessidades e desejos dos outros, além dos meus. A compaixão e a empatia são componentes fundamentais de qualquer bom relacionamento e também a base de qualquer sociedade civilizada que trata todos os seus membros como seres humanos.

Infelizmente, a ambigüidade da implicação também é uma oportunidade para mal-entendidos, confusão, ou até coisa pior, separando as pessoas em vez de uni-las. Por exemplo, se alguém lhe dá um presente, qual é a implicação? É um sinal de apreciação espontâneo e oferecido livremente – "incondicionalmente"? Ou uma satisfação respeitosa de certa obrigação passada, ou ainda a reparação por alguma culpa real ou imaginada? Será que o presente sugere um convite sexual, cria uma obrigação futura ou qualquer outra coisa?

Anos atrás, quando um amigo meu assou alguns pães e deu um deles para sua psicanalista, as implicações desse presente foram exploradas durante os seis meses seguintes – a cem dólares a hora! Para ele, foi simplesmente um presente, e não uma comunicação simbólica de que ela queria "cuidar" dele como uma mãe porque ele era imaturo.

Em um bom relacionamento, esses tipos de implicação podem ser comunicados e explorados aberta e alegremente, sem que ninguém os leve a sério, numa oportunidade para a criatividade e a interação. Mas se um relacionamento é tenso ou defensivo, as pessoas tendem a buscar implicações negativas e prejudiciais capazes de prejudicar o relacionamento.

Quanto mais ameaçada e defensiva, mais a pessoa tende a atentar para alguma possível implicação negativa. Como diz uma velha piada: uma pessoa diz "bom-dia" e a outra pensa consigo "hmmmm, o que será que ela quer dizer com isso?" Quando alguém costuma prestar atenção nas implicações negativas em uma ampla variedade de contextos, nós o descrevemos como "paranóico". Parece provável que alguém aprenda a fazer isso em um contexto no qual os membros da família usem muita implicação negativa em lugar da comunicação direta a respeito de assuntos importantes, com castigos severos por não fazer as inferências corretas.

Por exemplo, um casal que decide fazer terapia, mas já vem discutindo e brigando há algum tempo, estão infelizes, confusos, amedrontados, pensando em separação. Isso cria uma reserva de implicação para o terapeuta distraído. Quer o casal perceba ou não, a pergunta não verbalizada mais importante na mente de ambos é "você vai ficar do meu lado ou do lado dele(a)?" A próxima pergunta quase certamente é "você é a favor do casamento ou da separação?" – outra categorização do tipo ou/ou. Como resultado, ambos estarão excepcionalmente vigilantes, notando a mais leve atitude ou palavra capaz de sugerir uma resposta a essas perguntas.

Antes que algo útil possa acontecer, o terapeuta precisa responder a essas suposições do tipo ou/ou e aceitar seus dois lados, assegurando explicitamente (e esperamos, congruentemente) ao casal que ele está dos *dois* lados e não é a favor ou contra o casamento ou o divórcio. A decisão é *deles*; o trabalho do terapeuta consiste em esclarecer suas necessidades e comunicação, ajudando-os a chegar a uma decisão adequada para *ambos*.

Naturalmente, algumas vezes é fundamental lidar com a implicação de um evento, porque mesmo um evento muito pequeno pode carregar um significado muito importante. Um amigo meu encontrou caixas de fósforos pela casa de lugares onde ele nunca estivera. Isso o deixou confuso, mas ele não pensou demais a respeito. Cerca de um ano depois, ele descobriu que a esposa tivera uma série de casos, trazendo para casa caixas de fósforos de diferentes bares e restaurantes onde ela encontrava seus amantes.

Contudo, poderia ter havido algum outro significado totalmente inocente para as estranhas caixas de fósforos. Elas poderiam ter sido um presente casual de uma amiga que estava arrumando os armários da cozinha. "Olha, você quer usar esses fósforos?" Nesse caso, se meu amigo pensasse em implicações ameaçadoras, isso teria adquirido um significado imaginário, provocando uma infelicidade desnecessária.

Com freqüência encontramos implicações por conta própria, mas às vezes as outras pessoas nos *convidam* a fazer isso. "É *interessante* que você diga isso" se trata de uma implicação vaga de que o orador está colocando a afirmação em uma categoria mais ampla, e provavelmente o ouvinte vai procurar por ela. Dependendo da expressão facial e do tom de voz, essa comunicação ambígua pode ser uma crítica, um elogio, uma acusação, um convite sexual ou um sem-número de outras possíveis comunicações. A *ausência* de comunicação, particularmente quando alguém espera por ela, é ainda mais ambígua e fértil de possíveis implicações. O que esse silêncio significa?

Portanto, a implicação pode ser tanto uma maneira muito respeitosa e elegante para se comunicar quanto fonte de má comunicação, disfarçando acusações, culpa e todos os tipos de mensagens destrutivas. Como todos os padrões de comunicação, a implicação pode ser usada de maneira negativa ou positiva. Quando compreendemos como ela funciona, evitamos muitos mal-entendidos e infelicidade. Existem diversos tipos de implicação e cada um deles é um pouco diferente. Quero começar com um tipo fundamental que proporciona uma base para a exploração da maneira como funcionam os outros tipos.

Modelo do mundo

Sempre que alguém está "preso" em um problema ou limitação, ele o está categorizando de uma forma que não ajuda a resolvê-lo. Entretanto, em geral ele *também* está categorizando essa categorização em um nível lógico mais elevado como o *único* modo de fazer isso. "O problema é que ela quer me controlar *e isso é um fato*." A implicação é particularmente proveitosa ao fazermos uma distinção de forma elegante e delicada entre a maneira como o mundo *é* – o que nunca podemos saber direta ou completamente – e a maneira como nós o *percebemos*, *pensamos* nele, o *compreendemos* ou o *interpretamos*, com freqüência chamada de distinção "mapa/território". Nossa experiência é sempre apenas um "mapa" do território. Embora algumas vezes possamos nos aproximar muito do território, nunca o conheceremos totalmente.

Os diferentes padrões de comunicação que evocam uma distinção entre o nosso mapa e a realidade que ele descreve são agrupados sob o nome "modelo do mundo". Quero que você tenha uma experiência desses diferentes padrões antes de discuti-los. Pense em um problema ou limitação específico (ou imagine ser uma outra pessoa que você conhece e que tem uma limitação específica) e imagine expressar esse problema para alguém em uma breve declaração. Por exemplo: "Meu marido nunca pensa nas conseqüências sociais daquilo que diz". Então, note a sua experiência interna dessa frase... (reticências indicam uma pausa).

Depois, observe como a sua experiência muda quando você imagina alguém lhe respondendo com uma das intervenções da lista a seguir. Pare após cada uma a fim de notar o seu impacto. O espaço em branco indica onde você inseriria a declaração que fez sobre o problema. Pode ser ainda melhor pedir a um amigo para ler essas respostas, uma de cada vez.

a. "Portanto, lhe parece que _____ (o seu marido nunca pensa nas conseqüências sociais daquilo que diz)."

b. "Portanto, da maneira como você vê a situação _____."

c. "Portanto, para você o problema é _____."

d. "Assim, *você* acha que _____."

e. "Portanto, agora você sente que _____."

f. "Portanto, sua experiência dessa situação é que _____" (aumentando a inflexão no final, indicando uma pergunta).

g. "Portanto, sua compreensão é de que '_____'" (declaração do problema entre aspas).

h. "Portanto, para *você*, da maneira como você vê agora, o problema é que '_____'" (declaração do problema entre aspas, com aumento da inflexão no final).

Agora que você tem uma *experiência* de um exemplo de ouvir essas diferentes respostas, vamos examiná-las para ver como funcionam. Elas parecem ser simplesmente declarações que assemelham ou parafraseiam a experiência de alguém, mas cada uma também é uma intervenção sutil. Cada uma sugere gentilmente que existem *outras* maneiras de se perceber ou compreender os mesmos eventos, sem afirmar isso abertamente. Algo que sempre resulta em uma expansão de abrangência *além* da experiência atual de uma pessoa.

a. Predicado de irrealidade Note o que acontece em sua mente quando você cria a imagem de um carro e diz para si mesmo: "Isso *parece* ser um carro" ou "Aquilo *poderia* ser um carro". Ao fazer isso, minha imagem se torna sinuosa e irreal, como se eu a estivesse olhando sob a água, mas há muitas outras maneiras de representar a incerteza. Para algumas pessoas, a imagem fica um pouco transparente, borrada ou plana, ou como se fosse uma figura em cartolina.

b. Predicado de consciência ou descrição De modo semelhante, *imaginar* uma situação é um pouco diferente da situação como ela *é*. Qualquer palavra, como "ver", "descrever", "pensar a respeito", "compreender" etc., sugere que você também poderia *perceber* ou *categorizar* um evento de maneira diferente. Quando você diz que *parece* ser um carro, a implicação é de que não é *realmente* um carro.

c. Self/outro Dizer "Para você _____" sugere que alguma *outra* pessoa poderia ter uma percepção ou compreensão diferente.

d. Ênfase tonal Pegue qualquer frase simples, como "Eu não gosto de mangas verdes", e diga-a para si mesmo como você normalmente a diria...

Então repita a frase, notando como sua experiência muda quando você enfatiza a primeira palavra "eu"...

Em seguida, enfatize a segunda palavra "não" e note como isso muda sua experiência...

Depois, faça o mesmo com cada palavra seguinte...

Sempre que se enfatiza uma palavra, ela sugere possíveis abrangências alternativas. Ao se enfatizar o "eu", a atenção do ouvinte é atraída para "outros". Enfatizando-se o "não", o "sim" é evocado – "Eu *não*" me faz pensar "outros *sim*". Quando "gosto" é enfatizado, faz-nos pensar em outras respostas que são o oposto de gostar – "desgostar", "rejeição", "falta de gosto" etc. Enfatizando "mangas", penso em outra fruta; enfatizando "verdes", penso em "maduras". Essas diferentes alternativas sugerem que existem outras maneiras de se experimentar um evento.

e. Tempo Ao se enfatizar qualquer referência ao tempo, ela nos faz pensar em *outras* abrangências de tempo em que nossa resposta poderia ter sido muito diferente. "Portanto, foi assim que você pensou nisso na época em que aconteceu" sugere que agora é possível pensar no assunto de maneira diferente. "Durante quanto tempo você pensou nisso desse jeito?" sugere que houve uma época na qual você pensou no assunto de modo diferente. "Como você vai pensar nisso daqui a cinco anos?" evoca a mesma implicação sobre o futuro.

f. Mudança tonal interrogativa Em inglês, um aumento da inflexão tonal no final de uma frase indica uma pergunta – mesmo quando, gramaticalmente, a comunicação se trata de uma afirmação. Uma pergunta é, de fato, um pedido de confirmação ou de mais informações, mas também sugere que há um pouco de incerteza ou ambigüidade com relação ao conteúdo discutido.

g. Citações As citações podem simplesmente indicar que alguém disse alguma coisa, como em "Ontem, Joe disse 'Eu gosto de aprender sobre implicação'". Mas as citações também servem para sugerir que outra pessoa poderia descrever um evento de maneira diferente, o que tornaria a descrição citada imprecisa. Para indicar claramente as citações, utiliza-se uma estrutura que introduz uma afirmação feita por outra pessoa, como em "Suzie disse _____". Uma pausa rápida antes do início de uma citação ajuda a identificá-la como tal e o emprego de um sotaque ou de outro tom de voz muito diferente pode indicar que a frase foi originalmente dita por outra pessoa.

h. Combinação Usados juntos, todos esses diferentes padrões de implicação causam um impacto ainda maior, como no exemplo apresentado no item **h**.

A prática desses padrões de maneira bem-humorada pode tornar essas habilidades uma parte automática da sua comunicação.

Exercício do modelo do mundo

(trios, 20 minutos)

1. *Problema* A pensa em um problema ou limitação (ou representa o papel de alguém com uma limitação) e então faz dele uma rápida declaração. A faz uma pausa para notar como a pessoa representa internamente esse problema...

2. *Recapitulação* B primeiro faz uma afirmação simples de "recapitulação" ou parafraseia o que A disse, e então indica para C que categoria de padrão de "Modelo do mundo" utilizar os tópicos das páginas 21 e 22, apontando para ele sem falar.

3. *Intervenção* C faz uma afirmação de recapitulação que utiliza um exemplo do tipo de padrão especificado por B.

4. *Resposta* B nota quaisquer mudanças não-verbais em A, que observa e relata rapidamente quaisquer mudanças em sua experiência interna.

5. *Reciclar* Volte ao passo 2, até que todos os seis padrões individuais tenham sido utilizados.

6. *Discussão* A revê as mudanças em sua experiência e indica os padrões que causaram mais impacto. Observe se houve efeito cumulativo devido à seqüência de padrões.

7. *Ajustamento* A sugere maneiras para C melhorar os padrões que ele ofereceu (mudanças no tom de voz ou no ritmo, palavras, postura, expressão não-verbal, organização etc.). C pratica a utilização desse *feedback* para mudar a maneira como ele expressa o padrão, usando A como treinador.

8. *Troquem de posições* e repitam o exercício até que cada pessoa tenha experimentado todas as três posições.

"Alongamentos" (para desenvolver mais suas habilidades)

a. B escolhe duas (ou mais) categorias de padrão para C usar na *mesma* frase.

b. A fica mais exagerado, bizarro ou "psicótico" em sua declaração original do problema.

Esses padrões são úteis quando nos comunicamos com pessoas que têm idéias muito fixas a respeito de suas categorizações do mundo e que não gostam de nenhuma sugestão direta de que o mundo poderia ser compreendido de outra maneira. Se você disser "Portanto, é assim que você compreende a situação agora", isso é nitidamente verdade e a implicação não é algo de que possam discordar ou identificar claramente. Se elas notarem a implicação e tentarem desafiá-la, é fácil simplesmente repeti-la e até mesmo enfeitá-la. "Bem, *é* assim que você a compreende agora, não é? Você tinha essa compreensão aos 2 anos de idade?" Quando a mesma implicação é expressa de maneiras diferentes durante um período de tempo, ela se torna ainda mais forte e persuasiva, embora permaneça oculta.

Implicação verbal

A implicação verbal é uma parte importante dos padrões do modelo do mundo que vamos explorar juntamente com intensificações não-verbais que podem ser usadas com eles. Agora, quero estreitar nossa exploração focalizando apenas o componente verbal.

Pensar inconscientemente a respeito do mundo como algo dividido em duas (ou ocasionalmente três ou mais) categorias exclusivas é um ingrediente essencial da maior parte da implicação verbal, e freqüentemente essa dicotomia digital é criada pela negação. "Eu não sou jovem", em geral, é compreendido como "Eu sou velho". "Ele não é nenhum Einstein" sugere o oposto.

Muitas vezes, as implicações ocorrem na forma de perguntas. "A porta está aberta" sugere que o orador gostaria dela fechada. Uma resposta literal para "Você pode atender o telefone?" é "Sim", mas a maioria das pessoas entende que essa pergunta constitui um pedido para atender o telefone. Se alguém responder com uma resposta literal "sim" e não fizer nenhum movimento na direção do aparelho, isso costuma ser entendido como uma observação "espertinha"! (E a implicação de fazer uma observação espertinha habitualmente representa desrespeito, superioridade ou condescendência.) No passado, esse tipo de pergunta foi chamado de "postulado coloquial", porém mais recentemente algumas pessoas a têm denominado "implicação coloquial".

Alguns lingüistas usam o padrão do termo "educação" para descrever esse tipo de comunicação, pois ele é sempre uma maneira educada e gentil de dizer algo ou fazer uma solicitação sem pedir abertamente. A pessoa que utiliza esse tipo de comunicação não precisa se comprometer totalmente com sua solicitação. E, se o outro não responder, isso não significa uma recusa aberta da solicitação velada.

Embora as implicações às vezes causem problema por serem geralmente muito ambíguas e inconscientes, a mesma sutileza também pode ser usada de maneiras bastante positivas. A implicação foi empregada extensiva e deliberadamente por Milton Erickson a fim de ajudar as pessoas a realizar mudanças, e seu trabalho proporciona uma arena proveitosa para compreendermos de forma mais clara exatamente como funciona a implicação verbal, utilizando-a de modo sábio e deliberado. Eis alguns exemplos parafraseados das afirmações terapêuticas de Erickson (com a implicação entre parênteses).

"Você não quer discutir seus problemas nessa cadeira. Com certeza, não quer discuti-los em pé. Mas se você movesse sua cadeira para o outro lado da sala, isso lhe daria uma visão diferente da situação, não é?" (A partir dessa posição diferente, você desejará discutir seus problemas.)

"Certamente não espero que você pare de fazer xixi na cama essa semana ou na próxima, ou mesmo esse mês." (Certamente espero que você pare em algum momento, em breve.)

"Sua mente consciente provavelmente ficará muito confusa a respeito daquilo que estou dizendo." (Sua mente inconsciente compreenderá totalmente.)

Examinando esses exemplos, podemos começar a generalizar com relação à estrutura da implicação verbal.

1. Há a suposição de uma *divisão categórica* do mundo em duas (ou ocasionalmente três ou mais) abrangências ou categorias, em geral do tipo ou/ou, aqui/lá, agora/depois, consciente/inconsciente etc. Com freqüência, essa divisão é criada pela negação.

2. Essa divisão categórica pode existir no *espaço*, no *tempo* ou nos *eventos* (matéria e/ou processo).

3. Uma declaração feita sobre *uma* metade da divisão categórica ou/ou *sugere* que o *oposto* é verdadeiro sobre a *outra* metade. Quando você usa a negação numa declaração, esse é mais um convite para pensar no mundo como dividido em dois opostos e pensar no *oposto* daquilo que é negado.

Se você observar os exemplos acima, descobrirá esses três elementos em cada um deles. Uma vez que a *implicação* é freqüentemente confundida com a *pressuposição* (que Erickson também usava muito), é importante contrastar as duas.

Pressuposições:

1. Podem ser identificadas claramente ao se examinar uma comunicação verbal na forma escrita. A maneira mais simples de identificar pressuposições é negar toda a comunicação e descobrir o que ainda é verdade.

Tomemos como exemplo a frase "Estou feliz que você tenha a habilidade para mudar rapidamente e com facilidade". Negada, ela se torna "*Não* estou feliz que você tenha a habilidade para mudar rapidamente e com facilidade". Somente a felicidade é negada; o resto da frase ("você tenha a habilidade para mudar rapidamente e com facilidade") continua valendo, portanto isso é o pressuposto. O orador cria a pressuposição, o ouvinte não.

2. Em geral, são aceitas passiva e inconscientemente.

3. Costumam ser processadas e respondidas de maneira inconsciente, embora possam ser identificadas conscientemente e desafiadas. "Sua declaração pressupõe que tenho a habilidade para mudar rapidamente e com facilidade, e eu discordo."

As pressuposições foram extensivamente estudadas pelos lingüistas, que identificaram 29 diferentes padrões de pressuposição lingüística (Bandler e Grinder, p. 257-261).

Implicações

1. *Não* podem ser identificadas claramente ao se examinar uma declaração verbal.

Por exemplo: "Naturalmente, é difícil mudar rapidamente e com facilidade na sua vida cotidiana". A implicação sugerida ("Será fácil mudar rapidamente e com facilidade aqui no meu consultório") *não* aparece na declaração verbal e é difícil de notar.

2. São geradas pelo ouvinte *inferindo ativamente*, usando *suas* próprias suposições e visão do mundo sobre os eventos descritos pelas palavras. Muitas delas são compartilhadas pela maior parte dos membros de uma cultura, mas algumas são únicas de uma subcultura ou de um indivíduo. Uma das suposições mais fundamentais é de que o mundo pode ser dividido em duas categorias opostas (ocasionalmente mais de duas).

3. São quase sempre processadas e respondidas *inconscientemente*. Embora possam ser identificadas conscientemente, elas não podem ser desafiadas como as pressuposições, pois não existem na declaração. Se o ouvinte perguntar "Você está dizendo que posso mudar rapidamente e com facilidade aqui no seu consultório?", é fácil responder "Não, eu apenas disse que é difícil mudar rapidamente e com facilidade na sua vida cotidiana. Não é verdade?"

Resumindo as diferenças, as implicações são muito mais *sutis* do que as pressuposições. *Geradas ativamente* pelo ouvinte por meio de uma *inferência* usando o seu conhecimento e suposições, são normalmente processadas de maneira totalmente *inconsciente* e *não podem ser desafiadas* como as pressuposições. A implicação verbal trata-se da arte amável de afirmar alguma coisa dizendo o *oposto* daquilo que se quer sugerir.

Criando e expressando uma implicação verbal

1. *Objetivo* Identifique seu *objetivo*, aquilo que você gostaria que acontecesse, para alguém com quem está se comunicando. (Ele falará livremente a respeito de assuntos pessoais.)

2. *Oposto* Pense no *oposto* desse objetivo (não falar livremente, ocultar informações etc.)

3. *Categoria ou/ou* Escolha *espaço*, *tempo* ou *eventos* (matéria/processo) como forma de dividir o mundo em duas categorias opostas (aqui/lá, agora/depois, consciente/inconsciente).

4. *Frase* Declare o *oposto* do seu objetivo com relação à categoria que *não* está presente (espaço, tempo ou evento). Isso vai *sugerir* o objetivo que você quer que seja *inferido* pela pessoa aqui no presente. Nos exemplos a seguir, a implicação é apresentada entre parênteses.

Espaço "Em sua vida fora desse consultório, tenho certeza de que você se sentiria desconfortável falando livremente sobre assuntos particulares." (Aqui no consultório, você pode ficar à vontade para falar sobre assuntos particulares.)

"Se você estivesse falando com alguém no trabalho, haveria muitas coisas que não desejaria discutir de modo algum." (Aqui você pode falar sobre qualquer coisa.)

Tempo "Em sua primeira sessão comigo, sem dúvida havia determinados assuntos que você não se sentia à vontade para revelar." (Nessa sessão, você pode se sentir confortável revelando qualquer coisa.)

"Em sua terapia anterior, você talvez não estivesse disposto a falar sobre determinados assuntos pessoais que eram relevantes para o seu problema." (Agora você está disposto a falar sobre esses assuntos.)

Eventos "Pense cuidadosamente nos assuntos que não são relevantes para o seu problema e que você gostaria de manter só para si." (Você pode falar livremente sobre qualquer coisa que seja relevante para o problema.)

"Em seu estado normal acordado, é claro que existem assuntos a respeito dos quais você se sentiria muito relutante em discutir comigo." (Em transe, você pode facilmente discutir qualquer assunto.)

Em outra maneira de pensar na implicação, considera-se completamente reconhecida a preocupação, objeção ou relutância do cliente, ao mesmo tempo localizando-a em uma abrangência diferente (espaço, tempo ou evento) onde não interferirá com o objetivo.

Certa vez, Erickson hipnotizou um homem e lhe deu instruções para ter amnésia. Quando despertou, ele disse de maneira desafiadora: "Posso lembrar de tudo que você fez comigo". Erickson respondeu: "Você está certo. Naturalmente você consegue lembrar de tudo *aqui no meu consultório*". Logo depois, ele pediu ao homem para acompanhá-lo até a sala de espera, onde lhe mostraria um artigo numa revista. Chegando lá, o homem pareceu confuso e perguntou: "Eu não devia ter uma sessão com você hoje?" Então, quando voltaram ao consultório, ele se lembrou novamente da sessão.

Se alguém está preocupado e aborrecido com um evento iminente, você pode dizer "É claro que você se preocupa com isso *agora*", sugerindo que ele não vai se preocupar quando aquilo realmente acontecer.

Se alguém está preocupado achando que precisará de muito esforço ao ensaiar na mente um novo comportamento, você pode responder "Sim, naturalmente, ensaiando *agora* pela *primeira* vez, vai ser preciso muito esforço consciente", sugerindo que em algum momento mais tarde aquilo ocorrerá de forma inconsciente e sem esforço.

Compreender como alguma coisa funciona é apenas o primeiro passo para transformá-la em uma habilidade. Como tudo, a *prática* é aquilo que pode torná-la parte do seu comportamento espontâneo; repetida, faz da habilidade algo tão automático e inconsciente quanto a maneira como você fala ou dirige um carro. Usando o resumo anterior para praticar aquilo que aprendeu, você será capaz de estabelecer as bases para uma habilidade fluente e inconsciente.

Implicação contingente

Quando dois eventos estão ligados na mente de uma pessoa e um deles ocorre, isso implica que o outro evento também ocorreu. Por exemplo, se alguém acredita que ter um diploma universitário indica inteligência, então, quando isso acontecer, ele estará convencido de que é inteligente. (Se isso é ou não verdade é um outro assunto!)

Isso é particularmente útil no caso de alguém com um problema que você sabe que pode solucionar facilmente, mas quer fazer *mais* do que isso; quer criar uma atitude de otimismo ou disposição mais geral para aceitar os desafios da vida.

Se uma pessoa concorda de maneira congruente que superar uma fobia significaria poder fazer outras mudanças, ou que a vida valeria a pena, então, quando o primeiro evento ocorrer, o segundo estará implícito. Mesmo que não haja nenhuma ligação lógica entre os dois eventos, se ela concordar antecipadamente e de forma congruente com a contingência, esta será efetiva em reorientá-lo.

Para criar abertamente esse tipo de contingência, diga algo como: "Você teve esse problema durante anos e tentou de tudo para superá-lo. Agora, se puder resolvê-lo e ficar satisfeito, essa seria uma prova positiva (não seria?) de que você é capaz de mudar da maneira que desejou por tanto tempo e que sua vida pode valer a pena". Se o cliente concordar congruentemente, então, quando você solucionar o problema, isso o convencerá de que "a vida pode valer a pena". Trata-se de um exemplo daquilo que com freqüência é denominado mudança *generativa* – diferente de apenas resolver problemas, a chamada mudança *remediadora*.

Esse tipo de contingência também pode ser criada disfarçadamente. Por exemplo, Giorgio Nardone e Claudette Portelli usam as seguintes instruções (aplicáveis a *qualquer* problema) como parte de seu trabalho com os clientes:

> Durante as próximas semanas, eu gostaria que você fizesse essa pergunta a si mesmo. Todo dia, pela manhã, pergunte-se: "O que eu faria hoje de maneira diferente, como se não tivesse mais o meu problema ou como se o tivesse superado?" Entre todas as coisas que lhe vêm à mente, escolha a menor delas, a mais mínima porém concreta, e coloque-a em prática. Todo dia, escolha uma coisa pequena mas concreta, como se já tivesse superado seu problema, e voluntariamente coloque-a em prática. Todo dia escolha algo diferente.

(NARDONE E PORTELLI, 2005, P. 73)

Se a contingência não estiver clara, leia novamente o parágrafo anterior e dê a si mesmo uma oportunidade para descobrir a implicação contingente antes de continuar a leitura...

Milton Erickson costumava falar sobre fazer uma pequena mudança com um efeito "bola de neve", criando uma mudança muito maior. Contudo, as pessoas freqüentemente realizam uma pequena mudança que *não* tem o efeito "bola de neve"; elas fazem algum esforço, tomam uma decisão, mas depois descambam de volta ao antigo comportamento. O que distingue uma pequena mudança que *vai* ter um efeito "bola de neve" daquela que *não* terá? Há diversos elementos nessa instrução que resultam em uma cascata de mudanças.

A instrução de Nardone e Portelli repetidamente utiliza a categorização "como se" para criar um mundo de "faz-de-conta" no qual qualquer coisa pode acontecer, livre das limitações ou restrições do mundo real. Isso neutraliza quaisquer objeções baseadas em categorizações que o cliente tenha com relação a ser "impossível", "estúpido", "bobo" etc. Nessa categorização "como se", as instruções ligam os comportamentos concretos na mente do cliente com a superação do problema.

Então, quando o cliente realmente apresenta um dos comportamentos, isso o torna *real*, tirando-o da categorização "como se". A contingência sugere que é *igualmente* real que o problema já tenha sido superado. Em geral, isso ocorrerá totalmente fora da percepção do cliente; ele apenas notará que a vida está melhor ou a depressão um pouco mais suave.

Existem diversos outros elementos bastante importantes nessa instrução. Quando se pede para o cliente escolher, "entre *todas* as coisas que lhe vêm à mente", aquela que ele faria se estivesse recuperado, isso pressupõe que *muitas* coisas lhe virão à mente. Isso cria a categoria "todas as coisas que você faria se estivesse recuperado", associando cada exemplo na categoria a todas as outras (abrangência categórica agregada).

Cada exemplo nessa categoria vai direcioná-lo a pensar em como seria ter se recuperado do problema. Isso focaliza repetidamente a atenção na *solução* em vez de no problema – e isso acontecerá mesmo quando ele não fizer nenhuma das coisas em que pensou.

Descrevendo de outra maneira, o cliente é instruído a pensar em se recuperar do problema todas as manhãs e então a apresentar um comportamento concreto que valida a recuperação sugerida. Como todas as manhãs começam com a implicação de ter se recuperado do problema, isso torna mais provável que ele pense nisso, consciente ou inconscientemente, em outras horas do dia. Essa instrução não seria tão efetiva se ela se referisse às noites – a menos que se tratasse de uma sugestão explícita para ser feita nos sonhos, durante o sono.

O cliente é instruído a escolher "a coisa menor, mínima" para fazer, com o propósito de que a tarefa pareça fácil, eliminando qualquer objeção residual ou resistência. Entretanto, realmente não importa o tamanho da tarefa, pois ela mesmo assim cria a contingência. Se um pequeno sorriso é indicação de felicidade, não importa se ele é rápido. E uma vez que o cliente faz isso durante um período de semanas, e a cada manhã ele precisa escolher a menor coisa *diferente* que realizaria se estivesse recuperado, todos os dias ele terá de escolher uma coisa um pouco *maior* para fazer entre aquelas que restaram em sua lista.

Se o cliente aumentar a lista, incluindo coisas "menores" adicionais, isso significa que ele pensará na solução com maior freqüência, ainda enquanto revê essa lista mais longa de coisas, para poder escolher a "menor". E, se ele for totalmente rebelde ou resistente, pode decidir fazer uma das coisas "maiores", tendo a oportunidade de resistir a um elemento da tarefa, mas concordando com a tarefa maior. Se ele fizer uma coisa "maior", é uma evidência ainda melhor da implicação de que ele se recuperou.

Além disso, como a cada manhã o cliente realiza alguma coisa diferente na categoria "o que eu faria se estivesse recuperado", logo haverá um *grupo* de coisas *que ele já fez* indicativas de que já se recuperou. Esse agregado de experiências ficará maior e mais convincente a cada dia, proporcionando evidências mais fortes e em maior número para a categoria "recuperação" à medida que o tempo passar.

Tanto *pensar* quanto *executar* as ações que indicam recuperação agirão como experiências protótipicas que o sensibilizarão para quando ele as executar espontaneamente durante o dia. Por exemplo, se sorrir ou rir forem dois dos comportamentos e ele se pegar sorrindo ou rindo em algum momento durante o dia, ele tenderá a *notar* que sorriu ou riu espontaneamente, em vez de ignorar esse fato. Uma resposta espontânea constituirá uma evidência ainda melhor de que ele está se recuperando do que uma ação deliberada.

E, mesmo que se recuse a *realizar* a tarefa, ele *pensará* nela todas as manhãs, talvez mais do que se a tivesse realizado. Apenas *pensar* na tarefa vai sensibilizá-lo para todos os comportamentos que indicariam sua recuperação do problema, tornando mais provável que ele os note quando ocorrerem espontaneamente.

Essa instrução é um belo exemplo de como juntar muitas implicações e pressuposições em uma tarefa, cuja maioria estará completamente fora da percepção do cliente. Se uma tarefa é bem elaborada, quanto mais o cliente tenta evitá-la, mais efetiva ela será.

Esse tipo de instrução também funcionará mesmo quando você compreender o padrão. Escolha uma mudança que gostaria de fazer, siga as instruções anteriores e você descobrirá como essa tarefa é eficaz. É possível tornar as instruções mais generativas ao comunicá-las com palavras diferentes, de forma que não se refiram a um problema, mas a um propósito positivo que ampliaria sua criatividade e recursos, tornando-o mais capaz e evoluído.

A seguir, um exemplo ainda mais sutil de implicação contingente do trabalho de Milton Erickson.

Agora, essa mulher que vi logo antes de chegar aqui tinha diploma de pós-graduação. Era uma mulher extremamente inteligente, com fortes resistências com relação à hipnose. Sua filha estava indo para a universidade e foi muito simples conquistar o interesse dela.

A filha me disse: "Você pode hipnotizar a mamãe, mas não pode me hipnotizar". Respondi: "Gostaria que você dissesse isso para sua mãe".

Quantos de vocês percebem o que eu disse? "Gostaria que você dissesse isso para sua mãe." É outra maneira de dizer: "Conte isso para outra pessoa – eu não acredito em você". Pedi-lhe para falar com a mãe porque eu estava rejeitando sua afirmação. Então, a garota disse para a mãe: "Ele pode hipnotizar você, mas não acho que eu possa ser hipnotizada". Naquele momento, ela se encontrava em uma situação difícil e nem mesmo percebeu o que fiz. A garota muito rapidamente entrou em um bom transe e então a usei para demonstrar à mãe.

Editores: Qual é a verdadeira situação difícil nesse caso? Os editores especularam dessa maneira. Quando Erickson disse "Gostaria que você dissesse isso para sua mãe", ele estava indiretamente sugerindo: "Não acredito em você; posso hipnotizar você". Assim, a implicação inconsciente (e sabemos que a implicação inconsciente é o método mais poderoso de sugestão) "Posso hipnotizar você" ficou associada a "Diga para sua mãe". Quando a garota realmente falou com a mãe em um nível consciente, automática e inconscientemente ela evocou dentro de si mesma a implicação associada conseqüente "Posso hipnotizar você". Desse modo, ela "muito rapidamente entrou em um bom transe" e serviu de maneira adequada como sujeito de demonstração para a mãe.

(ERICKSON, 1985, P. 177-178)

Naturalmente, a implicação contingente também pode ser usada de maneiras não tão proveitosas. As pessoas que promovem "seminários" sobre caminhar descalço sobre brasas costumam associar esta habilidade à habilidade para transpor *todas* as crenças limitadoras e fazer *qualquer coisa*. Uma coisa é perceber que você pode ir além de uma crença limitadora e ampliar aquilo que acredita ser capaz de fazer. Outra bem diferente, porém, é pensar que você pode fazer *qualquer coisa* e não se machucar. Muitas crenças têm funções protetoras bastante benéficas, como a a crença de que se corre um risco desnecessário e considerável andando sozinho em locais perigosos tarde da noite. Escrevi mais sobre esse assunto em outra obra (Andreas, 2004).

Recentemente, uma mulher muito dedicada ao trabalho que está fazendo me disse com grande ênfase: "Essa é a minha vida!" De imediato, pensei no que aconteceria se por algum motivo ela não fosse mais capaz de realizar aquela atividade. Como o trabalho está ligado à sua vida, se parasse, implicaria que sua vida também pararia, podendo deixá-la extremamente deprimida ou com idéias suicidas. Sugeri-lhe que usasse uma outra maneira para descrever isso, como "Estou profundamente envolvida no trabalho que venho fazendo", para evitar as implicações que secretamente o igualam à sua vida.

Certa vez, conheci um jogador de vôlei que chegara aos 50 anos, idade em que o corpo não é mais capaz de fazer todas as coisas que costumava. Ele estava deprimido e um pouco perdido, imaginando o que faria consigo mesmo, agora que só podia ser treinador. Em determinado ponto, ele me disse: "O vôlei era a minha vida".

A mãe de uma amiga minha lhe dizia repetidamente "Viva a vida antes de casar", e tenho certeza de que se tratava de um desejo bem intencionado de que a filha descobrisse o que era importante para sua individualidade antes de se comprometer com alguém. A filha demorou um pouco para perceber que a instrução da mãe pressupunha que ela só poderia casar em seu leito de morte!

Pode ser muito eficaz rever suas crenças para encontrar quaisquer implicações contingentes que você tenha feito e descobrir se deseja rever algumas. É particularmente importante examinar as crenças sobre questões relevantes como vida, felicidade etc. "Só posso ser feliz em um relacionamento." "Se eu ficasse seriamente incapacitado, minha vida acabaria." Esse tipo de pensamento pode transformar um evento desagradável em um desastre e, com freqüência, resultar em depressão e, algumas vezes, em suicídio.

Quando isso acontece, é possível voltar à época *antes* daquela em que a decisão foi tomada e usar um processo desenvolvido por Richard Bandler, chamado "Destruidor de Decisão" (Andreas, 1993, capítulo 4), para criar uma experiência que alterará essa decisão problemática.

Outra maneira de mudar esse tipo de implicação consiste em explorar *soluções* generativas para qualquer calamidade *agora*, a fim de que você esteja antecipadamente preparado para ela. Imagine, um por um, todos os tipos de desastres que você considera possíveis e, para cada um deles, faça a pergunta: "Se isso acontecesse, como eu ainda viveria uma vida satisfatória e que valesse a pena?" Certifique-se de que sua resposta seja um plano detalhado e um ensaio para aquilo que você poderia fazer. E, se você tiver como ensaiar diversas opções diferentes para cada tipo de desastre, é ainda melhor.

Implicação não-verbal (contextual)

A implicação *não-verbal* cria uma abrangência que naturalmente *evoca* a resposta desejada. Ela é muito comum na comunicação diária, particularmente nos movimentos e expressões do rosto. O significado de alguns sinais não-verbais é culturalmente aceito e reconhecido, como balançar a cabeça para os lados indicando "Não", um aceno com a mão ou um franzir das sobrancelhas para demonstrar desagrado. Esses sinais têm significados aceitos e são essencialmente "palavras" não-verbais com significados digitais, como a linguagem dos sinais.

Entretanto, um franzir de sobrancelhas também pode significar concentração, confusão ou até mesmo gases no estômago, portanto alguns desses sinais ainda são um tanto ambíguos. Da mesma forma, um suspiro pode sugerir tédio, mas também relaxamento ou prazer. Levantar as sobrancelhas pode significar surpresa ou descrença, mas se a cabeça estiver inclinada para a frente, isso costuma sugerir uma pergunta para o outro responder e, combinado com uma inclinação da cabeça para trás e para o lado, o movimento pode indicar uma insinuação sexual. Na comunicação direta sempre haverá *muitas* mensagens transmitidas não-verbalmente. Algumas delas constituirão sinais digitais claros, enquanto outras serão ambíguas e algumas terão significado apenas em um determinado contexto. A maior parte dessas mensagens não-verbais é inconsciente e, em geral, também respondemos a elas inconscientemente.

Como normalmente respondemos de maneira inconsciente a implicações não-verbais, podemos utilizá-las para, de modo elegante e indireto, evocar respostas nos outros. Por exemplo, pense naquilo que você faz não-verbalmente quando quer encerrar uma conversa, porém não de modo direto. Tira o foco dos olhos ou desvia rapidamente o olhar, afasta ligeiramente o corpo, dá um pequeno passo para o lado, inclina-se um pouco para trás, passa os dedos nos cabelos, termina uma frase com uma inflexão descendente indicando conclusão etc. A maioria desses comportamentos não tem significados distintos culturalmente aceitos, portanto eles só podem ser compreendidos com o uso da implicação.

Uma das coisas mais difíceis com relação a viver em outra cultura (mesmo que se conheça bem o idioma) é o fato de não conseguirmos mais "ler" muitas das implicações não-verbais, o que nos deixa incertos a respeito do que se está comunicando além das palavras que são ditas.

Nossas coisas e nosso ambiente também são abrangências cheias de implicações. Um relógio em destaque pendurado na parede sugere a importância do tempo e sua ausência, uma atitude mais relaxada. Uma mesa grande, uma janela com vista e outros móveis no escritório do patrão indicam sua importância, em contraste com a mesa comum de um trabalhador em um cubículo sem janelas. As roupas sugerem muita coisa a respeito de nossas preocupações (ou a ausência delas), como asseio, conforto, estilo, saúde, estilo de vida e atitude.

O contexto maior de sua comunicação, suas roupas, seu comportamento não-verbal – discurso, pausas, padrões tonais, postura, gestos etc. –, *todos* contribuem para o significado daquilo que você diz e faz. A implicação contextual é *sempre* um fator em *cada* momento de comunicação, quer você pretenda isso ou não. Tendo consciência de tudo isso, pode se certificar de que todos os aspectos do contexto apóiam o que você quer conseguir.

Certa vez, conheci uma mulher que era perturbada por vozes internas críticas incessantes, que a incomodavam e a impediam de lidar totalmente com os eventos do mundo real. Seu mestre espiritual lhe disse para arrumar um emprego picando legumes em um restaurante chinês, onde isso é feito muito rapidamente com uma faca grande e bastante afiada. Trata-se de um contexto no qual há uma motivação fortíssima para prestar muita atenção na faca, pois seria demasiado perigoso se distrair com o diálogo interno – que rapidamente diminuiu.

Uma mãe sempre falava e respondia pela filha anoréxica quando Erickson fazia perguntas a esta, querendo ouvir o que ela tinha a dizer. Ele disse à mãe para pegar o batom e o espelho, mantendo-o muito próximo dos lábios, e notar como eles tendiam a se mover sempre que ele fazia perguntas à filha. Passar batom é um contexto no qual os lábios ficam imóveis – e, portanto, incapazes de falar. A instrução de Erickson foi muito mais elegante do que pedir à mãe para calar a boca a fim de que ele pudesse ouvir o que a filha tinha a dizer.

Você também pode mudar o contexto interno de uma pessoa. Erickson colocava em transe diversas mulheres com incontinência causada por danos na coluna vertebral, que desejavam recuperar o controle urinário, e então as fazia experimentar sentar no vaso sanitário, imaginar a porta do banheiro abrindo e o rosto de um estranho aparecendo, evocando uma resposta autonômica involuntária de constrição. Assim, ficou fácil oferecer uma outra maneira de desencadear essa resposta de constrição, de modo que não precisassem da imagem de um homem estranho olhando para elas o dia inteiro!

Erickson tinha ainda como cliente uma mulher com dor intratável por causa de um câncer sem solução. Drogas e cirurgia não tinham ajudado. Após um considerável acompanhamento de suas dúvidas e ceticismo sobre a hipnose, Erickson lhe perguntou: "Agora me diga, senhora, se você visse um tigre faminto na sala ao lado, entrando lentamente, olhando para você e lambendo os beiços, quanta dor sentiria?" O perigo extremo e imediato é um contexto no qual as pessoas não notam a dor.

Um homem que não conseguia dirigir fora dos limites da cidade sem desmaiar e vomitar foi instruído a colocar o melhor terno, dirigir até o deserto nos limites da cidade e parar na última cabine telefônica em que achava ser capaz de chegar. Então, ele deveria ligar o motor, acelerar até cerca de 24 km/h e depois colocar o carro em ponto morto para que parasse suavemente quando ele desmaiasse. Se ele sentisse que ia desmaiar, deveria parar o carro, sair e deitar no acostamento até recuperar a consciência. Quando as li pela primeira vez há anos, essas instruções não fizeram nenhum sentido para mim, apesar de conterem muitas implicações não-verbais e terem sido efetivas em libertar aquele homem de sua limitação – ele dirigiu muitos quilômetros até uma cidade vizinha antes de voltar para casa. Agora, faça uma pausa e leia novamente as instruções e veja quantas implicações não-verbais você consegue encontrar...

Vestir o melhor terno sugere não vomitar e não deitar no acostamento, onde o terno poderia ficar sujo. Colocar o motor em ponto morto indica algum controle, ou pelo menos um adiamento do desmaio, e o desmaio sugere um adiamento para sair da cidade, em lugar de impossibilidade. Desmaiar também se tornou o *início* do ato de dirigir para fora da cidade, não o final. O homem desmaiou repetidamente no carro, mas Erickson não mencionou o vômito ou o ato de deitar no acostamento (Haley, 1985a, p. 118-120).

Uma "garota terrivelmente gorda, prudente e puritana" chegou para a primeira sessão dizendo que, mesmo se perdesse peso, ainda seria a menina mais feia do mundo. Erickson passou a maior parte da sessão de terapia de uma hora segurando e olhando para um peso para papel, apenas ocasionalmente dando uma olhada rápida na direção da garota. No final da sessão, ele disse:

> *Espero que você me desculpe pelo que fiz. Não olhei para você. Sei que isso é grosseiro. Brinquei com esse peso para papel; é muito difícil olhar para você. Eu preferiria não lhe dizer, mas como essa é uma situação terapêutica, realmente preciso lhe dizer. Talvez você consiga encontrar uma explicação. Mas na verdade tenho uma sensação muito forte de que, quando você emagrecer, pelo menos tudo que vejo de você – é por isso que continuo evitando olhar para você – indica que ficará ainda mais sexualmente atraente, o que é algo que não deveria ser discutido entre nós.*

(HALEY, 1985B, P. 18-21)

No contexto da terapia, Erickson não deveria notar ou falar sobre ela ser sexualmente atraente, mas o fato de ter feito isso, juntamente com sua grosseria em não olhar para ela e ficar brincando com um peso para papel etc., não-verbalmente sugeria a verdade do que ele disse.

Se resumirmos os ingredientes essenciais na implicação não-verbal, ficará mais fácil aprender a usá-la deliberada e sistematicamente.

Implicação não-verbal:

1. É proporcionada por algum elemento do *contexto não-verbal*.

2. Esse contexto pode ser real ou imaginado/alucinado, mas deve ser *vívido* e *convincente*.

3. O contexto *evoca* diretamente a resposta ou a compreensão desejada.

4. É o que com freqüência Erickson descrevia como "Aquilo que você sabe, mas não sabe que sabe" – uma resposta involuntária confiável da qual não se tem consciência.

Examinando os exemplos anteriores, você descobrirá esses quatro elementos em cada um deles.

Criando a implicação não-verbal

1. Escolha a *resposta* ou *objetivo* que você deseja evocar na outra pessoa.

2. Pense em um *contexto* que evocaria de forma natural e poderosa essa resposta ou objetivo.

3. *Crie* esse contexto:

   a. *Comportamentalmente*, por suas próprias ações.

   b. Dando uma "*tarefa*", instruindo a pessoa a executar determinado conjunto de ações em um contexto específico no mundo real.

   c. De maneira vívida e convincente na *imaginação* (em transe ou não).

A implicação contextual não-verbal também pode ser combinada com a implicação verbal e a pressuposição para evocar uma resposta ainda mais poderosa. Em geral, esse será o caso com a eliciação comportamental, como no último exemplo da garota gorda.

Criando uma resposta intensa: "O trauma terapêutico"

Há outro aspecto importante da implicação não-verbal: utilizá-la para evocar uma *resposta intensa* por meio da *dramatização* e do *suspense*, visando criar uma poderosa experiência prototípica. Vamos dar uma outra olhada no exemplo da garota terrivelmente gorda. Erickson passou a maior parte da sessão brincando com o peso para papel sem olhar para ela, o que ela certamente categorizará como uma resposta aversiva à sua feiúra. Em seguida, ele pede desculpas por não ter olhado para ela, algo sem dúvida interpretado da mesma maneira. Ele continua com mais *cinco* afirmações que ela certamente interpretará como respostas à sua feiúra. "Sei que é grosseiro. Brinquei com esse peso para papel; é muito difícil olhar para você. Eu preferiria não lhe dizer, mas como essa é uma situação terapêutica, realmente preciso lhe dizer." Cada uma delas confirmará e intensificará ainda mais sua desagradável convicção de que Erickson a considera feia.

Então, ele sugere que ela faça aquilo que com certeza já está fazendo: "Talvez você consiga encontrar uma explicação". Um comando embutido para ela confirmar novamente sua interpretação, seguido por uma frase confusa com mais *três* frases que parecem confirmar sua feiúra. "Mas na verdade tenho uma sensação muito forte de que, quando você emagrecer, pelo menos tudo o que vejo de você – é por isso que continuo evitando olhar para você." Somente após essa cilada de uma hora de duração ele apresenta sua explicação *alternativa*, que oferece a ela uma maneira surpreendente e muito mais agradável de categorizar toda a situação. O embaraço e a relutância de Erickson para lhe dizer isso sustentam a implicação de que é verdade.

Se Erickson tivesse dito alguma coisa sobre ela ser sexualmente atraente sem a longa preparação e suspense, isso causaria muito pouco impacto e provavelmente seria categorizado como mais uma confirmação de sua feiúra: "Ah, ele está apenas tentando me fazer sentir melhor porque sou tão feia".

Com freqüência, Erickson não media esforços para criar um contexto dramático e, portanto, *memorável* e *de impacto*, a fim de apresentar uma recategorização. Uma boa dramatização requer um *script*, preparação antecipada e ensaio, para que sua *apresentação* seja poderosa, criando uma experiência prototípica que fará a diferença na vida de uma pessoa.

Cara de canela

Uma mulher falou com Erickson sobre a sua filha de 8 anos de idade, Ruth, que odiava TODO MUNDO:

Um tipo muito INFELIZ de menina. Eu [Erickson] perguntei à mãe o que ela achava que fazia a garota detestar a si mesma e a todo mundo.

A mãe respondeu: "Seu rosto é coberto de sardas. E as crianças a chamam de sardenta".

Faça uma pausa aqui e pense em como você poderia resolver o problema dessa menina. Não importa se for ou não alguma coisa útil; fazer uma tentativa será bom para ampliar e aumentar suas escolhas...

E eu disse: "Certo, traga a menina, mesmo que seja à força". Assim, a pequena Ruth chegou muito desafiadora, pronta para brigar [...] caminhando de maneira desafiadora e com uma expressão zangada.

Vociferei: "Você é uma ladra!" Ela sabia que não era.

Eu disse: "Ah, sim, sei que você rouba... tenho PROVAS disso". E ela negou enfaticamente.

"Tenho PROVAS. Sei até onde você ESTAVA quando roubou. Ouça, vou lhe dizer e você saberá que é culpada." Você não pode imaginar o desprezo dela por minhas afirmações.

Continuei: "Você está na cozinha, em pé ao lado da mesa, esticando o braço para o pote de biscoitos de canela e um pouco de canela caiu no seu rosto, Cara de canela".

Pela primeira vez, Ruth percebeu que ter sardas era como ter cara de canela. Isso a reorientou totalmente [...] Tudo que fiz foi reORIENTAR a situação; não a modifiquei, apenas a reorientei. E poucas pessoas sabem da importância da reorientação.

(GORDON E MAYERS-ANDERSON, 1984, P. 80)

Vamos examinar melhor esse exemplo para ver o que o tornou tão eficaz. Erickson conseguiu a atenção *total* de Ruth ao eliciar uma resposta completa para o seu ódio. Ele não fez isso assemelhando com movimentos de "*rapport*", mas deliberadamente dando a ela outra coisa para odiar, *eliciando* e *aumentando* seu ódio.

Erickson fez isso atacando não apenas seu comportamento, mas sua *identidade*. "*Você* é uma ladra" (em contraste com "Você roubou alguma coisa").

Então ele diz "Tenho PROVAS", tornando a acusação ainda mais forte.

Na seqüência, Erickson muda do tempo passado "Sei até onde você ESTAVA quando roubou" para o tempo presente "Ouça". Depois, ele vai do presente para o futuro "Vou lhe dizer e você *saberá* que é culpada", orientando-a a antecipar suas futuras afirmações. Então, ele descreve uma situação passada, mas usando o tempo *presente* "Você *está* na cozinha, em pé ao lado da mesa, *esticando* o braço para o pote de biscoitos de canela". Usar o tempo presente mentalmente a coloca *na* situação que ele está descrevendo, como uma experiência no momento *presente*.

Toda essa preparação garante que, quando Erickson apresentar o "clímax" que resolve o drama e muda o significado de tudo que ele disse, Ruth responderá plenamente, como se realmente lhe tivesse caído canela no rosto, criando uma nova experiência prototípica.

Imagine como seria diferente – e ineficaz – se Erickson dissesse: "Olhe, você acha que seu rosto cheio de sardas é feio, mas na verdade ele parece canela". Seu ódio por todos, incluindo Erickson, a teria impedido até mesmo de considerar essa recategorização.

Pé grande Uma menina de 14 anos de idade vinha se isolando e tornando-se anti-social por achar que seus pés eram muito grandes. Erickson combinou de fazer um exame físico na mãe dela, em casa, e solicitou a presença da menina a fim de ajudá-lo. "[...] Pedi à menina que pegasse uma colher de chá para que eu pudesse examinar a garganta da mãe e então a fiz segurar uma lanterna enquanto eu olhava os olhos e a garganta da mulher. Levando a garota a fazer coisas, pedi-lhe para esperar e ficar por perto caso eu precisasse dela novamente." Após terminar um exame muito completo, e enquanto falava com a mãe, Erickson "acidentalmente" deu um passo para trás e pisou nos dedos do pé descalço da menina, que gritou de dor. "Virei-me para ela e, num tom de absoluta fúria, disse-lhe: 'Se essas coisas fossem suficientemente grandes para um homem enxergar, eu não estaria nesse tipo de situação!'"

Há *muitas coisas inclusas* nesse momento de trauma terapêutico – a ansiedade da filha com relação à saúde da mãe, seu papel ao ajudar o médico, a dor nos dedos dos pés, um respeitado homem mais velho gritando com ela e o estranho comentário pressupondo que ela deveria ter pés maiores, sugerindo que eram pequenos. Antes de Erickson deixar a casa, a filha perguntou à mãe se poderia ir a um *show* – terminara o comportamento de reclusão. Erickson comentou esse exemplo:

Veja, a garota achava que seus pés eram muito grandes e da maneira mais lindamente convincente lhe fiz um elogio. Se ela tivesse os pés suficientemente grandes para um homem enxergar. Não havia jeito de rejeitar esse elogio. Não havia como contestar. Eu certamente não estava tentando fazê-la se sentir melhor. Não existia outra coisa a fazer a não ser aceitar a prova absoluta de que seus pés eram pequenos. Não há outra maneira.

[...] quando você considera muitas manifestações neuróticas, qualquer pequena coisa traumática precipitará progressivamente uma neurose cada vez maior. Por que você não pode assumir a mesma atitude para a correção da neurose? Pegue alguma coisa que, em essência, é algo traumático, oriente-a corretamente e apenas atire-a na pessoa de tal maneira que ela tenha de aceitá-la, lidar com ela e incorporá-la... O trauma terapêutico.

(HALEY, 1985B, P. 12-18)

Agora sabemos bastante sobre a química de como o cérebro aprende muito rapidamente em estados de excitação traumática intensa que criam um foco de atenção limitado, da mesma forma que a hipnose. O drama pode criar essa excitação intensa também para a aprendizagem *positiva*, sem nenhuma hipnose.

Resumo *Implicação* é comunicar algo de uma maneira que provavelmente fará o ouvinte *inferir* um significado, baseado em suas suposições e visão de mundo – a arte de elegantemente comunicar alguma coisa "sem dizê-la". A implicação constitui uma categorização mais geral do significado de uma comunicação; não apenas "O que essas palavras ou ações comunicam?", mas "O que essa comunicação significa?" em um nível lógico mais geral.

Modelo do mundo é um grupo de padrões de comunicação *livres de conteúdo* que sugerem que a maneira como alguém vê ou compreende o mundo é apenas *uma* de *muitas* maneiras, abrindo as portas para considerar e tentar outras compreensões. Os outros tipos de implicação não são livres de conteúdo, pois evocam categorizações que realmente oferecem um conteúdo específico.

A *implicação verbal* baseia-se na pressuposição de que o mundo está dividido em opostos categóricos. Dizer alguma coisa sobre *uma* das metades dessa dicotomia cria a implicação de que o oposto é verdadeiro com relação à *outra* metade. Diferente da pressuposição, a implicação não é encontrada somente na declaração verbal, o que a torna muito mais sutil e ambígua. Essa sutileza a faz poderosa, porém a ambigüidade também abre uma porta para a incerteza, a confusão e os mal-entendidos.

A *implicação contingente* é criada quando um evento se liga a outro na mente de alguém, por *causa–efeito* ou *equivalência*. Quando o primeiro evento ocorre, isso implica que o segundo também ocorreu. Esse tipo de implicação é particularmente eficaz quando oferecido no contexto da categoria "faz-de-conta" ou "como se".

Já a implicação *não-verbal* ou *contextual* é criada pela resposta natural a um determinado evento ou contexto. Como certas abrangências de experiência seguramente eliciam determinadas categorizações e respostas, criar a abrangência não-verbalmente é tudo de que precisamos para criar a implicação e a resposta.

Esses diferentes tipos de implicação podem ser combinados com um planejamento cuidadoso a fim de eliciar uma resposta intensa, ou *trauma terapêutico*. Tal resposta intensa cria uma lembrança convincente que se torna o *protótipo* para uma nova categorização, uma nova maneira de compreender e responder àquilo que era um problema frustrante. Esse protótipo rapidamente atrairá outros exemplos para formar uma nova categoria.

A seguir, examinaremos melhor como processamos e usamos internamente a *negação*. Embora seja uma habilidade de comunicação essencial e útil, ela também contém armadilhas para os desavisados, na medida em que pode ser usada de formas que resultam em confusão e mal-entendidos.

> *"A APRENDIZAGEM NÃO É COMPULSÓRIA... NEM A SOBREVIVÊNCIA."*
>
> **W. EDWARDS DEMING**

2

Negação
Nem isso, nem aquilo

"PENSAR QUE NÃO VOU MAIS PENSAR EM VOCÊ
AINDA É PENSAR EM VOCÊ.
ENTÃO, DEIXE-ME TENTAR NÃO PENSAR
QUE EU NÃO VOU PENSAR EM VOCÊ."

D. T. SUZUKI

Usamos a negação com tanta freqüência e tão inconscientemente que é difícil perceber como se trata de uma habilidade notável e útil. Quando não gostamos de alguma coisa no presente, podemos pensar que ela não existe, como o primeiro passo para imaginar uma alternativa mais atraente e então pensar o que faríamos para conseguir aquilo. "Não quero isso; quero o oposto. Como posso conseguir?" Se me molho na chuva, penso em estar seco e aí imagino o que preciso fazer para chegar nisso.

Fazemos o mesmo com relação às previsões do futuro que parecem insatisfatórias. Quando prevemos coisas desagradáveis, perguntamo-nos: "O que eu poderia fazer agora para alterar o futuro e torná-lo mais satisfatório?" Também podemos negar o passado e desejar que ele não houvesse acontecido, um primeiro passo eficaz para pensar naquilo que teríamos preferido. Então, aplicamos isso ao *futuro* a fim de agir com mais recursos num evento futuro semelhante.

Para ter uma idéia de como a negação é importante, tente agir *sem* ela por uma hora – ou mesmo cinco minutos! Coloque-se em um contexto no qual você está se comunicando com os outros e tente *não* dizer "não", "nenhum", "nunca", "nada", "sem", "não posso", "não faço", "não farei" e todas as outras palavras que expressam alguma forma de "não". Note que eu não poderia lhe dar instruções para essa experiência sem usar negações – só na primeira parte dessa frase usei três delas: "não poderia", "sem" e "negações".

Alternativamente, se você está sozinho, abra qualquer livro em qualquer página e risque todas as palavras que expressam alguma forma de negação. Em seguida, volte e risque as negações que você não percebeu na primeira tentativa. Finalmente, leia o que restou – sem as negações – e note como muito do significado se perdeu.

"Não" é uma distinção digital que divide o mundo em duas categorias gerais: "possível" e "impossível", "existência" e "não-existência", "amor" e "não-amor" etc. Ocasionalmente, usamos outra palavra para transformar o "não" em uma distinção análoga, como em "não muito" ou "na verdade, não", mas se não houver qualificador, o "não" sempre indica uma categorização digital.

As crianças muito novas começam aceitando que tudo é real e verdadeiro; a habilidade para negar se desenvolve por volta dos 2 anos de idade. Quando assistem à televisão, esta é inquestionavelmente *real* para elas, não importa o que você diga. Dizer "não" a uma criança pequena antes do desenvolvimento da habilidade para negar não faz sentido para ela – embora naturalmente ela responda a qualquer restrição ou impedimento àquilo que está fazendo. Assim que a habilidade para negar se desenvolve, as crianças a utilizam para declarar seus desejos e independência, e é por isso que muitos pais chamam esse período de "os terríveis 2".

Seria impossível escrever um livro como esse sem a negação e o mesmo vale para a maior parte do pensamento e da comunicação. Sem a negação, só seríamos capazes de uma pequena fração daquilo que fazemos com a linguagem, naturalmente e sem esforço. Sem a negação, outra linguagem, a matemática, ficaria reduzida à adição e à multiplicação (que é uma forma de adição). Sem a matemática, teríamos desenvolvido poucos dos confortos da tecnologia avançada que desfrutamos atualmente.

Processando a negação Quando um golfinho quer mostrar que *não* vai ferir ou machucar um treinador humano, ele coloca a boca sobre a mão, pressiona muito suavemente como se fosse morder e então pára. (Um golfinho pode morder seu punho tão facilmente quanto você pode morder uma batatinha frita!)

Curiosamente, ao usar a negação na linguagem fazemos em nossa experiência interna o mesmo que o golfinho faz em seu comportamento real. Se eu disser a você "Não vou te morder" e prestar atenção em minhas imagens internas, vejo uma imagem do início de um processo de me movimentar em sua direção e morder, e então paro e recuo. Há diversas maneiras de representar a negação internamente, mas todas elas começam com algum tipo de imagem da abrangência que deve ser negada, seguida pela de uma experiência diferente. A primeira imagem pode desaparecer lentamente ou ser "cancelada" de algum modo – apagada ou pela sobreposição do símbolo internacional do círculo vermelho com uma linha atravessando-o de lado a lado.

Embora a negação seja uma parte indispensável da linguagem, o processamento mental ainda se parece muito com o comportamento do golfinho. Não conseguimos pensar em uma imagem positiva de "não ir até a loja" ou "não cuidar"; pensamos em "ir até a loja" ou "cuidar" e então a interrompemos, passando para o seu oposto ou alguma outra imagem. Pensamos *primeiro* naquilo que *não* faremos, interrompemos e aí pensamos em outra coisa.

É por isso que demora um pouco mais para processar negações e compreendê-las. Por exemplo, "Você não pode estar casado e não discutir com sua esposa" requer um pouco de ginástica mental para determinar seu significado. Se retirarmos as duas negações, ficamos com "Se você é casado, vai discutir com sua esposa", o que se compreende com muito mais rapidez e facilidade.

Os espelhos retrovisores convexos dos carros em geral trazem a seguinte mensagem gravada: "Os objetos refletidos estão mais próximos do que parecem estar", uma frase sem negação. Note como você demora muito mais para processar esta frase: "Os objetos não estão tão distantes quanto parecem estar".

Frases com três negações são difíceis de compreender, demoram e confundem ainda mais: "Eu não discordaria", "Não posso acreditar que não é impossível". Fazer declarações positivas com o mínimo possível de negações diminui bastante essa demora e confusão no processamento.

Há outro aspecto muito interessante da utilização da negação múltipla. Note sua experiência enquanto lê a seguinte frase:

"Não existe uma crença tão estúpida a ponto de alguém não acreditar nela."

Agora, leia esta frase, que expressa a mesma idéia sem negação: "Algumas pessoas acreditam em coisas muito estúpidas".

Como já mencionei, processar negativas duplas demora mais. No entanto, também torna a frase mais notável e *memorável*. A última frase é mais comum, fácil de processar, rapidamente esquecível e nunca teria lugar em uma lista de citações sábias.

Declarar alguma coisa com uma dupla negativa fará que a pessoa realmente se lembre dela – é mais provável que a mensagem "grude". Portanto, se você deseja que um dos membros de um casal lembre o quanto o outro o ama (algo tão fácil de esquecer no calor de uma discussão), diga: "Não importa o que aconteça, você não pode não lembrar do quanto ele te ama". "Você não pode não" é uma maneira de criar facilmente uma dupla negação para *qualquer* conteúdo com o propósito de torná-lo mais memorável.

Sinais não-verbais Em suas brincadeiras, cães e outros animais freqüentemente demonstram um comportamento muito semelhante ao da briga – na verdade, grande parte da brincadeira envolve a aprendizagem de como brigar, uma habilidade necessária. Entretanto, se eles não tivessem sinais claros que categorizam essa atividade como "brincadeira", correriam o risco de se machucar seriamente. Se você observar cães brincando e brigando, notará diversos comportamentos que diferenciam as duas atitudes. Na briga, por exemplo, há muito mais tensão no corpo inteiro, os pêlos na parte de trás do pescoço e dos ombros se arrepiam e o rabo fica esticado. Já na brincadeira, o corpo está bem mais relaxado, os pêlos não arrepiam e o rabo abana.

Quando dois cães se encontram pela primeira vez e ambos estão incertos se se trata de um contexto de brincadeira ou de briga, esses sinais são intermediários – a tensão é muito maior do que na brincadeira, embora menor do que em uma briga, os pêlos se arrepiam um pouco, a ponta da cauda balança um tanto etc. Enquanto eles continuam a interagir e a trocar sinais, esse estado intermediário pode ir para qualquer direção. Como variam dentro de uma abrangência de intensidade, eles são sinais análogos, diferentes do "não" (digital).

Se a brincadeira entre dois cães fica muito violenta, aquele que se machucar vai ganir e recuar, como se dissesse "É demais", a fim de impedir que aquilo se transforme em briga. O sinal análogo para "brincadeira" tornou-se muito intenso, alcançando um limiar digital para o cão que se machucou, e ele respondeu com um sinal digitalmente diferente – ganindo e recuando, em vez de morder alegremente.

Agora, a pergunta interessante é: em suas brincadeiras, os cães enviam um sinal não-verbal "Isso *é* brincadeira" ou a mensagem "Isso *não* é briga"? Quando dois cães se encontram pela primeira vez, eles enviam *dois* conjuntos de sinais: um para brincadeira e um para briga. Ambos são atenuados e *positivos*. Assim que a incongruência é resolvida, eles mandam apenas *um* conjunto de sinais para a categoria "brincadeira" ou para a categoria "briga".

Nos seres humanos, esses sinais não-verbais têm sido descritos como *para*mensagens, que modificam a *abrangência* de uma mensagem verbal no mesmo nível lógico, e também como *meta*mensagens, que *categorizam* uma mensagem verbal num nível lógico mais elevado. Entretanto, não vi nenhum critério claro para determinar se certo comportamento não-verbal é uma *para*mensagem ou *meta*mensagem, o que resulta em confusão. A distinção entre mensagens digitais e análogas proporciona uma maneira para diferenciá-las.

Sinais análogos Se digo "Olhe lá" e aponto com a mão, o ato de apontar esclarece e especifica a abrangência da palavra "lá" na mensagem verbal, portanto trata-se de uma *para*mensagem congruente no *mesmo* nível lógico.

Se eu disser "Olhe lá" e gesticular com a cabeça numa direção e com a mão em outra, as duas mensagens não-verbais parecem incongruentes e seria possível dizer que uma nega a outra. Contudo, embora pareçam inconsistentes e confusas, *ambas* são positivas – uma não nega a outra. Talvez eu queira que você olhe para os dois lugares, a fim de ver como eles estão conectados, ou talvez eu tenha movido a cabeça apenas em resposta a uma mosca, uma vespa, ou algum outro evento sem nenhuma relação com o que eu disse.

Isso fica mais claro se pensarmos na ampla variedade de gestos que posso fazer com a mão para indicar "lá". Para baixo e perto de alguma coisa próxima, ele provavelmente indica uma abrangência pequena. Se minha mão fizer um movimento horizontal, isso deve indicar uma abrangência maior e, se o gesto for mais amplo do que o horizonte, uma abrangência ainda maior. Imaginando muitos outros gestos com a mão, você verificará facilmente como cada um deles indica uma abrangência um pouco diferente de espaço ou de tempo.

Se eu disser "Gosto dela", o volume e o tom da minha voz podem modificar o significado de "gosto" dentro de uma ampla variedade, que vai da mínima tolerância ao forte entusiasmo – outro exemplo de uma *para*mensagem que qualifica ou modifica a mensagem verbal. Mesmo a comunicação mais simples é bastante redundante, expressada por *muitos* diferentes comportamentos não-verbais (além de qualquer comportamento verbal), portanto geralmente haverá *muitas* dessas *para*mensagens analógicas.

Quando um cão expressa *somente* os comportamentos não-verbais que acompanham a brincadeira, múltiplas *para*mensagens redundantes coletivamente comunicam "Isso é brincadeira" – uma categorização positiva. Alguns psicólogos e filósofos acreditam que eles estão comunicando "não briga", mas eu acho que esse é um erro que provocou equívocos significativos.

Sinais digitais Na comunicação humana, algumas mensagens não-verbais podem ser descritas como *meta*mensagens digitais que *categorizam* a mensagem verbal em um nível lógico *diferente*, em comparação com as *para*mensagens análogas que especificam abrangência. Uma história sobre determinado lingüista conta que, referindo-se à negação, ele disse: "Embora alguns idiomas usem uma dupla negativa para comunicar uma afirmativa, nenhum idioma usa uma dupla afirmativa para comunicar uma negativa". Um aluno no fundo da sala exclamou, em voz alta: "Sim, claro!" O sarcasmo é apenas um dos muitos sinais não-verbais que às vezes indicam negação. Balançar a cabeça, um sorriso de escárnio, bufar, levantar as sobrancelhas ou olhar torto podem negar o que está sendo comunicado; já inclinar a cabeça, um sorriso ou uma inflexão descendente no final de uma frase costumam validar a comunicação.

Essas negações ou validações digitais não-verbais estão em um nível lógico mais elevado, pois colocam o que é dito em uma de duas categorias muito gerais – coisas verdadeiras e coisas não verdadeiras, brincadeira ou briga, negócios ou prazer etc.

As *para*mensagens são *análogas*, enquanto as *meta*mensagens são *digitais*, o que deveria tornar fácil distingui-las. Entretanto, toda comunicação verbal é fundamentalmente análoga, uma determinada abrangência de experiência. Ela pode ser compreendida *tanto* como análoga quanto como digital, dependendo da intenção do comunicador e da interpretação do receptor – e, algumas vezes, é difícil decidir entre as duas. Por exemplo, se alguém falar com você num idioma que você não entende, a mensagem digital pretendida será *recebida* como um palavreado incoerente e análogo, uma vez que não há como o significado digital enviado ser compreendido.

Na conversa comum, o orador pode dizer "sempre" (digital), mas o ouvinte escutar "a maior parte do tempo" (análogo) e vice-versa. Portanto, isso realmente depende de quem categoriza – o transmissor *ou* o receptor. Quando nos comunicamos efetivamente, estamos de acordo com que partes da comunicação são análogas e quais são digitais.

Na comunicação direta, as pessoas *sempre* prestam atenção em *muitas* mensagens não-verbais, consciente ou inconscientemente, porque elas são indicadores bastante importantes do tipo de interação em que estamos envolvidos. Mesmo ao ler uma mensagem escrita, na qual a comunicação não-verbal está quase inteiramente ausente, fazemos o melhor para categorizar que tipo de mensagem ela é. O que, exatamente, tia Martha queria dizer quando escreveu que a cadeira da sala de estar tem um "estilo interessante"? Foi uma crítica, um elogio, uma simples descrição ou ela está enviando uma mensagem de como é observadora?

Sempre que uma *meta*mensagem digital é incongruente com a mensagem verbal, a comunicação se torna ambígua e o ouvinte pode reagir a uma ou a outra, ou a ambas. Como as pessoas têm menos controle consciente sobre o comportamento não-verbal, freqüentemente o não-verbal é considerado mais real e autêntico. Assim, muitas vezes elas acreditam e respondem mais fortemente a essa mensagem. A resposta mais elegante é reconhecer e responder a *ambas*.

É isso que as pessoas costumam fazer espontaneamente ao flertar, contar piadas e em outras situações alegres e agradáveis. Se alguém diz "O que você quer fazer hoje à noite?" com as sobrancelhas levantadas indicando alusão sexual, a outra pessoa em geral responderá na mesma moeda "Não sei, o que *você* quer fazer?", com as mesmas sobrancelhas levantadas – uma maneira de dizer "Quero que você mande a primeira mensagem não ambígua". Elas estão falando de sexo ou de alguma outra coisa? Elas estão *realmente* falando de sexo ou apenas brincando?

A comunicação ambígua pode continuar por algum tempo até elas concordarem mutuamente sobre o significado que vão seguir. Em essência, estão expressando o mesmo tipo de incongruência dos cães que descrevi anteriormente, antes de chegarem a um acordo sobre sua interação, se é briga ou brincadeira. A ambigüidade da comunicação incongruente protege os participantes das críticas ou da rejeição daquilo que estão comunicando, uma vez que ambos podem dizer "Eu só estava brincando", "Não quis dizer *aquilo*", ou mesmo "Como você pôde pensar isso?!"

Outras vezes, o ouvinte terá muita dificuldade para responder a uma mensagem incongruente, particularmente se o contexto for de coerção ou poder, quando existe uma maneira "certa" de responder e ele será punido caso o faça de maneira inadequada. Com freqüência, o ouvinte será punido independentemente da mensagem à qual responda. Esses e outros "duplos vínculos" serão explorados no capítulo 9.

Curiosamente, uma mensagem incongruente também pode resultar em vínculo para quem envia a mensagem. Por exemplo, cresci em uma família que se comunicava principalmente de maneira direta, na qual o sarcasmo era desconhecido. Certa ocasião, jantávamos com outra família e perguntei se poderia pegar mais purê de batatas. O pai da família disse, brincando, "Claro que não!", e respondi "Ah, tudo bem", aceitando sua recusa como algo congruente. Isso o deixou desconfortável, porque o fez parecer um anfitrião grosseiro, não um brincalhão, e ele precisou se explicar. Mesmo quando a comunicação incongruente é alegre e agradável, a incerteza da ambigüidade constitui sempre uma fonte potencial de mal-entendidos. E quando não é alegre, muitas vezes pode resultar numa confusão desagradável.

Comandos negativos Alguma vez você já disse a uma criança "Não sorria!"? Como ainda não são muito boas no processamento da negação, elas precisam sorrir, porque seguem o comando negativo e também porque acham a situação engraçada. Os adultos processam a negação de maneira bastante parecida, exceto pelo fato de que podemos continuar mais facilmente e experimentar alguma outra coisa. Note o que você experimenta internamente ao ler a seguinte frase:

"Não quero que você pense em porcos-da-terra ágeis, nem em coalas engraçadinhos."

Um *comando negativo* é qualquer declaração negada. Quando nos comunicamos usando um comando negativo, o ouvinte *precisa* fazer uma representação daquilo que é negado para compreender a frase. Então, ele tem de se separar dessa representação de algum modo, ou eliminá-la, ou fazê-la desaparecer etc. A oposição entre a negação e a experiência negada cria um conflito ou incongruência inerente entre as duas. Como a atenção será atraída para a abrangência que o ouvinte está negando, haverá uma tendência a pensar naquilo que lhe disseram para *não* pensar. Uma vez que nossos comportamentos vêm daquilo em que estamos prestando atenção, ele também sentirá alguma inclinação a fazer o que é negado, podendo até mesmo fazê-lo. Isso costuma ser chamado de "rebeldia" ou "obstinação", mas às vezes é apenas o resultado da comunicação negada.

Quando um pai diz a uma criança pequena "Agora não" ou "Isso não é educado" ou "Não choramingue", a negação é aplicada a uma abrangência de experiência que o pai *não* quer, com o propósito de interrompê-la. Se o pai não der uma alternativa positiva para a criança, ela ficará presa na imagem do que é negado e na incongruência criada pela negação. Mas se, após uma negação, o pai apresenta uma abrangência positiva como "Mais tarde", "Peça por favor" ou "Fale com um tom de voz normal", isso redireciona a atenção da criança para longe da incongruência da negação, para uma declaração positiva e congruente daquilo que o pai *realmente* quer.

Se o pai diz ao filho adolescente "Não fique nervoso na prova de hoje" ou "Não dirija muito rápido e sem cuidado", mesmo que ele *queira* fazer o que o pai lhe pede, tenderá a fazer o oposto do que deseja, pois suas imagens serão abrangências daquilo que o pai *não* quer – em lugar daquilo que ele *quer* –, e essas imagens direcionam a atenção e evocam o comportamento.

Naturalmente, os comandos negativos podem ser usados de maneira positiva, mudando o *conteúdo* do que é negado. Por exemplo: "Não quero que você fique alerta e relaxado ao fazer a prova hoje", "Não dirija cuidadosamente e de maneira segura a caminho da escola". Essas frases soam um pouco estanhas porque a maior parte das pessoas não conhece o suficiente a respeito da comunicação para perceber como elas podem ser proveitosas, e por isso não são ouvidas com freqüência.

Elas também parecem estranhas porque as palavras de critério "alerta e relaxado" e "cuidadosamente e de maneira segura" soam como digitais – tudo ou nada. As mesmas frases soarão muito mais naturais ao se acrescentar o qualificador "muito". "Não quero que você fique *muito* alerta e relaxado com relação à prova de hoje" e "Não dirija *muito* cuidadosamente e de maneira segura a caminho da escola". A palavra "muito" cria um *continuum* de experiência que pressupõe os critérios do *continuum* – nesse caso, "alerta e relaxado" e "cuidadosamente e de maneira segura".

Esses comandos negativos –"positivos" funcionam. E funcionam particularmente bem com adolescentes e outros que são descritos como "antagonistas", geralmente fazendo o *oposto* daquilo que alguém lhes pede como parte de sua busca por independência. Como você está lhe dizendo para *não* dirigir de maneira segura, se ele for antagonista, tenderá ainda mais a fazer o oposto do que você pede, dirigindo de maneira segura.

Se você prefere não usar a negação (e a pessoa com quem você está falando não é antagonista), use comandos *positivos*. "Sinta-se confiante e calmo enquanto aproveita o desafio da prova de hoje." "Dirija de maneira segura, ficando alerta a todos os outros carros a caminho da escola." Se eu tivesse o poder de ensinar uma coisa instantaneamente a todas as pessoas do mundo, provavelmente ensinaria como funcionam os comandos negativos, tão penetrantes e causadores de muitos problemas. "Você não consegue enxergar como a compreensão da negação é importante para o seu trabalho e quantas diversas aplicações eficazes ela tem?"

Objetivos negativos Quando estou em uma situação desagradável, é bastante natural notá-la e pensar "Não quero isso", como um primeiro passo para melhorá-la. Contudo, isso é o que chamamos de "objetivo negativo", uma representação daquilo que eu *não* quero. Ao fazer isso, penso naquilo que *não* quero, em lugar de pensar naquilo que *quero*.

Se eu imediatamente continuar perguntando a mim mesmo "O que quero em vez disso?", a resposta será um objetivo *positivo* que posso então tentar alcançar com quaisquer recursos à minha disposição. Naturalmente, é isso que a maioria das pessoas faz na maior parte do tempo. Sinto frio, portanto penso em calor e em como me aquecer.

Entretanto, muitas vezes as pessoas ficam presas a um objetivo negativo e não pensam naquilo que *realmente* desejam. "Não quero comer tanto." "Detesto as críticas constantes do meu marido." "Se esse barulho parasse...". "Gostaria que minha esposa não falasse tanto." "Meu filho é tão desorganizado." Quando alguém se queixa de alguma coisa, provavelmente tem um objetivo negativo em mente, não um positivo.

Com um objetivo negativo, a única coisa em sua mente é uma representação do problema, o que, além de ser desagradável, torna difícil encontrar uma solução. Ter em mente um objetivo negativo pode até mesmo piorar uma situação, pois atrai a atenção para aquilo que não quero, como se descobre facilmente com uma rápida experiência.

Pense consigo mesmo "Não quero comer tanto" e note sua experiência interna ao fazer isso. A minha é pensar em ir na direção de grandes quantidades de alimentos variados, então me sinto recuando e me afastando dessa imagem. Sinto o impulso de comer o alimento e aí afasto a imagem, ficando com uma sensação de conflito não solucionado entre essas duas direções.

Nossas representações internas raramente (ou nunca) são apenas pensamentos "vazios"; o cérebro não funciona assim. Aquilo que representamos internamente tende a atrair nossa atenção e com freqüência também evoca comportamentos.

Uma das principais funções das representações internas é nos guiar rumo à satisfação de nossas necessidades. Quando penso em "comer demais", ainda mais se o faço sempre, ficarei tentado a fazer exatamente isso, mesmo diante da negação. Embora seja um objetivo negativo que não desejo, ele ainda é um *objetivo* e minha atenção se voltará para ele.

Diversas pessoas procuram terapeutas ou outros consultores com descrições detalhadas de seus problemas – aquilo que *não* querem, em lugar daquilo que *realmente* querem. Muitos educam os filhos dizendo a eles o que *não* fazer, implantando imagens vívidas que freqüentemente eliciam exatamente os comportamentos não desejados.

Os objetivos negativos têm enormes conseqüências para todos nós, pessoal, social, política e internacionalmente. Durante a Guerra Fria, o foco da atenção dos países capitalistas estava no "anticomunismo", um objetivo negativo. Se um governo era "anticomunista", os países capitalistas o consideravam amigo e distribuíam dinheiro, armas e ajuda. Não importava se ele era corrupto, cruel, opressivo ou não democrático, desde que fosse "anticomunista". Se, em vez disso, tais países tivessem sido "pró-democracia" ou tido algum outro objetivo positivo, provavelmente haveriam notado a corrupção, a crueldade e a opressão, e tomado decisões diferentes a respeito daqueles com quem se aliavam.

Agora os Estados Unidos se encontram mergulhados em outro objetivo negativo internacional, o "antiterrorismo". Eles apóiam ditaduras corruptas, cruéis e opressivas desde que sejam "antiterroristas", porque focalizam aquilo a que são contrários, e não aquilo a que são *favoráveis*.

Critérios negativos Suponhamos que eu fale com você sobre uma coisa apenas dizendo o que ela *não é*. "Aquilo em que estou pensando não é verde, não é muito útil, nem pode ser comido." O que você sabe sobre aquilo em que *estou* pensando? Praticamente nada. Uma categoria totalmente definida pelos critérios negativos é quase completamente desconhecida e misteriosa, pois a única coisa que sabemos a seu respeito é o que ela *não é*. Só sabemos algo acerca do que está fora da categoria, não do que está dentro dela.

Quando descrevemos a nós mesmos usando uma negação, acontecem duas coisas muito curiosas, embora a maioria das pessoas não preste atenção suficiente à sua experiência interna para percebê-lo. A fim de ter uma idéia disso, imagine que um aspecto de seu autoconceito é o fato de que você "não é cruel". Para compreender essas palavras, primeiro você precisa criar uma imagem de crueldade e então se separar dela, criando conflito e incongruência internos. Se apenas um ou dois aspectos do autoconceito de alguém são negações, talvez isso não cause muitos problemas; no entanto, se grande parte do autoconceito de uma pessoa é negado, isso pode provocar muita dificuldade.

É particularmente problemático saber quem você *não* é, porque se trata de uma negação distorcida da função fundamental do autoconceito: saber quem você *é*. Se uma pessoa não tem nenhuma imagem positiva de quem ela *é*, terá apenas um sentimento vazio, em lugar do sentimento positivo que teria se pensasse em si mesma como boa. Saber apenas quem você *não* é resulta em *não* saber quem você *é*. É comum os pais passarem uma série de mensagens "não" que negam o autoconceito da criança, como "Você não é esperto", "Você não é bonita" etc. Em resposta, a criança muitas vezes se identificará com *qualquer coisa*, pois qualquer autoconsciência é melhor do que o horrível vazio da negação. Escrevi extensivamente sobre as conseqüências problemáticas de um autoconceito negativamente definido em *Transforme-se em quem você quer ser* (Andreas, 2005, cap. 11).

"Mas" Um aspecto poderoso da PNL é descobrir a experiência interna evocada pela utilização de uma linguagem específica. Isso nos permite usar a linguagem de maneira muito dirigida para obter os resultados que desejamos. Com freqüência, o exame cuidadoso de uma única palavra produz ótimos dividendos, e a palavra "mas" certamente é uma delas. Note o que acontece em sua experiência interna ao considerar duas frases quaisquer, uni-las com "mas" e então repeti-las na ordem inversa, novamente com o "mas" no meio. Compare, por exemplo:

"Eu gosto de você, *mas* há algo que me incomoda."

"Há algo que me incomoda, *mas* eu gosto de você."

Em ambos os casos, a primeira abrangência diminui de algum modo, enquanto a segunda torna-se o principal foco de atenção. A maneira exata como isso acontece varia de uma pessoa para outra. Quando ouço o termo "mas", a imagem do significado das palavras precedentes rapidamente escorregam para a minha esquerda, desaparecendo do meu campo de visão interna, restando somente a imagem do significado das palavras seguintes. Outras pessoas podem ver a parte sem ênfase de forma indistinta, mais afastada ou mais apagada e a parte enfatizada mais clara, mais próxima ou mais brilhante etc. Meu velho professor, Fritz Perlz, o criador da Gestalt-terapia, costumava chamar o "mas" de "assassino" porque ele nega a abrangência precedente.

Use esse tipo de inversão sempre que alguém empregar o "mas" de uma forma que diminui algo que lhe é importante e que você quer enfatizar. Uma piada antiga ilustra isso muito bem.

A mãe diz para a filha: "Sei que ele é feio, mas ele é rico". E a filha responde: "Mãe, você está certa. Sei que ele é rico, mas ele é feio".

Robert Dilts ressaltou que as palavras "apesar de" têm um efeito bem semelhante, embora geralmente apareçam no início de uma frase, e não no meio (1999, p. 18-20). Note sua experiência interna ao ler as duas frases seguintes:

"*Apesar de* eu gostar de você, há algo que me incomoda."

"*Apesar de* haver algo que me incomoda, eu gosto de você."

Sabendo como o "mas" ou "apesar de" diminuem parte de uma frase, você pode usá-las sempre que desejar (ou precisar) mencionar alguma coisa para alguém, visando que ela diminua em importância ou até mesmo desapareça totalmente da consciência do ouvinte. "Sei que essa proposta implicaria gastos significativos, *mas* diminuiria as despesas extras e tem potencial para duplicar as vendas." "'*Apesar de*' essa proposta implicar gastos significativos, ela reduziria as despesas extras e tem potencial para duplicar as vendas."

"*Sim, mas...*" Ao dizer "sim, mas...", as pessoas reconhecem rapidamente o que o outro disse, acrescentando algo que nega isso. Quando se mostram cautelosas ou alertas, tendem a reagir defensivamente, podendo se opor a *qualquer coisa* que você diga e encontrar problemas nela, por mais sensata que seja sua sugestão. "Sim, entendo isso, mas há um problema."

Quando alguém está focalizado num problema, é fácil adquirir "visão de túnel" e esquecer que o motivo para se notar e pensar nos problemas é encontrar uma maneira de resolvê-los e fazer um *trabalho* de sugestão. Inverter as abrangências pode levar a discussão de volta ao caminho certo. "Sim, vejo que há um problema, mas a proposta ainda tem muito potencial" direciona a atenção do ouvinte para longe do problema e de volta à abrangência maior do potencial da proposta como um todo.

Se você espera que sua sugestão encontre uma resposta "Sim, mas", faça o primeiro movimento e declare o *inverso* daquilo que quer que a pessoa considere. Alguém que diz "Sim, mas" se sentirá constantemente impelido a invertê-la.

No exemplo anterior, se a filha – sabendo que a mãe em geral responde "Sim, mas" – disser "Não sei (pausa), ele é feio (pausa), mas é rico", provavelmente a mãe vai responder "Sim, ele é rico, mas é feio". Se a mãe não inverter a frase, a filha sempre poderá continuar com a inversão – e agora ela está na posição de considerar os dois lados da questão, portanto não pode ser acusada de estar presa a um ponto de vista estreito!

Se você quer fazer uma proposta ao seu patrão, sabendo por longa experiência que ele tende a encontrar objeções ou a responder negativamente e rejeitar toda a idéia, diga: "Provavelmente você achará que o que tenho a dizer é mesmo muito louco... mas eu gostaria de apresentar minha proposta e ver o que você acha." Se o patrão costuma ser do contra, primeiro ele precisará discordar da parte inicial da frase: "Provavelmente você achará que o que tenho a dizer é louco" (especialmente se você parar um segundo antes do "mas"). Isso o colocará em uma posição de *concordância* com o que você dirá a seguir. Nesse ponto, o patrão já teve a oportunidade de responder negativamente e o "mas" tenderá a colocar isso de lado, portanto é mais provável que ele simplesmente considere a proposta por seu valor. Se tem certeza de que alguém vai se opor ao que você dirá, dar-lhe alguma *outra coisa* da qual discordar permite que ele considere a proposta em si, de maneira mais neutra ou até mesmo positiva.

Você também pode convidar explicitamente a outra pessoa a encontrar falhas em sua proposta, algo que ela deve acabar fazendo de qualquer modo. "Provavelmente você encontrará muitas falhas em minha proposta... mas eu gostaria de apresentá-la para que você aponte os problemas." Se ela costuma ser contra tudo que você propõe, também deverá se mostrar contrária à sugestão de encontrar falhas na proposta e será um pouco menos rigorosa ao fazer isso. Ao convidá-la a encontrar falhas, você se aliou àquilo que ela está preparada para fazer, portanto não há oposição. Ela ainda pode encontrar objeções, mas provavelmente sem a atitude defensiva e crítica que, do contrário, estaria presente. Você também se beneficia com isso, já que realmente precisa saber se há problemas na proposta o mais rápido possível a fim de reestruturá-la e solucionar ou minimizar esses problemas.

Então, quando a pessoa encontrar alguma coisa para se opor e disser "Sim, mas esse X é um problema", você inverte a seqüência dizendo "Sim, entendo que X poderia ser um problema, mas se encontrarmos uma forma de lidar com isso, acredito que ainda valeria a pena examinar detalhadamente a proposta como um todo". Novamente, você está ao lado do patrão e ambos podem trabalhar juntos para encontrar uma solução, em lugar de ficarem em posições opostas.

Quando alguém diz "X sim, mas Y", você também pode incluir *toda* a resposta "X sim, mas Y" como parte da "Sim" de sua resposta "Sim, mas". "Sim, é muito importante considerar o que você acaba de dizer, mas acho que também vale a pena pensar em Z (qualquer coisa que você quer que ele considere a seguir)". Continue com esse tipo de movimento quantas vezes quiser, a fim de manter a discussão focalizada na proposta. Como a maior parte das pessoas tem muita dificuldade em acompanhar conscientemente esse movimento, isso pode ser particularmente eficaz para mantê-las prestando atenção naquilo que você considera importante, e dispostas a continuar considerando e discutindo a proposta.

Todas essas maneiras de seguir com uma discussão são muito úteis, pois evitam que você fique preso lutando contra as habituais respostas defensivas das pessoas. Naturalmente, todos esses movimentos, por mais habilidosos, não salvarão uma proposta ruim.

Usando "e" em vez de "mas" "Mas" divide a experiência em duas abrangências, dividindo também a atenção. Na frase "Eu gosto de você, *mas* há algo que me incomoda", o "mas" divide e separa o que vem antes do que vem depois. Tente dizer a mesma frase, substituindo o "mas" por "e". "Eu gosto de você *e* há algo que me incomoda."

Agora, eu gostaria que você fizesse uma pausa para experimentar isso pessoalmente. Pense em qualquer conflito interno ou incongruência e descreva-o em uma frase simples...

Em geral, você descobrirá que separou as duas partes do conflito usando a palavra "mas". "Eu gostaria de terminar esse trabalho, mas nunca encontro tempo para isso." "Muitas vezes, reajo aos sentimentos dos outros, mas raramente digo isso a eles." "Penso naquilo que gostaria de fazer, mas então penso em todas as dificuldades que isso envolveria." Então, diga sua frase para si mesmo, substituindo "mas" por "e", e note como você se sente diferente dizendo isso...

O "e" junta as experiências, permitindo-nos pensar em *ambas* as partes da frase simultaneamente. "OK, você gosta da proposta *e* há um problema com ela." Isso mantém as duas abrangências (a sugestão e o problema) ligadas na consciência da pessoa, e o problema pode ser considerado juntamente com a eficácia da sugestão.

Certa feita, uma mulher com quem eu estava trabalhando disse: "Eu sou boa, mas às vezes sou cruel". Quando lhe pedi para repetir a mesma frase usando "e" em lugar de "mas", ela engasgou e ficou com lágrimas nos olhos enquanto esses dois aspectos de si mesma se juntaram novamente e a separação foi curada – uma resposta para o "e" que presenciei muitas vezes.

Substituir "mas" por "e" pode parecer uma mudança ridiculamente comum, mas é muito fácil de ser feita, tanto em nós mesmos quanto nos outros, e com um efeito poderoso. (Note o uso deliberado do "mas" e do "e" na frase anterior.)

Negação oculta Ao interagirmos com outras pessoas, estamos sempre reagindo uns aos outros, e algumas dessas mensagens serão aspectos agradáveis e desagradáveis daquilo que nós e os outros fazemos. Desde que essas mensagens sejam transmitidas e recebidas livremente, sem nenhuma exigência para sermos diferentes e sem ameaça ao nosso bem-estar, não há problema. Isso é o mesmo que gostar de algum tipo de comida ou arte mais do que de outros. A manifestação de nossas preferências é uma maneira de nos conhecermos. Podemos até mesmo solicitar esse tipo de informação para conhecer melhor uma pessoa; e qualquer coisa que ela expresse – positiva ou negativa – é aceita como informação proveitosa. Conforme Fritz Perls costumava dizer: "Contato é o reconhecimento das diferenças".

Esse livre dar e receber transforma-se em algo muito diferente quando alguém negou a si mesmo de alguma forma. E como essa negação interior é freqüentemente obscura, fica difícil perceber o que está acontecendo. Por exemplo, muitas pessoas se preocupam com o desejo de sentir que merecem ter uma vida boa ou que têm "valor". Outras buscam "aceitação", um "lugar seguro no mundo" ou "o direito de estar aqui", e todos esses objetivos soam positivos. Entretanto, por trás desses desejos reside o pensamento de que elas "*não* merecem ser felizes" ou o sentimento de *ausência* de valor, de que *não* são aceitas e *não* têm um lugar. Trata-se de negações, que podem negar uma abrangência relativamente pequena do *self* (como inteligência, beleza ou confiança) ou a abrangência muito maior de todo o *self*: "Você é um lixo", "Eu gostaria de nunca ter nascido".

Ao nascer, os bebês certamente não estão preocupados com seu "valor" ou em ser "merecedores", "aceitos" ou "encontrar um lugar no mundo". Como os outros animais, eles têm necessidades e desejos e são muito diretos e enfáticos ao anunciar sua presença, exigindo a satisfação de suas necessidades. Eles não demonstram a menor dúvida a respeito do seu "direito de estar aqui" ou do "merecimento de ter aquilo que desejam".

Mais tarde, os pais e outros adultos lhes enviam mensagens, primeiro não-verbalmente e depois verbalmente, sobre *não* ter valor ou merecimento, *não* ser aceito ou *não* ter um lugar e a criança aprende a pensar que ela *não* é parte daquilo. Tudo isso apresenta a mesma estrutura: negação do funcionamento natural da criança, negação de parte, ou de tudo, que ela é. Essas experiências continuam como lembranças, que podem estar em qualquer uma ou em todas as diferentes modalidades sensoriais. Embora elas sejam principalmente uma imagem ou sensação perceptiva, para simplificar como isso funciona, vamos supor que uma voz interna negue: "Você não merece isso".

Então, quando alguém procura combater essas negações com reafirmações de que ele *faz* parte, *é* merecedor, *é* aceito ou *tem* um lugar, tenta na verdade negar o que *já* é uma negação. "Eu *não* sou desmerecedor." "Eu *não* sou sem valor" etc. Isso estabelece opostos categóricos incongruentes dentro da pessoa: "sem valor" e "com valor", "não merecedor" e "merecedor" etc. Visando simplificar, usarei a palavra "reafirmação" para me referir a qualquer resposta que afirma alguma coisa que alguém já negou.

Embora boa no curto prazo, a reafirmação, no longo prazo, não resolve o problema e *aumenta* a incongruência entre a negação e a negação dessa negação. Isso acontece de muitas diferentes maneiras.

Primeiro, por mais reafirmação que uma pessoa receba, isso não recupera aquilo com que a criança pequena começou e aquilo que ela realmente deseja: ser de maneira *total* e *inquestionável* quem ela é, sem sinal de não aceitação ou de aceitação.

Segundo, a reafirmação dos *outros* é na verdade o "valor do *outro*", e não o "valor próprio" que ela quer e busca. Como as pessoas diferem naquilo que aprovam, alguém precisará fazer coisas bem diferentes para obter reafirmação de pessoas diferentes. Em geral, isso resulta em um forte envolvimento com os outros, que pode passar para um comportamento "camaleão", tentando satisfazer diversas pessoas de maneiras distintas. E, uma vez que é quase *impossível* conseguir aprovação de algumas pessoas, isso pode gerar comportamentos extremos, como "representação" ou tentativa de suicídio.

Uma opção um pouco diferente consiste em seguir determinado conjunto de ensinamentos sociais ou religiosos para obter reafirmação desse grupo de pessoas de que se é legal. Trata-se de algo mais estável, pois alguém está sempre tentando satisfazer os *mesmos* padrões a fim de conseguir reafirmação, em vez de diferentes pessoas com padrões diferentes. Contudo, isso pode provocar menos contato com outras pessoas, já que para corresponder a um conjunto de padrões abstratos não é necessário lidar individualmente com as respostas de seres humanos.

Terceiro, buscar reafirmação nos outros é inevitavelmente *condicional* – não incondicional –, porque depende dos comportamentos que a pessoa usa para pedir reafirmação e porque depende da disposição do outro para proporcioná-la. Se a pessoa deixa de pedir ou se as outras param de responder, ela não receberá mais a reafirmação.

Quarto, a reafirmação dos outros é temporária, uma vez que não elimina a negação subjacente, apenas se opõe a ela e a compensa. A voz interna *continuará* negando a existência, a aceitabilidade, o merecimento, o lugar no mundo etc., e a pessoa precisará repetidamente buscar aceitação para neutralizá-la.

Quinto, cada reafirmação externa "Eu *tenho* valor" tenderá a evocar um "*Não, você não tem*" daquela voz interna, intensificando-se como numa discussão entre duas pessoas, *aumentando* a incongruência. Se a voz interna de alguém nega quem ele é e sua vida parece confirmar esse fato – é malsucedido no trabalho, nos relacionamentos etc. –, isso é muito desagradável, mas pelo menos é congruente.

Se alguém, porém, tem a mesma voz interna negativa e é bem-sucedido no trabalho, nos relacionamentos etc., o *contraste* entre essa voz e o sucesso externo será bem maior. Ele pode levar uma vida muito melhor, mas à custa de uma incongruência maior. Quanto mais reafirmação ele obtiver dos outros e do sucesso no mundo, *maior* a incongruência entre a mensagem interna de não ter valor e a mensagem externa de ter valor. Sua voz interna anulará qualquer quantidade de sucesso externo.

Buscar a aprovação dos outros é como usar maquiagem ou qualquer outro artifício para atrair alguém. Quanto mais você usa, mais ela contrasta com aquilo que esconde e mais você sabe que a outra pessoa está respondendo a algo que não é real, e não a quem você realmente é. Essa incongruência maior provoca instabilidade e a perda do sucesso externo, podendo provocar uma crise de meia-idade, depressão ou suicídio.

Sexto, há um interessante paralelo entre a voz que diz que alguém não é merecedor e a reafirmação segundo a qual ele é. *Ambas* baseiam-se na opinião dos *outros*, não na opinião da própria pessoa. Qualquer que seja a voz na qual alguém presta atenção, ele se torna escravo da opinião de outrem, em vez de atentar para a própria experiência.

Se a reafirmação não funcionar para combater os sentimentos negativos a respeito do valor próprio, o que se pode fazer? A resposta para esse quebra-cabeça é tornar clara a negação original e encontrar uma forma de eliminá-la a fim de que a pessoa volte a seu estado original, no qual ela nem é merecedora nem não merecedora, ela apenas *é*.

Uma das maneiras de se fazer isso é escutar cuidadosamente aquelas mensagens de negação e entender que elas se referem ao *adulto* que as proferiu, não à criança que as ouviu – uma mudança na abrangência. Essas mensagens vieram de adultos com limitações, pessoas que não conseguiam dizer diretamente: "Estou sobrecarregado; não posso (ou não quero) lhe dar aquilo de que você precisa e deseja". Ao contrário, na verdade elas disseram: "A única maneira de lidar com aquilo que você pede é dizer que você não merece. Assim, você não vai pedir e eu não terei de lhe dar".

Outra forma, um tanto diferente, de eliciar a mesma compreensão consiste em primeiro relacionar todas as mensagens internas de rejeição que o cliente acumulou, incluindo ênfase, ritmo e tom usados em cada declaração. "Você não é bom." "Você é estúpido" etc. Então, peça-lhe para visualizar a si mesmo como um bebê recém-nascido ou uma criança pequena e dizer cada uma dessas mensagens para essa criança, com o volume, o ritmo e o tom exatos. Isso muda a posição perceptiva da pessoa, passando de receptor dessas mensagens para *transmissor*. Em geral, dessa posição torna-se rapidamente óbvio que isso é totalmente inadequado e ridículo. Sua resposta às mensagens de rejeição muda e ela deixa de levá-las a sério, ouvindo-as como mensagens sobre as limitações e inadequações do *pai*, e não dela.

O "processo de reconstrução da família", de Virginia Satir (Andreas, 1991b), proporcionou a dramatização vívida daquilo com que os pais de um cliente tiveram de lidar na relação com os *seus* pais e como isso criou as limitações *deles*. Nesse processo, os maus-tratos do cliente infligidos pelos pais são vistos como conseqüência das limitações destes, tendo pouco ou nada que ver com as limitações do cliente. Seus pensamentos anteriores sobre "não merecer" etc. eram resultado de uma abrangência errada.

Quando você percebe que sua compreensão foi um erro, pode facilmente afastá-la e seguir em frente. Naturalmente, algumas pessoas vão culpar a si mesmas por cometer o erro, mas isso *também* é um erro, em um nível lógico mais geral. O mesmo tipo de processo serve para evocar tal compreensão. "Veja a si mesmo como um bebê ou uma criança bem pequena e repreenda-as por cometerem esse erro de não entender seus pais."

Outra maneira de trabalhar com a negação interna é o processo de transformação essencial, de Connirae Andreas (1996), no qual alguém é guiado para a compreensão daquilo que *realmente* quer – uma experiência de *ser* –, sem "não merecimento" ou "merecimento".

Quando o "não merecimento" desaparece, não há mais necessidade de "merecimento" para negar o "desmerecimento". Coisas desagradáveis e coisas agradáveis acontecem com todos nós e isso é um fato. Podemos ficar tristes com os eventos desagradáveis e agradecidos pelos agradáveis, e perceber que não merecemos (ou deixamos de merecer) nenhum deles. Isso nos permite voltar a experimentar todas as coisas que acontecem – incluindo as respostas ao que está acontecendo –, livres de qualquer pensamento ou dúvida sobre sermos ou não merecedores. Trata-se de algo que sábios e santos têm descrito durante séculos, usando diversos termos como "iluminação", "despertar do mundo de ilusão" ou "aceitação simples daquilo que é".

Muitas pessoas que buscam a experiência espiritual ou mística são levadas de forma despercebida por uma negação subjacente, procurando alegria e unicidade sem primeiro neutralizar a negação interna que as impede de retornar à integração e unicidade originais. Isso provavelmente vale ainda mais no caso de mestres espirituais e gurus que se misturam ao *status* e à importância de suas atividades, precisando defender seu papel de "iluminados" – sinal certo de que eles não são.

Merecimento Agora vamos examinar mais detalhadamente a palavra "merecimento", para descobrir primeiro como as pessoas acabam entrando nesse tipo de confusão. O significado da palavra "merecer" é uma versão reduzida de "Eu acho que deveria ter/conseguir alguma coisa porque tenho direito a ela". Sempre que determinada palavra é uma forma abreviada ou reduzida de uma comunicação mais longa, ela contém significados ocultos ou mal reconhecidos que podem se tornar uma armadilha para os desatentos – tanto o orador quanto o ouvinte.

Existem versões agradáveis e desagradáveis de merecimento, como em "Ela merece uma medalha pelo que fez" ou "Ele merece ser enforcado por isso". Portanto, "merecimento" é uma expressão de recompensa e punição, estabelecida pelo julgamento de alguém a respeito daquilo que *deveria* ser.

Em geral, a palavra "merecimento" é usada sem nenhuma informação adicional ("Ele merece isso"). Chama-se esse tipo de declaração de "factual", porque é declarada como um fato que não se deve questionar. Mesmo quando o merecimento é declarado como a visão pessoal de alguém ("Eu *acho* que ele merece isso"), freqüentemente omite-se a razão do merecimento.

Quando as pessoas dizem que "merecem" alguma coisa, a implicação costuma ser de que o outro deveria lhes dar isso sem que precisassem fazer nada para recebê-la. Justificam-se, em geral, afirmando que "têm o direito" e que são especiais, mais importantes do que alguém que não merece isso – uma versão do "direito divino dos reis" e dos nobres que recebem títulos.

Para a PNL, "merecedor" é um objetivo "malformado", pois não está sob o controle da pessoa com o objetivo – *alguém* deve proporcioná-lo. Como não temos controle direto sobre o que os outros fazem, o indivíduo que "merece" fica à mercê da habilidade e disposição de outrem para lhe dar aquilo que ele deseja. Quando esse alguém não proporciona o que a pessoa "merece", ela geralmente se queixa em vez de agir.

Se alguém fez um acordo que especifica aquilo que vai receber, então ele *realmente* merece receber o que foi prometido – por mais ridículo ou sem sentido que seja o acerto. Assim como a palavra "justiça", "merecer" só se aplica a *acordos* – uma abrangência limitada –, e aquilo que alguém *merece* é claramente especificado.

Contudo, muitas pessoas vão bem além dessa abrangência adequada, acreditando que merecem coisas que não têm nada que ver com nenhum acordo. Agem como se tivessem algum tipo de acordo escrito com Deus, com a natureza, ou com o universo, especificando o que elas *devem* receber. Por exemplo, "Uma criança merece um lar amoroso" ou "Eu mereço uma oportunidade para alcançar o sucesso".

Certamente, prefiro um mundo no qual todos tenham a chance de satisfazer suas necessidades, um lar amoroso e oportunidades para alcançar o sucesso etc. – e faço o melhor para levar o mundo nessa direção –, porém isso se baseia no meu *desejo*, não em um acordo imaginário.

Algumas pessoas até mesmo dizem que algo é um "direito concedido por Deus". Mas se realmente fosse "concedido por Deus", todos o teríamos e com certeza ninguém poderia tirá-lo de nós! Certa vez, observei Fritz Perls fumando no auditório de uma escola onde acabáramos de fazer uma demonstração de Gestalt-terapia. Uma mulher se aproximou dele e perguntou: "Por que você tem o direito de fumar quando todos os avisos dizem *Proibido fumar*?" Perls respondeu: "Não tenho nem deixo de ter o direito; eu apenas faço".

No que me diz respeito, a vida é um *presente* e vem sem nenhum acordo ou garantia, a não ser o fato de que acaba na morte – em geral muito mais cedo do que gostaríamos. Garantir que todas as pessoas tenham oportunidades para satisfazer suas necessidades é trabalho para todos nós e não se baseia em nenhum tipo de "merecimento". Baseia-se naquilo que *queremos* que aconteça por acreditar que funcionará melhor para todos, e cabe a nós criar e manter acordos pessoais, sociais e governamentais que apóiem isso.

Valor próprio "Baixo valor próprio" é outro termo com significado obscuro. Dizemos coisas como "Aquele carro não vale tanto dinheiro" ou "Essa é uma idéia valiosa". Sempre que fazemos uma afirmação sobre valor, estão presentes três elementos.

1. A *coisa* ou *evento* a que atribuímos valor (o carro ou a idéia).

2. Uma maneira para *medir* o valor, que em geral é monetário, mas também poderia ser uma descrição de outra coisa valiosa passível de troca por aquilo a que conferimos valor.

3. *Quem* atribui valor a coisa ou evento; quem está disposto a pagar por ele ou trocar por ele algo de valor?

Imagine que não exista nenhuma coisa ou evento para valorizar... ou nada que possa ser trocado por ele... ou ninguém para valorizá-lo... e você descobrirá que a idéia de "valor" é totalmente sem sentido. *Todos* os três elementos são necessários para que o "valor" tenha algum significado.

Agora vejamos se a idéia de "valor próprio" apresenta todos os três elementos. Supostamente você tem um *self* que pode ser valorizado, portanto esse elemento está presente.

O "valor próprio" especifica que a coisa a que se atribui valor e aquele que a valoriza são os mesmos. Embora isso não se encaixe na descrição anterior, digamos que, em benefício da demonstração, você possa se dividir em dois e conferir valor a si mesmo.

Sem o seu *self*, "você" não existiria e não teria *nada*; logo, o valor dele para *você* é enorme e *nenhuma* quantia de dinheiro ou bens seria suficiente para comprá-lo. Assim como o valor do seu *self*, seu valor próprio é enorme, então de que maneira você poderia ter "baixo valor próprio"?

Se o seu *self* tivesse um valor monetário e *se* pudesse ser transferido para alguém, isso criaria um valor para *outra* pessoa. Entretanto, isso só seria importante para estabelecer um "valor do *outro*", não um "valor próprio".

Portanto, o que exatamente as pessoas querem dizer quando usam um termo como "valor próprio"? Se você lhes pedir para descrever o significado pretendido, descobrirá que estão fazendo uma comparação *self*/outro, medindo seu valor comparando a si com mais alguém, e/ou pensando naquilo que outra pessoa valoriza, acreditando que alguém mais acharia que elas não têm valor. Isso não é realmente "valor *próprio*", mas "valor do *outro*", e a necessidade dele resulta do mesmo tipo de crítica e comentários depreciativos dos pais e dos demais adultos que fazem as pessoas se sentirem "não merecedoras". "Você nunca chegará a tanto." "Você é estúpido." Como acontece com o "merecimento", a solução é perceber que essas mensagens parentais se referem a uma abrangência diferente. Elas não dizem respeito a você, e sim às limitações e julgamentos do *interlocutor*, conforme descrito anteriormente.

Outra forma de criar esse tipo de separação e compreensão é ensinar a "estratégia para responder à crítica", que minha esposa Connirae e eu desenvolvemos há mais de vinte anos. Nela, você se mantém fisicamente separado dos comentários críticos, externa ou internamente, e então realiza um processo simples de avaliação para decidir se eles fazem ou não sentido para você, antes de aceitá-los como comentários válidos sobre seu comportamento (Andreas e Andreas, 1991, cap. 8).

Opostos categóricos Embora possamos criar opostos categóricos de outras maneiras, a negação certamente torna isso *bem* mais fácil. É muito fácil negar "sensato" para obter "insensato", ou "competente" para chegar a "incompetente". Sempre que fazemos isso, as duas categorias parecem incluir *todos* os eventos, sem uma área intermediária, dividindo todo o nosso mundo de experiência em duas categorias digitais opostas. Dividir o mundo em "cadeiras" e "não-cadeiras" sem dúvida é simples e algumas vezes útil. Entretanto, a categoria de "não-cadeiras" é problemática. Você pensa facilmente em uma cadeira, mas imaginar uma "não-cadeira" mostra-se um pouco mais complicado. Já que *tudo* no mundo que é uma *não*-cadeira pode ser membro da categoria "não-cadeira", que protótipo você usaria para representar essa categoria enorme e diversificada?

A palavra "respeito" indica uma categoria positiva de comportamentos entre pessoas. Os exemplos de "respeito" incluem imagens de ser educado, diferente, escutar com atenção, usando um determinado tom de voz etc. Esses exemplos indicam o significado de "respeito", portanto podemos usá-los como critérios para aplicar a eventos a fim de decidir quando alguém está sendo "respeitoso".

Agora vamos examinar "*des*respeito", que literalmente significa "não respeito". Os comportamentos opostos ao respeito, como escárnio, desdém, insultos ou críticas, nitidamente se encaixam na definição. Mas *todos* os comportamentos que não são respeito nem desrespeito *também* podem ser incluídos, uma vez que estes, igualmente, *não* são exemplos de "respeito". Ler um livro, atender ao telefone, olhar pela janela ou sorrir seriam facilmente atribuídos à categoria "desrespeito" porque *não* se trata de exemplos de "respeito". Curiosamente, até os comportamentos que normalmente seriam descritos como "respeito" podem ser incluídos como exemplos de "desrespeito" se decidirmos que alguém está sendo falso. "Ela só está fazendo isso porque sabe que precisa fazer." "Ele só está dizendo isso para conseguir uma promoção melhor."

Sempre que alguém usa uma categoria, isso direciona a atenção para as experiências que a categoria indica. Quando uma pessoa está atenta a comportamentos que indicam "respeito", ela notará comportamentos que satisfazem os seus critérios para respeito, tendendo a ignorar comportamentos neutros que não são exemplos nem de respeito nem de desrespeito. Mas se alguém está atento ao *des*respeito, encontrá-lo-á facilmente em *todo lugar*, já que literalmente *qualquer* comportamento pode ser categorizado como tal.

Isso resulta em uma enorme simplificação de experiência na qual existe *apenas* desrespeito – ou desaprovação, ou inadequação, ou qualquer coisa na qual a pessoa pense usando negação. Utilizar critérios negativos para uma categoria leva com facilidade a um pensamento muito estreito, em que não existe nenhuma alternativa. Exemplo extremo disso é a paranóia, na qual o mundo pessoal de um indivíduo está cheio daquilo que ele *não* quer. A paranóia pode ser compreendida como uma "fuga" da negação, em que quase *toda* comunicação é negada – uma armadilha cruel.

As categorias e critérios negativos sempre indicam um perigo potencial e sempre funciona substituir os critérios negativos pelos positivos, que direcionam a atenção para as experiências que somos capazes de representar positivamente com exemplos baseados nos sentidos.

Quando pensamos em uma categoria de experiência como "gentileza", é fácil e natural pensar no seu oposto, o que podemos chamar de "crueldade" – ou até de "indelicadeza", mas isso introduz a negação, que já discutimos. Portanto, usaremos a palavra "crueldade" ou alguma outra como "maldade" para o oposto de "gentileza". Tanto "gentileza" quanto "maldade" podem ser representadas positivamente com exemplos baseados nos sentidos adequados, evitando a negação.

Examinando os eventos no mundo à nossa volta, descobrimos que alguns deles se encaixam nos critérios para "gentileza" e outros nos critérios para "crueldade", mas a ampla maioria de atividades não se encaixa em *nenhum* conjunto de critérios. A maior parte delas – a prática de um esporte, lavar as mãos, tirar a correspondência da caixa do correio – não é *nem* gentil *nem* cruel. Sempre há uma *enorme* quantidade de eventos que não se encaixam nos dois primeiros. Existe algum perigo de categorizarmos erroneamente qualquer coisa que não pertença a nenhuma dessas duas categorias como pertencendo a uma delas.

Embora seja menos óbvio, há também eventos que satisfazem os critérios *tanto* para a gentileza *quanto* para a crueldade. O que é gentileza para uma pessoa pode ser crueldade para outra, como quando é necessário tomar uma decisão a respeito de quem receberá um transplante de órgão ou quem ficará com a custódia de uma criança, ou alguma outra coisa que não seja facilmente partilhada ou dividida. Uma criança pequena talvez ache cruel ter um pedido seu negado. Contudo, se for algo capaz de machucá-la ou prejudicar sua saúde, isso seria considerado uma gentileza na abrangência maior de conseqüências futuras.

Uma grande beleza ou riqueza podem ser vistas como uma cortesia do destino ou dos deuses devido às óbvias vantagens sociais. Mas elas *tam-*

bém podem ser consideradas crueldades por conta dos desafios que inevitavelmente as acompanham. Alguém que ganha na loteria fica oprimido por pessoas ansiosas em ajudá-lo a investir o dinheiro e ainda mais por quem gostaria de enganá-lo. Muitas pessoas ricas se preocupam achando que os outros só as valorizam pelo dinheiro e vivem num mundo um tanto paranóico que dificulta os relacionamentos íntimos e confiáveis. As mulheres excepcionalmente bonitas têm o mesmo problema, acreditando que os homens só valorizam isso e temem o que o tempo fará com sua beleza.

Quando alguém decide que não se encaixa nos critérios para "atraente", "adorável" ou "inteligente", provavelmente conclui que é o oposto: "feio", "sem graça" ou "estúpido", em vez de se colocar em algum lugar num *continuum* entre esses extremos. Mesmo quem conclui que *é* atraente, adorável ou inteligente em geral tem medo de cair do encanto para o seu temido oposto. E o mundo ou nos imita oferecendo apenas duas escolhas, das quais a melhor mesmo é uma armadilha.

Isso é particularmente prejudicial com opostos como "sucesso" e "fracasso". Com freqüência, define-se o sucesso como o *melhor*, o *mais próspero* ou *o mais lindo de todos*. Então só pode haver *uma* pessoa "bem-sucedida" entre muitos milhões de pessoas, e o resto de nós somos todos *fracassados*. A ênfase no sucesso (e o medo do fracasso) provoca o tipo de competitividade que tenta vencer por qualquer meio, justo ou escuso, aplaudindo um lado e vaiando o outro, como numa guerra entre dois lados dois quais somente um sobreviverá a ela.

Recentemente, a TV mostrou ginastas recebendo a notícia de quem havia sido selecionada para competir nas Olimpíadas. As não selecionadas choraram de desapontamento. Elas estavam tão focalizadas na estreita abrangência de serem escolhidas que esqueceram que ainda eram atletas extremamente habilidosas capazes de fazer com facilidade coisas que a maioria de nós só tentaria nos sonhos mais delirantes! Sua infelicidade é um exemplo da tirania de tentar ser o *melhor*, em que a habilidade de mudar para uma abrangência maior poderia ser muito proveitosa.

Uma coisa é testar sua habilidade contra outra pessoa ou equipe e descobrir qual é a melhor. Esse tipo de competição aumenta as habilidades de ambos os lados e, independentemente de quem vence, o reconhecimento da habilidade não está sujeito ao lado em que alguém está. Um bom teste é observar se você consegue aplaudir muito quando a outra equipe joga bem e vence ou apenas quando isso acontece com a sua equipe.

Como criamos categorias para descrever o que é valioso, útil ou importante para nós de algum modo, tanto uma categoria quanto o seu oposto costumam atrair mais nossa atenção. É muito fácil ignorar todas as experiências que não se encaixam em nenhuma delas e é mais fácil ainda esquecer que outras, às vezes, se encaixam nas duas. Se ignorarmos todos esses eventos, descobriremos que estamos em um mundo de opostos empobrecido, digital, "ou/ou", sem nenhum terreno neutro.

A fim de fazer isso, precisamos estreitar nossa abrangência para apenas um – ou poucos – critérios, como "riqueza", "beleza", "sucesso", "vencer" etc. O mesmo processo ocorre no simples "teste do tornassol" em decisões ou debates políticos. Assim que acrescentamos mais critérios ou os mudamos, o mundo se torna bem mais complicado. As decisões ficam mais difíceis, porém os resultados dessas decisões também se tornam muito mais úteis e satisfatórios.

Em vez de categorizar a nós mesmos de acordo com opostos categóricos digitais "ou/ou", as pessoas deveriam perceber que talvez não sejam *nem* atraentes *nem* feias, ou que podem parecer atraentes para alguns e feias para outros, ou que têm algumas características e atitudes que satisfazem os critérios para "atraente", enquanto outras não.

Armadilhas categóricas Temos maior probabilidade de simplificar o mundo em opostos digitais quando nos sentimos em grande perigo, pois nessa situação é muito importante identificar eventos potencialmente prejudiciais e ser capaz de reagir rapidamente. Esse é o único contexto no qual faz sentido simplificar dessa maneira.

As pessoas que se sentem em perigo com freqüência falam sobre um mundo do tipo ou/ou, "preto-e-branco": "afundar ou nadar", "vencedores e perdedores", "sucesso ou fracasso". Na realidade, suas imagens internas tendem a ser brancas e pretas de "alto contraste" – às vezes com um ou dois borrifos de vermelho brilhante ou alguma outra cor viva. Como esse tipo de pensamento está associado ao perigo, entrar nele significa quase sempre sentir-se inseguro e defensivo.

Esse tipo de categorização extremamente simplificada está na raiz da maioria dos conflitos, da violência e das guerras, causando infelicidade e morte. "Ou você está conosco ou está contra nós" cria um mundo em que o conflito é inevitável e impede a busca de maneiras alternativas para solucionar um problema capaz de satisfazer *ambos* os lados.

Os opostos categóricos também podem ser usados para limitar as escolhas dos outros a fim de coagi-los a concordar. Quando alguém diz "É do *meu* jeito ou de jeito nenhum", isso elimina qualquer discussão e nos força a escolher entre concordar ou enfrentar conseqüências desagradáveis. Uma variação disso é ameaçar com o fim do amor. "Se você me amasse, faria do meu jeito" pressupõe um mundo de amor e de não-amor, no qual amor significa fazer sempre o que a outra pessoa deseja.

Como qualquer outro padrão de comunicação, apresentar uma alternativa do tipo "ou/ou" também pode ser usado positivamente para ajudar alguém a escapar de uma armadilha categórica. Casais costumam discutir a respeito de alguma crença categórica, habitualmente alguma variação da questão de precisar convencer o outro de que a sua maneira de compreender alguma coisa é a certa. Ajuda dizer "OK, discutir e brigar é algo que você já sabe fazer e o deixa infeliz. Você gostaria de aprender a interagir de um modo melhor ou prefere continuar fazendo o que você já sabe que não funciona?"

Isso pode ser ampliado para mais do que duas alternativas, a fim de evocar uma escolha que está *entre* um e outro "ou". Em uma sessão de terapia, Virginia Satir disse à cliente que detestava a mãe:

> Veja, os juízes podem deixar as pessoas livres; eles podem prendê-las. Eles *também* podem pegar aquilo que vêem à sua frente (Virginia gesticula com as palmas das mãos viradas para cima na frente do rosto de Linda) e dar orientação. Agora, que tipo de juiz você quer para você? (*Aparentemente, Virginia está oferecendo a Linda uma escolha entre três alternativas. Na verdade, ela está restringindo as escolhas de Linda a essas três, uma vez que é improvável que Linda pare para pensar em uma quarta possibilidade. E como as duas primeiras escolhas – liberdade e prisão – são previsivelmente inaceitáveis para Linda, não há*

realmente nenhuma escolha, mas uma maneira de delicadamente oferecer a Linda um novo comportamento que está equilibrado entre julgamento e indiferença.)

(ANDREAS, 1991B, P. 70-71)

Essa escolha constituiu a base para uma nova atitude que levou a cliente a perdoar a mãe e a fazer as pazes com ela.

Quando o comportamento de alguém está aquém de suas esperanças ou expectativas em determinado momento ou local, com freqüência ele pula os níveis lógicos e aplica sua conclusão sobre um único evento a uma abrangência muito maior do que os fatos indicam. Uma pessoa que comete um erro no trabalho pode descrever a *si mesma* como um fracasso, em vez de "manter as coisas em perspectiva" percebendo que cometeu *um* erro no contexto do trabalho. Alguém que quer marcar um encontro e é rejeitado talvez pense em *si mesmo* como um "perdedor", em lugar de perceber que *uma* pessoa não gosta dele – ou pensar que a *outra* pessoa é uma perdedora por perder a oportunidade de se conhecerem melhor. Ao usar as palavras "fracasso" e "perdedor", uma dificuldade em uma pequena abrangência é aplicada a todo o *self* e à vida, uma abrangência muito maior.

Do digital ao análogo Com freqüência, as pessoas descrevem seus problemas usando negações universais: "Eu *nunca* posso_____" ou seu oposto "Eu *sempre* preciso_____". Sempre que alguém descreve a si mesmo com negações como "*in*adequado", "*in*capaz", "*im*potente" etc., essas palavras significam literalmente "*não* adequado", "*não* capaz", "*não* capaz de fazer coisa alguma".

Uma maneira para converter a categorização digital numa categorização mais análoga é dizer "OK, preciso de mais informações. *Quão* inadequado (incapaz, impotente) você é?" A resposta da pessoa deve lhe dar informações úteis sobre a abrangência de sua inadequação, mas seja qual for a resposta, isso fará outra coisa muito mais importante: mudará o digital absoluto de ser *totalmente* inadequado para algo que está em algum lugar numa extensão *análoga* entre os extremos da adequação e da inadequação. Se não conseguir uma resposta melhor, continue com algumas comparações diferentes para levá-la a fazer uma avaliação mais análoga, menor do que a inadequação total. "Você é inadequado em comparação a um bebê recém-nascido? Um adolescente? Um estudante do ensino médio? Um sem-teto?"

Milton Erickson costumava começar convertendo uma limitação digital em análoga. Depois de conseguir isso, aos poucos ele mudava a limitação análoga até ela desaparecer. Um de seus clientes, por exemplo, não podia passar por um bar sem tomar um drinque. Como havia bares no caminho para o trabalho, isso interferia em seu desempenho. Erickson planejou um caminho de casa para o trabalho evitando que ele cruzasse com algum bar. Naturalmente, os bares estavam lá, só que fora de sua vista. Então, aos poucos ele encurtou e mudou o caminho, até passar por bares localizados do lado oposto da rua. Finalmente, o homem descobriu que podia passar por um bar no mesmo lado da rua. Essa estratégia ensinou-o *gradativamente* que ele era capaz de passar por um bar e não entrar (O'Hanlon e Hexum, 1990, p. 8).

Richard Bandler trabalhou com um engenheiro que conseguia ter ereção quando estava em pé, mas a perdia imediatamente na posição horizontal na cama, e isso interferia em seus relacionamentos. Como se tratava de um engenheiro, Bandler o fez construir uma cama que podia ser colocada na posição vertical e então, aos poucos, ser inclinada até ficar na horizontal. O homem começou se colocando em pé, próximo da cama vertical, e aí a inclinou um pouco mais durante algum tempo até ela atingir a horizontal, eliminando a distinção digital.

Outro cliente de Erickson só conseguia urinar num cilindro de madeira ou de metal com cerca de 20-26 centímetros de comprimento. Primeiro, Erickson lhe orientou a fazer um cilindro de bambu com 30 centímetros e sugeriu que depois de uma ou duas semanas ele o encurtasse um pouquinho, até 2,5 centímetros. O cliente encurtou-o durante algum tempo, até ficar com um pequeno anel de bambu. Nesse ponto, ele percebeu que também poderia formar um anel ou cilindro com os dedos polegar e indicador e dispensar o bambu. Finalmente, ele se deu conta de que o pênis era um cilindro, portanto ele *sempre* urinava através de um cilindro, independentemente do que fizesse com os dedos (O'Hanlon e Hexum, 1990, p. 111).

Note que Erickson primeiro lhe pediu para usar um cilindro *de bambu mais longo*, como um pequeno exemplo de que ele poderia realizar mudanças a partir do cilindro de madeira ou de metal com 20-26 centímetros de comprimento. O importante é fazer *qualquer* mudança, para estabelecer a crença de que outra mudança é possível. A menor e menos ameaçadora será a mais fácil. Qualquer mudança é capaz de soltar o aperto digital e tornar possível outra mudança análoga, naquilo que Erickson com freqüência chamou de efeito "bola de neve" – usando a metáfora de uma pequena bola de neve rolando por uma colina na neve molhada, juntando cada vez mais neve enquanto desce, tornando-se cada vez maior.

Em um mundo de opostos categóricos, apenas duas escolhas são possíveis, das quais pelo menos uma delas costuma ser insatisfatória, deixando-o com apenas uma, que não é realmente uma "escolha". Em um mundo análogo, há uma enorme variedade de alternativas e você pode facilmente ir de uma para outra.

> **Resumo** A negação é uma habilidade única e essencial no pensamento e na comunicação. A negação não existe no nível da experiência baseada nos sentidos. Quando pensamos ou falamos de uma coisa que é negada, primeiro criamos uma imagem disso e depois a rejeitamos de alguma forma, cruzando-a com uma linha, afastando-nos dela, fazendo-a desaparecer, substituindo-a por outra abrangência etc.

As mensagens não-verbais são *para*congruentes, que especificam a abrangência do que é comunicado, ou mensagens *meta*, que categorizam a comunicação em um nível lógico mais elevado. Uma mensagem *meta* requer que tanto o comunicador quanto o receptor digitalizem aquilo que é fundamentalmente uma comunicação análoga – e essa ambigüidade pode resultar em equívocos.

Os *comandos negativos*, *objetivos* e *critérios* demoram mais para ser processados. Eles podem nos levar, bem como as pessoas com quem nos comunicamos, a experiências e comportamentos que *não* desejamos, porque nossas imagens chamam a atenção e tendem a evocar um comportamento. Transformar qualquer coisa negativa em positiva evita essas armadilhas, permitindo que suas representações internas o levem aonde você *realmente* quer ir, não aonde não quer.

As palavras "*mas*", "*apesar de*" e "*Sim, mas...*" são formas comuns de negar uma experiência, seguidas por outra que é afirmada, dividindo a atenção entre as duas abrangências. Usar "*e*" em lugar de "*mas*" evita essa divisão, unindo duas experiências em uma única abrangência.

Com freqüência, a negação está oculta atrás daquilo que parece ser uma busca positiva por um senso de "valor próprio", "merecimento", "aceitação", "ter um lugar" etc. Essa busca resulta da tentativa de negar uma negação subjacente. Os esforços para afirmar o valor próprio são negações de negações que aumentam a divisão interna entre esses opostos, em vez de curá-la. A única coisa que realmente funciona é eliminar a negação original, recategorizando-a como uma expressão das limitações e inadequações de *outra pessoa* – portanto, realmente não se aplica à pessoa de maneira alguma.

O que chamamos de "valor próprio" é na verdade o "valor do outro" disfarçado, buscando a aprovação dos *demais*, não a aprovação do *self*. Quando se soluciona a negação subjacente, a pessoa apenas *é*, e não precisa mais buscar valor próprio ou qualquer uma de suas variações. Simplesmente *ser* quem você é, sem nenhuma necessidade de questionamento ou validação, tem sido objetivo fundamental de várias diferentes tradições espirituais e místicas.

A negação é uma maneira fácil de criar um mundo muito simplificado de *opostos categóricos* "ou/ou", limitando a escolha a um dos dois. Em geral, pelo menos um desses opostos é insatisfatório, deixando-nos sem nenhuma escolha – e, como a escolha restante também é freqüentemente insatisfatória, ficamos presos em uma armadilha. Transformar os opostos categóricos nos extremos de um *continuum* análogo é uma forma de sair dessa armadilha, já que um *continuum* oferece *muitas* diferentes escolhas e é bem mais fácil passar gradativamente de uma para a outra, diferente de precisar saltar de um oposto digital para outro.

A negação também é um ingrediente essencial da *autocontradição*, que abordaremos no capítulo 6, e do *paradoxo lógico*, um tema difícil que será totalmente explorado no capítulo 7. Primeiro, porém, quero explorar outra manifestação problemática dos opostos digitais criada pela negação: o *julgamento* de alguma coisa como boa ou ruim.

> *VOCÊ PRECISA SER CUIDADOSO SE NÃO SABE AONDE ESTÁ INDO,*
> *PORQUE VOCÊ PODE NÃO CHEGAR LÁ.*
> **YOGI BERRA**

3

Julgamento
A armadilha do bom e do ruim

"Não existe nada bom ou ruim, é o pensamento que os faz assim."
Shakespeare

Em inglês, existem dois significados básicos para a palavra "julgamento". Um deles é o pensamento claro: ser capaz de perceber uma situação, juntar informação, avaliá-la e chegar a uma conclusão ou decisão, como em "Ela tem bom senso". *Esse não é o significado que pretendo explorar aqui.* Quero abordar o tipo de julgamento que um juiz faz, entre certo e errado, inocente ou culpado, bom ou mau.

Todos nós usamos *opostos categóricos* para simplificar o mundo, e a negação é a forma mais fácil de criar categorias opostas. Por exemplo, "capaz" e *"in*capaz", "possível" e *"im*possível". Ao dividir os eventos em qualquer conjunto de opostos digitais, ignoramos todos os eventos que não se encaixam em *nenhum* dos opostos, bem como aqueles que se encaixam em *ambos*, conforme exploramos no capítulo anterior. Essa simplificação às vezes nos impede de compreender os muitos eventos que não se encaixam bem em uma simples alternativa ou/ou.

Um dos mais fascinantes – e o mais problemático – par de opostos categóricos que todos usamos é "bom" e "ruim". Muitos outros opostos categóricos podem ser considerados *sub*categorias dessa categoria geral, uma vez que um oposto é em geral avaliado como bom, enquanto o outro é ruim. Por exemplo, sucesso/fracasso, vencedor/perdedor, social/anti-social etc. Portanto, se examinarmos bom e ruim e aprendermos como esse conjunto de categorias opostas funciona, essas compreensões também se aplicarão a todas as subcategorias pelo princípio da *hereditariedade*.

Bom e ruim são expressões dos nossos valores, daquilo que consideramos importante. Finalmente, elas baseiam-se nas sensações corporais de prazer ou preferência etc. Como bom e ruim se aplicam a *qualquer coisa* no mundo (e além!), baseados ou não nos sentidos, eles são categorias *muito* grandes com uma abrangência potencialmente ilimitada. Alguém pode ter algo bom (ou ruim), como casa, corpo, idéia, religião, atitude, história, futuro, reputação ou dentadura. Certas pessoas até mesmo pensam em todo o universo como bom ou ruim. Bom e ruim expressam nossos valores, portanto, sempre que valorizamos nossa experiência (positiva ou negativamente), podemos, de maneira implícita, pensar nela como boa ou ruim.

O julgamento é um conceito-chave na maior parte das religiões e em outros códigos morais e sociais, como forma de descrever os valores compartilhados por um grupo e também como maneira de defender e reforçar esses valores. Por outro lado, Jesus Cristo e muitos outros mestres espirituais e místicos defenderam a aceitação e o amor como alternativa ao julgamento.

> "Não julgue e não serás julgado. Não condene e não serás condenado. Perdoe e serás perdoado."
>
> **(Mateus, 6:37)**

Muitas pessoas buscam de modo ativo experiências nas quais são amadas e aceitas compassivamente por quem são – pelos outros, por si mesmas ou por Deus –, pois se sentem desconfortáveis com a idéia de serem julgadas pelos outros ou julgarem a si mesmas.

Para começar nossa exploração, pense numa época em que alguém o julgou ruim, errado, estúpido ou incompetente e então reveja como foi...

Qual é sua experiência de ser julgado? Reserve um tempo para examinar essa experiência com mais detalhes...

Em geral, ser julgado resulta numa abrangência estreita em que as percepções e as respostas restringem-se a uma pequena extensão, focalizadas no juiz e naquilo que é julgado. A maior parte das pessoas diz que se sente "para baixo", inferior, fisicamente limitada e diminuída como se estivesse sendo atacada e depreciada. Elas costumam responder se encolhendo defensivamente ou contra-atacando com julgamentos sobre a pessoa que as julgou. Ainda não encontrei ninguém que goste de ser julgado; é sempre ruim e, com freqüência, extremamente desagradável.

Agora, pense em uma época na qual você julgou alguma pessoa, ato ou evento como ruim, errado ou mau (*"Isso está errado!"*) e reveja como isso foi para você...

Qual é a sua experiência de julgar? Em quais abrangências de experiência você presta atenção no espaço, no tempo e no corpo, bem como no mundo externo? Examine essa experiência em detalhes do mesmo modo como explorou o fato de ser julgado...

A maior parte das pessoas afirma sentir força e poder no corpo ao defender seus valores, um prazer por estar *certa* e ser superior ao outro indivíduo. Em geral, há uma sensação corporal de firmeza ou rigidez e a abrangência de percepção tende a se estreitar e simplificar, focalizando apenas aquilo que está sendo julgado.

Essa pequena experiência oferece uma introdução a respeito de como julgar pode ser uma armadilha tanto de quem julga quanto de quem é julgado em um mundo pequeno do tipo ou/ou, no qual o juiz está certo e o julgado está errado. O mesmo processo ocorre ao se julgar alguma coisa como boa e não ruim pois sempre que você considera algo ruim está simultaneamente julgando outra coisa como boa. Contudo, é muito mais fácil notar os detalhes do processo examinando de que maneira você julga alguma coisa como ruim ou errada.

Você também poderia usar uma experiência de julgar a *si mesmo* para aprender como o julgamento funciona. Entretanto, assim ficaria mais difícil notar a sua experiência, uma vez que você seria *tanto* o juiz *quanto* o julgado. Combinar os dois processos torna muito mais difícil separá-los e compreender cada um deles claramente.

Meu pai aprendeu a julgar com o seu pai missionário e eu aprendi com ele. Só quando o julgamento ameaçou acabar com meu casamento há alguns anos é que dei uma boa e longa olhada no julgamento e nas muitas maneiras como ele afetou minha vida. Não conheço ninguém que não julgue nunca, embora provavelmente o Dalai Lama esteja muito perto disso.

A maioria de nós faz centenas de julgamentos por dia e eles variam muito em intensidade. Julgamos lojas, carros, o tempo, o formato de nosso nariz, mas principalmente a nós mesmos e outras pessoas com diferentes valores ou estilos de vida. Alguns deles são julgamentos moderadamente amáveis, inócuos ("Esse foi um filme ruim"), enquanto outros são muito mais fortes ("Ele devia ser morto por isso").

Às vezes, julgamos apenas um determinado comportamento ou conjunto de comportamentos, porém, na forma mais severa, julgamos a *pessoa inteira* como ruim, em uma abrangência muito maior. Esse segundo tipo de julgamento é particularmente difícil para crianças pequenas, que aprendem a julgar a si mesmas e a pensar que são essencialmente – e inalteravelmente – ruins.

Escolhendo uma experiência de contra-exemplo Para aprender mais sobre julgamento, devemos escolher uma experiência de contra-exemplo adequada, que proporcione um contraste nítido. Sempre que queremos descobrir os principais elementos de qualquer processo experimental, ajuda muito escolher uma experiência de contra-exemplo que seja diferente – mas com todos os aspectos positivos e valiosos da experiência que você deseja modelar – e depois compará-las. O julgamento é uma expressão bastante forte de *valores*, portanto a experiência de contra-exemplo também precisa ser uma expressão de seus valores.

Quando você enfrenta escolhas alternativas na vida, finalmente escolhe uma delas, baseado em suas preferências e aversões, *valorizando* uma mais do que a outra. Logo, *preferência* é uma possível experiência de contra-exemplo para ser comparada com o julgamento. Preferimos determinados tipos de alimento, casas, esportes, geografia, empregos, atividades, amigos etc. e usamos essas preferências como base para tomar decisões a respeito de cada aspecto da vida.

Ao compararmos um julgamento com uma preferência, imediatamente percebemos que há uma grande diferença em intensidade. Em geral, "preferência" descreve uma situação em que há pouca coisa em jogo. "Prefiro essa comida àquela." Com freqüência, porém, realmente não importa muito se você não entende minha preferência. Um julgamento, por outro lado, costuma ser *bastante* importante para nós, por vezes até vital. Como não existe nenhuma palavra para uma preferência tão forte e importante quanto um julgamento, precisamos combinar termos para acessar uma experiência adequada, e descobri que "forte preferência" ou "preferência *muito* forte", apesar de estranho, é conveniente.

Preferência Agora, pense novamente na *mesma* pessoa, ato ou evento que você acabou de usar em sua experiência de julgamento anterior ("*Isso está errado!*") e expresse a mesma valorização como uma preferência muito forte:"*Eu realmente prefiro Y a X!*" Por exemplo, se o seu exemplo de julgamento foi "O abuso infantil é *errado*", ao expressar isso como uma forte preferência, você diria: "Eu *realmente* prefiro que uma criança tenha um lar amoroso em vez de sofrer abusos".

Em seguida, compare essas duas experiências de julgamento e preferência. Pensando no *mesmo conteúdo* alternadamente como julgamento ou como preferência, é muito mais fácil discernir diferenças sutis entre a maneira como você as representa na mente. Tornando a força ou a intensidade das duas tão similares quanto possível, compare essas duas experiências do mesmo conteúdo para descobrir como a experiência delas é diferente. Vá para trás e para a frente visando descobrir que diferenças você encontra naquilo que vê, ouve e sente – e faça algumas anotações. Por favor, agora pare e reserve alguns minutos para realmente *fazer* isso, a fim de descobrir qual é a *sua* experiência, antes de continuar lendo para comparar o que você experimentou com aquilo que os outros acharam...

Uma das diferenças mais óbvias é o fato de que, no julgamento, só estamos conscientes de uma imagem do que condenamos; o que aprovamos está pressuposto e em geral não incluso na abrangência daquilo que experimentamos. Na preferência, entretanto, sempre há duas (ou mais) representações – o que gostamos *mais*, bem como o que gostamos *menos*. Isso cria uma distinção análoga "mais/menos do que", que pode variar dentro de uma extensão, diferente dos opostos digitais ou/ou de bom ou ruim. A seguir, um exemplo de diferenças adicionais relatadas por outras pessoas. Sua experiência será um pouco diferente, mas a maioria deve ser pelo menos semelhante a ela.

Julgamento	Preferência
imagem parada	filme
preto/branco	gama de cores
alto contraste	baixo contraste
foco estreito	amplo panorama
ou/ou	variedade de escolhas
superior	igual
rígido/fechado	suave/aberto
voz alta	voz suave
tenso	relaxado
linguagem "você"	linguagem "eu"
exigindo	declarando
"deve"	"deseja"
objetivo/absoluto	subjetivo/relativo

Ao observar os primeiros itens da lista, você descobrirá que na preferência existem muito mais distinções e informação. Por exemplo, um filme tem bem mais informação do que uma imagem parada do mesmo evento. Há muito mais detalhes e informações numa imagem com uma gama de cores, baixo contraste e amplo panorama. O julgamento cria uma experiência interna simplificada, de alto contraste, que com freqüência é muito "preta ou branca", literalmente. Ao contrário, a preferência oferece muito mais informação e uma variedade maior de escolhas.

A maior parte das pessoas descobre que gosta mais da experiência da preferência do que da de julgamento. Quando alguém prefere julgar, costuma ser por pensar que precisaria desistir de valores importantes se parasse de julgar. Assim que tem certeza de que não precisa abandonar a força de seus valores, em geral a pessoa acha a preferência melhor. Vamos examinar o processo de julgamento em mais detalhes, começando com uma abrangência mais ampla de como percebemos e processamos a informação.

Consciência potencial São todas as experiências baseadas nos sentidos, em todos os cinco sistemas sensoriais, das quais alguém *poderia* estar consciente em determinado momento no tempo – tanto eventos externos quanto sensações corporais internas. Devido às limitações inerentes à atenção, em qualquer momento só temos consciência de uma minúscula fração do que está potencialmente à nossa disposição, enquanto o restante permanece ignorado e inconsciente. Por exemplo, enquanto você lê este livro, provavelmente não está consciente dos sons a seu redor ou da sensação atrás dos joelhos – até ler esta frase, que atraiu sua atenção para eles.

Seleção e categorização Da infinita abundância de possíveis percepções *selecionamos* ativamente aquilo em que prestar atenção e o categorizamos de acordo com nossas necessidades, desejos e interesses. Seleção e categorização diminuem a quantidade de coisas das quais estamos conscientes, e a seleção habitual limita isso ainda mais, pois sistematicamente ignoramos grandes áreas de experiência potencial. O melhor que podemos fazer é desenvolver uma percepção que examine flexivelmente os eventos, para que nada seja ignorado por muito tempo. Quanto mais informações sobre eventos tivermos à disposição, mais seremos capazes de determinar o que é importante para satisfazer nossas necessidades e desejos e solucionar problemas.

Preferência A *avaliação* daquilo que foi categorizado cria um nível lógico mais geral de experiência. A preferência é a experiência pessoal detalhada de *gostar* (ou desgostar) mais ou menos de alguma abrangência da experiência do que de algum outro aspecto – uma comparação. Por exemplo: "Gosto muito mais do sabor rico e picante e da textura da sopa de tortilha do que do sabor suave do tamale, especialmente quando não estou me sentindo muito bem" ou "*Realmente* prefiro uma sociedade estável na qual eu possa viver e trabalhar sem medo de ser assaltado ou atacado a qualquer momento". Estou *associado* à experiência e ela é inquestionavelmente *minha*.

Em qualquer experiência descrita por uma afirmação como essa, costuma haver muitos elementos de abrangência pressupostos e não mencionados. Para esclarecer todos esses diferentes aspectos de uma preferência, é bom usar uma frase genérica, que se encaixaria em *qualquer* experiência se você preenchesse o conteúdo ausente:

"Gosto da textura/som/aparência/aroma/sabor de A no presente, ou das conseqüências de A no futuro (muito, um pouco) mais do que de B em determinado contexto C para um objetivo D, quando estou me sentindo (muito, um pouco) E."

Uma experiência completa inclui, pelo menos implicitamente, todos os seguintes elementos detalhados baseados nos sentidos:

a. A pessoa que experimenta a preferência (Eu, você, ele/ela).

b. O significado da preferência (gostar/desgostar).

c. Os aspectos sensoriais (cinco sentidos) nela observados.

d. A abrangência de tempo usada para a avaliação (passado, presente, futuro).

e. As duas (ou mais) coisas ou eventos comparados (A/B).

f. A comparação análoga entre eles (mais/menos do que).

g. O grau de comparação (muito, pouco, um pouco).

h. C, o contexto em todos os detalhes sensoriais.

i. D, o objetivo baseado nos sentidos especificado em detalhes.

j. E, o estado emocional avaliativo da pessoa ("feliz", "cansado" etc.).

k. O grau (muito, um pouco) do estado E.

Uma preferência é uma resposta *individual* e *pessoal* de avaliação de uma experiência e de gostar (ou desgostar) mais de algum aspecto dela do que de outro. A *abrangência* dessa avaliação está limitada à própria experiência. Ela não se aplica a cães, pedras ou às demais pessoas; um outro indivíduo poderia ter uma experiência bem diferente. Minha preferência poderia interessar a alguém mais, mas não há a exigência de que alguma pessoa concorde comigo ou tenha a mesma experiência. Declaro minha experiência e você a sua. Ao descobrir que discordamos, podemos usar nossas ricas abrangências de experiência como recursos detalhados para encontrar uma solução. "Ah, você não gosta desse sabor de queijo da sopa de tortilha? Vou colocar o queijo em minha tigela no último minuto e você pode comê-la sem queijo. Está bom assim para você?"

Ao solucionar qualquer situação complexa, podemos pensar nos detalhes, opções, conseqüências, no contexto, pesar os prós e os contras, juntar informações, considerar os pensamentos, pontos de vista ou valores conflitantes da outra pessoa etc. Finalmente, concluímos com um julgamento digital sim/não, que está em um nível lógico mais geral. Mas fazemos isso somente após considerar e avaliar cuidadosamente todos esses diferentes fatores que se encontram enraizados na experiência baseada nos sentidos.

Julgamento Alguém que julga não precisa de tanto tempo e esforço; ele simplesmente categoriza uma experiência e estabelece um julgamento – uma pré-decisão, um prejulgamento –, aplicável rapidamente a qualquer situação, sem precisar pensar a respeito. É uma decisão permanente do tipo "tamanho único congelado" que simplifica muito a vida, porém à custa de apagar a maior parte da experiência.

As *pré*-decisões baseadas nas preferências podem ser usadas rapidamente e sem esforço e simplificar a vida, já que assim respondemos a uma categoria de experiência sem precisar juntar mais informações detalhadas e provar alguma coisa para saber o que preferimos. Contudo, a categorização sempre resulta em abstração e separação das experiências na categoria, e tendemos a ignorar as exceções. Embora, em geral, eu não goste de peixe ou de frutos do mar, gostei muito de um prato chinês de camarão apimentado.

Se alguém usa excessivamente as pré-decisões, particularmente se forem muito intensas e empregadas com qualquer pessoa, contexto ou outras informações, elas se tornam julgamentos separados da abrangência de experiência sendo julgada. Quando uma pessoa escorrega da preferência para o julgamento, ela muda a abrangência de uma categoria *pessoal* limitada de gostar ou não gostar para uma categoria *universal* muito maior que se aplica a *tudo* e a *todos*. Essa ampliação da abrangência cria uma categoria muito mais geral, na qual a maior parte (ou toda) da rica abrangência baseada nos sentidos relacionada anteriormente é apagada, restando apenas o julgamento. "Sopa de tortilha é horrível!" "Não, a sopa de tortilha é maravilhosa."

Como acontece com todas as categoriais muito gerais, tudo que resta no julgamento é uma distinção ou/ou (bom/ruim, certo/errado), diferente das distinções análogas detalhadas que ocorrem em uma preferência baseada nos sentidos. A solução de problemas fica muito mais difícil nesse mundo ou/ou, onde só existem duas categorias gerais, "bom" e "ruim", e a única escolha está entre elas.

Outra importante diferença reside no fato de que, na preferência, estamos conscientes *tanto* daquilo que gostamos quanto do que não gostamos, *simultaneamente*, enquanto no julgamento tendemos a ter consciência apenas daquilo que *ou* é ruim *ou* é bom *seqüencialmente*, em uma diminuição da abrangência e da informação.

Há outra diferença muito importante entre preferência e julgamento. "Não gosto de sopa de tortilha" expressa uma *relação entre* eu e a sopa de tortilha; a aversão (ou atração) está nitidamente na maneira como *experimento* a sopa. Mas se eu disser "Sopa de tortilha é horrível", a aversão parece existir *na* sopa; minha relação com ela desapareceu junto com a maior parte da outra experiência baseada nos sentidos.

Como um julgamento apaga a maior parte dos elementos contextuais e experimentais específicos relacionados anteriormente para uma preferência, ele é absoluto e universal. A afirmação "Essa pessoa/coisa/evento é ruim" significa que é ruim para *todos, em qualquer lugar, sempre, durante o tempo todo e para todos os objetivos.*

Como alguma coisa *ou* é boa ou é ruim, não há nenhuma possibilidade de ela ser boa para uma pessoa *e* ruim para outra, ter aspectos bons *e* ruins, ser *mais* ou *menos* boa, boa em um *contexto* ou para um *objetivo*, porém ruim em outro contexto para um objetivo diferente etc. Há muitos anos, Gordon Allport descreveu esse processo como "intolerância de ambigüidade" em seus estudos do preconceito e da "personalidade autoritária" e descobriu que essa insistência em categorias ou/ou fixas se estendia até as percepções mais simples (1954).

Pelo fato de que ruim é simplesmente ruim e existe *na* coisa ou evento julgado, não existe necessidade de comunicação ou negociação a esse respeito; a única solução é isolá-lo, eliminá-lo ou destruí-lo. "Você não pode negociar com o mal."

A natureza absoluta, universal e fixa de um julgamento o separa da própria experiência pessoal. Muitos julgamentos são aprendidos com os pais, padres, professores e outras autoridades, em vez de surgir da experiência própria – portanto, não há ligação com a nossa experiência. Mas mesmo quando experimentamos pessoalmente um evento que julgamos, o ato de julgar nos separa dos detalhes baseados nos sentidos daquela experiência, enquanto focalizamos a atenção principalmente no julgamento categórico.

Por ser universal, o julgamento existe independentemente de quem o faz, e essa é uma de suas grandes atrações. Alguém que julga não precisa assumir a responsabilidade pelo julgamento ou defendê-lo; ele simplesmente *existe*. "Isso é ruim." "É a vontade de Deus." Dessa maneira, fica muito difícil para um juiz até mesmo considerar a revisão da situação sendo julgada ou compreensões alternativas.

A universalidade de um julgamento presume que *todos* deveriam ter uma resposta idêntica, impondo os valores do juiz a todas as outras pessoas. Se alguém discordar deste, isso ameaça não somente a universalidade do julgamento como também a visão de mundo mais geral do juiz. Se julgo alguma coisa como ruim e alguém discorda, minha *única* alternativa é pensar nela como boa, o que viraria meu mundo de cabeça para baixo. Como isso seria demasiado perturbador e violaria meus valores, tendo a redobrar meus esforços para fazer o dissidente ceder usando algum tipo de ameaça ou coerção física.

Quando o julgamento é útil "Todo comportamento é útil em algum contexto" é uma pressuposição fundamental da PNL. O julgamento baseia-se na habilidade para criar categorias abstratas bastante gerais, e não usaríamos essa importante habilidade no julgamento se ela não fosse eficaz. Há um tipo de contexto no qual os julgamentos são funcionais: numa situação de perigo físico real e imediato, em que precisamos tomar uma decisão importante muito rapidamente. Sempre que os riscos são altos, é bom *não* ter calma para avaliar cuidadosamente a situação e chegar a uma conclusão – quando você tomar uma decisão, pode ser tarde demais. Em uma emergência, não há tempo para pensar em todas as nuanças do que está acontecendo; há somente a necessidade urgente de agir rápida e decisivamente, e reagir com uma decisão simples predeterminada. Devido a essa utilidade, toda vez que alguém se sentir ameaçado tenderá a reagir com o julgamento. E por conta dessa associação entre perigo e julgamento, sempre que alguém julga sente-se ameaçado de algum modo.

Quando os julgamentos são compartilhados por um grupo social, eles proporcionam coesão, evocando ação unificada contra qualquer ameaça ao grupo ou a seus valores. Os seres humanos parecem preparados para julgar com rapidez e facilidade uma resposta quase "reflexa" à sensação de estar sendo ameaçado. Provavelmente, isso foi valioso em grande parte da história violenta da humanidade, quando pequenas tribos precisavam lutar contra os vizinhos para sobreviver. Entretanto, deveríamos perceber que os reflexos são mediados pela medula espinhal, com pouca informação do cérebro. Agora que desenvolvemos armas de destruição em massa, o julgamento e a violência que muitas vezes resultam delas provavelmente são o principal perigo para nossa espécie, e não um meio para sobreviver. Com a preferência, é possível desviar o reflexo de julgamento da medula espinhal e novamente envolver o cérebro na solução de problemas.

As conseqüências do julgamento O julgamento coloca em movimento um processo circular recursivo que se baseia em si mesmo e em "bolas de neve", tornando-se mais intenso e disseminado com o passar do tempo. Sempre que julgo, preciso apagar muitos dos detalhes da minha experiência, substituindo-os por um julgamento categórico absoluto e externalizado. Como minha experiência é a base da minha existência e segurança pessoal, quanto mais eu julgo, menos seguro me sinto. Quanto menos seguro me sinto, mais me sinto ameaçado e mais tenderei a julgar.

Por exemplo, se julgo que a "desorganização" de minha esposa é ruim, isso coloca a ruindade em seu comportamento e apaga meu sentimento de desagrado. Como acho que *ela* devia mudar o que faz e como não tenho nenhum controle direto sobre seu comportamento, fico em uma posição de fraqueza e insegurança, tendendo a julgá-la ainda mais, em um esforço para controlar suas atitudes. Sempre que existirem "questões de controle", haverá algum tipo de julgamento em andamento; em vez de negociar, o juiz tenta controlar a pessoa julgada.

Quando uma pessoa julga outra, ela se considera uma autoridade superior: "Sei o que é certo (e você não)". Isso separa o juiz do julgado e ignora as opiniões do outro, criando uma situação de oposição e conflito. Julgar os demais por um padrão universal abstrato é sempre desrespeitoso com sua individualidade única e situação particular, e não conheço ninguém que goste disso. Em resposta, a outra pessoa normalmente responderá com um julgamento. "Você é *tão* crítico." "Você não deve dizer 'deve'." Por sua vez, ser julgado é desagradável e ameaçador para mim e me dá outra coisa para efetuar um julgamento sobre você! Redobrarei os esforços para fazê-lo concordar, em geral pela coerção verbal ou física: "Você deveria fazer o que digo", "Se não fizer, vai arder no inferno por toda a eternidade".

Na preferência, é muito mais fácil nos afastarmos de uma abrangência desagradável em direção a uma mais agradável e, ao mesmo tempo, lidar com ambas. Posso fazer pequenas mudanças análogas ao longo de um *continuum* e facilmente voltar para trás se for longe demais ou cometer um erro. Contudo, se eu estiver julgando, a única alternativa é ir de um oposto ao outro, do certo para o errado, uma mudança digital muito grande *e* na qual meus valores são totalmente violados. Por exemplo, se minha esposa disser que não é desorganizada, mas apenas "despreocupada", preferindo gastar seu tempo com coisas mais importantes do que a arrumação, minha única alternativa é pensar na "desorganização" como "boa" em oposição aos meus valores.

No julgamento, geralmente estamos focalizados exclusivamente naquilo que *não* queremos, um objetivo negativo, o que torna difícil pensar em soluções positivas para as diferenças. Como é impossível alcançar um objetivo negativo, podemos facilmente ficar presos num beco sem saída. A alternativa é nos *afastarmos* cegamente daquilo que não desejamos, o que muitas vezes resulta em ir "da frigideira para o fogo". Na preferência, a alternativa preferida está sempre presente na percepção, dando-nos algo para onde nos dirigir, um objetivo positivo que *podemos* alcançar.

O julgamento transforma um desacordo entre iguais em um desacordo entre *des*iguais, e a pergunta passa a ser "Quem está certo e quem está errado?", "Quem está em uma posição de exatidão e poder?" – diferente de "Como podemos resolver nossas diferenças?" Ao focalizar as categorias gerais de certo e errado, a solução de problemas torna-se extremamente difícil, uma vez que a maior parte do conteúdo do desacordo baseado nos sentidos é ignorada.

Quando alguém faz um julgamento, em geral é difícil voltar para rever a preferência subjacente que o originou. Como um julgamento é digital e universal, a única alternativa que lhe vem à mente é estar *errado*, em vez de estar *certo* e questionar se isso se trata de uma ameaça. Se você perguntar pela experiência, que é a base para o julgamento, a pessoa dirá algo como: "O que você quer dizer? Isso é *errado* e ponto-final."

Se alguém acredita que alguma coisa é *errada*, não adianta falar a respeito – e isso deixa apenas duas alternativas. Uma é a coerção, na qual o juiz força o outro a fazer a coisa certa; a outra consiste em isolar ou eliminar a pessoa que está fazendo errado. O processo de julgamento rejeita *inerentemente* a comunicação e a solução de problemas e leva direto ao conflito.

Naturalmente, como qualquer outra comunicação, o julgamento também pode ser expresso não-verbalmente. Um determinado tom de voz, uma cabeça erguida, um pescoço rígido, uma sobrancelha levantada ou um "hmph" quase inaudível indicam um julgamento, bem como uma condenação verbal. E como se trata de manifestações não-verbais, provavelmente encontram-se fora da consciência, podendo provocar confusão na pessoa julgada. "Por que me sinto tão mal?"

Todas essas curvas de *feedback* criam um sistema capaz de resultar num "círculo vicioso" e facilmente disparar aquilo que os engenheiros chamam de sistema de "fuga", crescendo até atingir seu limite. Por exemplo, o ruído de *feedback* em um sistema de amplificação de som é criado quando o microfone capta algum som, que é então amplificado e emitido pelo alto-falante. Em seguida, esse som mais alto entra no microfone e é amplificado e emitido novamente, em um processo circular que muito rapidamente atinge o limite da capacidade de amplificação de som do sistema. No momento em que isso acontece, o sistema deixa de ser útil.

Quando os primeiros motores a gasolina foram testados, não havia limite para a entrada da mistura de gasolina/ar. Assim que começou a funcionar, o motor absorveu maior quantidade da mistura. Enquanto fazia isso, funcionava mais rápido e logo atingiu os limites do metal no motor e explodiu. Foi preciso instalar um limite para a entrada da mistura de ar/combustível a fim de controlar a velocidade do motor. Aquilo que chamamos de acelerador foi originalmente denominado "controlador" porque regulava o fluxo da mistura de gasolina/ar. O julgamento pode facilmente resultar em uma fuga similar, na qual o processo de julgamento torna-se cada vez mais extenso e extremo, como um "buraco negro" que engole a experiência.

No *autojulgamento*, ambos os papéis são desempenhados dentro da pessoa, com uma parte sendo o juiz enquanto a outra se sente julgada. "Sou tão estúpido em matemática; realmente sou estúpido!" Um exemplo comum é o medo de falar em público. Uma parte da pessoa deseja (ou precisa) fazer uma apresentação, enquanto a outra imagina vividamente tudo que poderia dar errado e os comentários críticos e sarcásticos que os outros farão, levando a primeira parte a sentir-se criticada e diminuída. Em geral, esses dois aspectos aparecem tão misturados que é muito difícil compreender o que está acontecendo até que eles sejam nitidamente separados entre a parte que julga e a que reage ao julgamento.

Separação/união Quando o julgamento estabelece "bom" e "ruim" como absolutos, começamos um processo de separação do ruim e de identificação com o bom, quer isso seja percebido externa ou internamente. Por exemplo, um homem que acredita que determinados comportamentos "femininos" (choro, ternura, fraqueza etc.) são *ruins*, evitará que demonstrem tais condutas. Ele também reprimirá esses comportamentos e se identificará com os opostos (estoicismo, rudeza, força etc.). Como resultado, ele responderá aos eventos reais com um papel rígido, estereotipado, e não com suas respostas espontâneas naturais. Esse processo de *alienação* e *identificação* simultânea começa de maneira bastante inócua, como uma forma de buscar objetivos pessoais. Entretanto, ele pode facilmente descambar para alguma coisa consideravelmente mais intensa e problemática, acabando em violência. Arbitrariamente, dividi o *continuum* desse processo crescente em dois passos adicionais: *rejeição* e *violência*.

Rejeição Está a apenas um pequeno passo da *separação*, do afastamento, até o *empurrar* mais ativo da *rejeição* e da harmonia da *união* à identificação mais completa, que poderia ser chamada de *incorporação*. Em sua forma mais extrema, a rejeição inclui a oposição ativa e a transformação em demônio do mal no mundo e a negação completa de qualquer coisa ruim no *self*. O bom nos outros com freqüência é adorado, seja na forma de santos ou profetas mortos, ou gurus vivos, e o bom no *self* torna-se hipocrisia e presunção.

Violência O extremo do processo de identificação com o bom e a alienação do ruim é a violência, direcionada para fora, para o ruim nos outros e no mundo, bem como para dentro, para os aspectos ruins do *self*. O bom precisa ser defendido e preservado a todo custo e o ruim deve ser destruído, não importa se esteja dentro ou fora da pessoa. Essa é a forma extrema de se perder em um mundo muito simplificado de opostos ou/ou e da alienação de nossa experiência. Examine qualquer situação contemporânea de violência – individual, social, política ou internacional – e veja como é fácil identificar o julgamento que se encontra em sua raiz.

Para justificar a violência, um inimigo é sempre descrito e retratado como desumano, bestial, irracional, muitas vezes como um personagem de desenho, para evitar qualquer possibilidade de compaixão ou solidariedade, tornando muito mais fácil maltratá-lo e matá-lo.

Todos os passos que descrevi são mostrados no diagrama a seguir.

O PROCESSO DE JULGAMENTO

Percepção potencial

(tudo aquilo de que você poderia estar consciente na experiência baseada nos sentidos)

Seleção e categorização

(identificando a experiência baseada nos sentidos)

Preferência

(avaliação da categorização: gostar/desgostar, comparativo etc.)

Julgamento

(absoluto, universal, categorização digital)

– RUIM_____(simultaneamente)_____BOM +

↓   ↓

Separação_____União

do "outro" ruim   com o "outro" bom

(semelhança e compartilhamento eliminados)   (diferença e individualidade eliminadas)

↓   ↓

Rejeição_____Incorporação

do "outro" ruim   do "outro" bom

↓   ↓

Violência_____Violência

contra o "outro" ruim   contra o ruim no *self*

Transformando o julgamento

Comparando julgamento e preferência Agora, eu gostaria que você tentasse uma pequena experiência. Feche os olhos e lembre de uma situação na qual discordou de alguém e o julgou – abertamente ou apenas em sua mente...

Reveja sua experiência desse evento e então tente duas cenas curtas, usando o que aprendeu sobre julgamento e preferência. Na primeira, imagine-se expressando seus julgamentos acerca dessa pessoa, honesta e diretamente ("O que você fez foi ruim e você deve parar com isso"), e então observe como ela responde...

A seguir, imagine-se expressando as mesmas preocupações e opiniões, mas como suas *preferências* pessoais, o que é importante para você, sem julgamento, e novamente observe como a outra pessoa responde. "Realmente não gostei do que você fez e preferiria que você fizesse____."

Como ela respondeu diferentemente nas duas cenas? Qual delas resultou em uma resposta mais positiva e útil dessa outra pessoa?...

Certamente, a expressão de suas preferências não garante que você conseguirá uma resposta proveitosa, mas torna isso bem mais provável. Já o julgamento tornará *muito* improvável uma resposta positiva, geralmente levando a conflitos e/ou violência. A expressão da preferência não costuma funcionar muito bem se ainda houver algum resquício de julgamento em suas palavras, tom de voz ou postura etc. Se a outra pessoa já está se sentindo defensiva, ou espera que você a julgue, ou se mostra propensa a julgá-lo, ela pode responder como se estivesse sendo julgada, mesmo que você apenas expresse sua preferência.

Agora, reveja ambas as cenas e pergunte-se: "O que essa pessoa precisa para ser capaz de responder de maneira mais útil? Com o que sei a respeito do julgamento, o que eu poderia fazer para facilitar uma resposta mais positiva?"...

O problema com o julgamento reside em sua natureza ou/ou, muito simplificada e empobrecida, absoluta e universal, que raramente ou nunca se encaixa nos eventos reais e em geral é indiferente ao *feedback* corretivo. Saber como funciona o processo de julgamento nos oferece algumas idéias sobre o que podemos fazer adicionalmente para transformá-lo em algo mais proveitoso.

Uma das primeiras coisas a se fazer é reconhecer o julgamento de outra pessoa e então utilizar algumas intervenções dos "modelos do mundo" descritas no primeiro capítulo (sobre implicação), a fim de suavizar a idéia de que o modo como ela compreende a situação é a *única* maneira para compreendê-la. "O.K., portanto o modo como você vê as coisas agora indica que X parece realmente ruim para você."

Alternativamente, ofereça-lhe a experiência temporária de alterar a experiência interna de julgamento, tornando sua imagem um pouco sinuosa, transparente, borrada, sem brilho ou fora de foco para diminuir seu impacto e urgência.

Criando segurança Como o medo é uma importante causa do julgamento, qualquer coisa que façamos para levar uma pessoa a se sentir segura tornará mais fácil para ela relaxar um pouco seu julgamento. Ajuda perceber que, na sociedade moderna, é *muito* raro nos encontrarmos em um perigo físico real. A maior parte dos "perigos" que experimentamos constitui apenas ameaça ao nosso *status*, imagem, importância ou o que muitas vezes é chamado de "ego". É comum as pessoas iniciarem fortes discussões sobre quem ganhou um jogo ou de onde veio uma receita, coisas que não têm nenhum impacto direto em sua felicidade ou bem-estar. A única maneira de ver essas discussões é compreender que elas realmente não se referem ao jogo ou à origem da receita. Dizem respeito a *quem* está certo e *quem* está errado – *quem* tem a melhor memória ou *quem* é mais esperto ou mais importante.

Um importante exemplo disso é o dado segundo o qual, nos Estados Unidos, o medo número um da maioria das pessoas (pior do que a morte!) é o de falar em público. Elas afirmam que prefeririam morrer a ficar em pé na frente de um grupo de pessoas e se dirigir a elas – um exemplo do medo de ser julgado pelos outros. (Naturalmente, se lhes oferecessem uma escolha entre falar em público e a morte, elas poderiam escolher de maneira diferente!) A maioria das "emergências" que enfrentamos, por mais importantes que sejam, realmente *não* são situações de "vida-ou-morte" no presente, quando os julgamentos são úteis. Já perdi a conta das vezes em que me apressei para cumprir algum tipo de prazo e depois, olhando para trás, pensei: "Cara, que perda de tempo; aquilo não somente não era uma emergência como nem era importante!"

Mesmo quando enfrentamos realmente uma emergência séria, que nos ameaça a vida, em geral ela está no futuro e não no momento presente, o que nos dá tempo para pensar e nos preparar para ela.

Diversos outros eventos (um olhar gelado, uma promessa esquecida, até mesmo insultos) raramente são questões de vida ou morte; apenas ameaçam a maneira como *pensamos* em nós mesmos – desagradável, mas uma inconveniência temporária. Muitas pessoas têm medo de pedir algo aos outros por pensar na recusa como uma avaliação de quem *elas* são, e não apenas informação sobre as preferências e aversões da *outra* pessoa. Um autoconceito fraco pode ser fortalecido para se tornar mais flexível e aberto ao *feedback* e à crítica e, portanto, imune a esse tipo de "perigo" (Andreas, 2005), diminuindo a tendência ao julgamento.

Examinando valores Pense em uma situação na qual você fez um julgamento e determine quais de seus valores (declarados positivamente) estavam ameaçados por aquilo que você julgou. Então, reconheça e confirme totalmente esses valores. Por exemplo, que valores se encontram implícitos em meus julgamentos sobre a "desorganização" da minha esposa? O que eu valorizo na ordem? O que valorizo sobre a aparência de um quarto quando a maioria das coisas está em seu lugar e as gavetas e portas estão todas fechadas? Poderia ser a sensação de ter espaço para fazer o que eu desejar, a habilidade para caminhar sem ser atrapalhado por roupas, toalhas e livros no chão, sabendo que encontrarei facilmente qualquer coisa sem precisar procurar etc. Você talvez tenha valores muito diferentes sobre "desorganização", incluindo possivelmente sua valorização acima do asseio. Entretanto, sejam quais forem seus valores, você precisa validá-los e reconhecê-los totalmente.

Recuperando a experiência omitida Pegue qualquer experiência de julgamento e recupere todos os detalhes específicos do *conteúdo* dela – as respostas para: *Quem? O quê? Qual? Como? Quando? Por quê?* Essas perguntas o levarão de volta a uma experiência pessoal específica e detalhada, baseada nos sentidos, de sua *preferência*. Esse processo deve ser familiar para aqueles com treinamento em PNL, uma vez que todos os elementos das perguntas do metamodelo (Cameron-Bandler, 1985, p. 223-233) servem para juntar informações a fim de recuperar os detalhes específicos omitidos na experiência de alguém. Cada informação omitida que é recuperada constituirá um passo na direção de uma experiência de preferência mais plena e mais rica, que pode se tornar um recurso para solucionar problemas.

"Mapeando" com elementos do processo Uma maneira para acelerar bastante esse processo de transformação é usar um processo clássico da PNL chamado de "mapeamento" (Bandler, 1988, capítulos 6-7). Nele, as distinções de julgamento do *processo* de submodalidades que exploramos anteriormente neste capítulo são transformadas em preferência, uma a uma, até que se transforme toda a experiência. Por exemplo, vamos admitir que sua experiência foi descrita com precisão pelas diferenças entre julgamento e preferência relacionadas anteriormente aqui. Você poderia começar acrescentando uma segunda imagem daquilo que prefere juntamente com o que julga "ruim", para criar as extremidades de um *continuum* análogo. Então, mude a imagem parada, em preto-e-branco, transformando-a num filme colorido, diminuindo o contraste e permitindo que ele se torne panorâmico etc.

Na prática real, descobre-se que alguns dos elementos desse processo mudarão espontaneamente quando você mudar outros. Os mais poderosos para transformar os demais diferem um pouco de uma pessoa para outra. Por exemplo, um acréscimo na segunda imagem daquilo que você prefere pode espontaneamente transformar a imagem parada num filme ou ampliar um foco estreito para um panorama. Essas mudanças mais poderosas na submodalidade são chamadas de *condutores* porque "dirigem" ou influenciam as outras, alterando, quando essas mudanças ocorrem, sua resposta ao mesmo conteúdo.

Depois de descobrir quais condutores funcionam melhor para você, fica ainda mais fácil transformar um julgamento em uma preferência, uma vez que só é necessário modificar alguns elementos para completar a mudança. A mudança desses elementos do *processo* é muito poderosa em si mesma e, ao mesmo tempo, também enriquece os detalhes do *conteúdo* da experiência. Por exemplo, quando você muda de uma imagem parada para um filme, há mais informação no filme, a qual continua mudando enquanto você observa. Ao mudar de um foco estreito para um panorama amplo, há literalmente mais coisas para ver em sua imagem, permitindo-lhe examinar aquilo que você não gosta dentro de uma abrangência bem maior e mais detalhada, que oferece uma perspectiva mais ampla.

Outro padrão que emprega o mesmo tipo de processo de "mapeamento" pode ser utilizado para transformar o julgamento ou a raiva em perdão para a pessoa que o prejudicou (Andreas, 1999a; Andreas, 1999b). Parte desse processo consiste em validar completamente seus valores, conforme discutimos, e então separar o perdão dos muitos significados que em geral estão ligados a essa palavra. Por exemplo, muitas pessoas acreditam que perdoar significa ignorar o dano ou ficar vulnerável e ser novamente magoadas, ou ainda que a outra pessoa não pode ser educada, restringida ou punida. Ao se separar o perdão de todos esses outros significados, a disposição para perdoar torna-se muito mais fácil.

O capítulo 11 apresenta uma transcrição literal que demonstra como transformar a raiva em perdão.

Desenvolvendo a compaixão Outro caminho para transformar o julgamento é experimentar assumir a posição do "outro", *tornando-se* essa pessoa que você julga, para descobrir como é a experiência *dela*. Identificar-se com o outro, "andar um quilômetro com seus sapatos" é uma prática bem antiga para a resolução de conflitos em muitas tradições espirituais. Foi praticamente explícita na vida de Ghandi e em seu trabalho para libertar a Índia. Ghandi andava como o vice-rei, literalmente assumindo todos os seus comportamentos físicos a fim de compreender melhor o seu ponto de vista.

Ao tornar-se essa outra pessoa, é bom pensar na pressuposição da PNL de que "todos sempre fazem a melhor escolha à sua disposição". Por que essa pessoa achou que determinado comportamento ou atitude era a melhor escolha à sua disposição? Que fatores em sua vida – crenças, esperanças, limitações ou expectativas – a fizeram pensar que eles eram adequados? O que ela precisa aprender para ter mais e melhores escolhas?

O Alinhamento das Posições Perceptivas, processo elaborado por Connirae Andreas (1991a), é um desenvolvimento mais detalhado desse processo que pode ajudar uma pessoa a passar do julgamento de alguém a partir do exterior para uma compreensão compassiva daquilo que alguém experimenta internamente. O mesmo processo ajuda a esclarecer algumas das confusões e limitações do próprio juiz e que o fazem julgar. A compaixão leva à compreensão e a total compaixão resulta no perdão – o oposto do julgamento.

> "Se pudéssemos ler a história secreta de nossos inimigos, descobriríamos na vida de cada homem tristeza e sofrimento suficientes para desarmar qualquer hostilidade."
>
> **Henry Wadsworth Longfellow**

Steve Davis ofereceu outro caminho para a compaixão, baseado no acesso a um estado emocional geral chamado "coração aberto". Trata-se da sensação de receptividade e leveza no tórax ou no torso que sentimos na presença de alguém que conhecemos e que se preocupa conosco, e com que nos sentimos totalmente seguros. Em contraste, o "coração fechado" é a sensação na mesma área, percebida quando estamos com alguém que é crítico e julgador, e com quem temos a necessidade de nos proteger.

Primeiro, acesse totalmente o estado de "coração aberto", imaginando estar com um amigo querido... e então acesse o estado de "coração fechado", imaginando estar com alguém crítico e julgador. O contraste criado por essa alternância esclarece exatamente como esses estados são diferentes e torna mais fácil evocar voluntariamente o estado de "coração aberto".

Em seguida, mantendo o estado de "coração aberto", imagine-se na presença da pessoa que você esteve julgando e observe como isso muda sua maneira de responder a ela. Em geral, você descobrirá um pouco de compaixão por ela e terá menos probabilidade de julgá-la.

Solucionando problemas Transformar o julgamento em preferência ainda pode deixá-lo com algumas diferenças muito significativas entre os seus valores e os da outra pessoa. Às vezes, você pode se "afastar" do conflito, mas normalmente estamos envolvidos com essa outra pessoa em algum tipo de relacionamento, portanto é importante encontrar algum modo para resolver as diferenças. A compreensão baseada nos sentidos total e detalhada dessas diferenças lhe permite começar a solucionar o problema com a outra pessoa, comunicando-se entre iguais, respeitando suas diferenças e buscando maneiras para chegar a algum tipo de conciliação ou algo de interesse comum.

Todos esses elementos que venho discutindo podem ser reunidos em um processo que serve para transformar o julgamento em preferência e compreensão. O exercício a seguir pressupõe seu trabalho com alguém, mas naturalmente você também pode usá-lo sozinho, lendo cada passo com calma e utilizando-o como um guia para mudar a abrangência daquilo com que está lidando e categorizando isso de maneiras novas. Como uma receita de bolo, ou qualquer outra instrução, trata-se apenas de um conjunto de instruções; *você* precisa proporcionar os ingredientes e combiná-los das formas especificadas.

Transformando julgamento em preferência

(pares, 20 minutos cada)

1. *Julgamento* Escolha uma experiência de julgamento de outra pessoa ("*X é ruim*"). De preferência, uma que seja problemática para você – ou porque o faz se sentir mal, ou porque os outros se opõem a ela ou porque ela o coloca em dificuldades de algum outro jeito.

2. *Segurança* Estabeleça um contexto seguro. "Não estou aqui para julgar o seu julgamento; todos nós fazemos isso às vezes. Também quero respeitar *completamente* os valores subjacentes aos seus julgamentos. Meu trabalho é ajudá-lo a explorar e a compreender sua experiência de julgamento mais profundamente e com mais detalhes, oferecendo-lhe algumas escolhas alternativas. Não estou lhe pedindo para se comprometer a fazer nenhuma coisa diferente, apenas para explorar algumas alternativas e tentá-las na mente. É

você quem decide se quer ou não usar alguma dessas escolhas alternativas, mas eu gostaria que você tentasse para poder basear sua decisão na experiência real delas."

3. *Eliciar e reconhecer valores ameaçados* "Quais de seus valores estão envolvidos nesse julgamento e que perigo a pessoa julgada representa para eles?" Certifique-se de que os valores sejam declarados de forma *positiva*, sem negação.

a. Perigo *físico* ou *mental*? Examine os valores ameaçados e determine se o perigo é:

1. Perigo material, físico, econômico etc.

2. Perigo para o seu *autoconceito* ou "ego", como no desrespeito ou perda de *status*, sem dano físico ou econômico real.

b. Agora ou *depois*? Em ambos os casos, o perigo é imediato e certo ou uma possibilidade futura? Se for um dano futuro, você tem algum tempo e espaço para se preparar a fim de lidar com ele.

4. *Preferência* Escolha uma experiência de preferência *muito forte*.

"*Realmente prefiro Y a X.*" Sempre que possível, escolha uma experiência na qual valores iguais ou muito semelhantes são expressos com mais ou menos a mesma intensidade.

5. *Análise contrastante* Faça uma lista de todas as diferenças perceptivas que você nota entre suas experiências de julgamento e preferência, em todas as três principais modalidades – visual, auditiva e cinestésica (inclua sabor e aroma se eles forem importantes). (ver p. 86)

6. *Mapeamento* Mantendo o mesmo conteúdo do seu julgamento, mapeie todas essas diferenças sensoriais para tornar o julgamento *estruturalmente* igual ao de sua experiência de preferência. (ver p. 86)

7. *Recupere a informação omitida* Fazendo perguntas, recupere todas as diferentes omissões experimentais relacionadas em "Preferência". (ver p. 86)

8. *Compaixão* *Torne-se* a pessoa que você julga e/ou encontre-a com o "coração aberto" para ganhar compreensão e compaixão por sua experiência, e descubra como ela é limitada em suas escolhas e habilidades. Alinhando primeiro suas próprias "posições perceptivas" (Andreas, 1991a), você pode tornar isso mais fácil, preciso e eficaz.

9. *Solucionando problemas* Mantendo esse estado de preferência, imagine como você resolveria o problema de suas diferenças com essa outra pessoa, respeitando totalmente a força e a importância dos seus valores, bem como os dela. Note como transcorre a interação imaginada com essa pessoa e se ela funciona melhor ou não do que o julgamento para seus objetivos e resultados. Se funcionar bem, imagine-se realmente fazendo isso no futuro; se não funcionar, continue criando cenas até encontrar uma que dê certo.

Resumo As preferências são expressões do valor que damos a uma coisa ou evento acima de outros, em geral manifestadas como uma função análoga ("Gosto disso *mais do que* daquilo"), em que prestamos atenção tanto a "isto" quanto a "aquilo". Preferência é uma experiência muito pessoal que expressa meu *relacionamento* com aquilo que prefiro. Espero que os outros tenham preferências diferentes das minhas, pelo menos algumas vezes, e não preciso lhes impor as minhas.

Em um relacionamento de respeito entre iguais, você e eu podemos expressar aquilo desejamos. Ambos temos espaço para nos comunicar e descobrir como trocar e compartilhar nossas informações, trabalhando juntos para alcançar nossos objetivos – uma característica da abordagem de Virginia Satir (Andreas, 1991b), uma das maiores terapeutas familiares. Com todo o respeito por suas preferências *e* pelas minhas, podemos discutir nossas diferenças sem julgamento ou condenação. Como dizia o participante de um *workshop* para a mãe sempre que eles discordavam: "Você está sempre certa; eu nunca estou errado". Uma boa maneira de reconhecer a tolice de qualquer julgamento ou/ou, certo/errado.

Quando passamos de uma extensão análoga pessoal de gostar e desgostar na preferência para um julgamento categórico digital de bom ou ruim, quase todo detalhe baseado nos sentidos é perdido, deixando-nos, literalmente, sem saber muita coisa a respeito de quais são de fato nossas diferenças. O julgamento é uma espécie de decisão "petrificada" que pode ser usada com rapidez e eficiência em situações de perigo físico imediato, mas que causa muitos problemas quando empregada em outros contextos.

Nos relacionamentos humanos, os julgamentos sempre impõem uma autoridade externa impessoal e ignoram o ser humano individual que é julgado. Expressam sempre poder *sobre* alguém e *coerção*, diferente do poder para *eliciar* respostas voluntárias nos outros por meio daquilo que dizemos, fazemos ou *somos*.

Um julgamento é universal e absoluto. Se alguma coisa é "ruim", ela é ruim *para todos, em todos os lugares, sempre, sob todos os aspectos, o tempo todo e para todos os objetivos*. Como ruim é simplesmente ruim e existe *na* coisa ou evento julgado, não há nenhuma necessidade de comunicação ou negociação a esse respeito; a única solução é isolá-lo, eliminá-lo ou destruí-lo. O julgamento pressupõe conflito, e essa negociação, solução do problema ou reconciliação é impossível.

Observe todos os conflitos no mundo, desde os seus conflitos pessoais até as guerras que ameaçam destruir nosso planeta, e você verá a necessidade desesperadora de transformar o julgamento em preferência, compaixão, comunicação e solução de problemas. Eu definitivamente prefiro isso.

A seguir, examinaremos as diversas maneiras como *fazemos* as coisas, as diferentes formas de abordar a mesma atividade. *Precisar* fazer algo é muito diferente de *escolher* fazê-lo ou *desejar* fazê-lo, e se acharmos que isso é *possível*, provavelmente ficaremos muito mais motivados do que se o considerarmos *impossível*. Quando compreendemos como categorizamos nossas ações, podemos transformar *precisar* fazer coisas *impossíveis* em *escolher* e *desejar* fazer coisas que são *possíveis*.

> *"MUITO ALÉM DAS IDÉIAS DE CERTO E ERRADO, HÁ UMA CAMPINA.*
> *NOS ENCONTRAMOS LÁ."*
> **RUMI**

4

Modos de operação
Atitudes básicas

"A ÚNICA MANEIRA DE DESCOBRIR OS LIMITES DO POSSÍVEL É IR ALÉM DELES, ATÉ O IMPOSSÍVEL."
ARTHUR C. CLARKE

Uma das formas mais poderosas pela qual a categorização nos afeta é o modo como pensamos em nossas atividades, nas coisas que *fazemos*. Na solução de um problema, faz enorme diferença o fato de pensarmos em *lutar* contra ele ou *dançar* com ele, *atacá-lo* ou pensar nele como *desafiador*. A categorização pode tornar qualquer processo difícil, desagradável e árduo, enquanto outra descrição pode torná-lo uma aventura excitante. Você não gostaria de ser capaz de escolher o seu modo de atuação no mundo?

Qualificadores cognitivos

Felizmente, John McWhirter descreveu um exemplo fascinante e sutil de como a mente pode ser previamente preparada para responder de determinada maneira que, infelizmente, outras pessoas não notaram antes. Um "qualificador cognitivo" é um advérbio de "comentário" que surge no início de uma sentença ou frase e se refere a um estado emocional ou cognitivo, como as palavras "felizmente" e "infelizmente" na sentença anterior. Um qualificador cognitivo categoriza a sentença e prepara a mente para responder de uma determinada maneira à abrangência de experiência indicada pelas palavras seguintes.

Para experimentar esse efeito agora, pense numa frase comum que descreve uma abrangência de experiência simples, como "A árvore verde está em pé sob a luz do sol" ou "Estou segurando este livro na mão". Imagine-se dizendo essa frase para si mesmo com os olhos fechados e então pare para observar sua experiência como uma experiência de "referência" a ser comparada com as alternativas a seguir.

Agora, imagine-se dizendo, ainda de olhos fechados, exatamente a mesma frase, mas precedida pela palavra "infelizmente" ("Infelizmente, estou segurando este livro na mão"), e observe como isso muda sua experiência...

Então, diga a mesma frase, mas precedida pela palavra "felizmente" ("Felizmente, estou segurando este livro na mão"), e, novamente com os olhos fechados, preste atenção na sua experiência...

Os qualificadores cognitivos direcionam a mente, fazendo-a pensar numa experiência de um modo que é especificado pelo tipo de qualificador utilizado. Imagine como seria sua vida se você começasse cada frase e cada pensamento interno com a palavra "infelizmente" ou "lamentavelmente". Trata-se de uma maneira muito eficaz de ficar deprimido, e algumas pessoas fazem isso. Agora, imagine como seria sua vida se cada frase e pensamento fossem precedidos por "felizmente". Essa seria uma escolha muito mais proveitosa, e, mais uma vez, algumas pessoas realmente fazem isso.

É compreensível que você possa sentir certa incongruência em utilizar o qualificador "felizmente" para alguns eventos desagradáveis. "Infelizmente" e "alegremente" se referem a estados emocionais, e a maior parte das emoções é *avaliativa*, lidando com o agradável ou o desagradável, o positivo ou o negativo. Esses qualificadores avaliativos serão muitas vezes inadequados para o conteúdo de determinada experiência.

Interessantemente, há uma subcategoria de qualificadores que serve para *qualquer* conteúdo ou situação e eles *nunca* têm aspectos negativos ou desagradáveis. Curiosamente, todos eles descrevem um estado de aprendizagem ou de atenção. "Interessantemente", "surpreendentemente" e "curiosamente" nas duas frases anteriores são exemplos. Alguma coisa desagradável pode ser tão *interessante* quanto algo agradável, porque o estado de interesse ou fascinação é sempre positivo e bom. Provavelmente, você nunca ouviu ninguém se queixar de ser curioso. "Ah, senti essa horrível curiosidade ontem à noite. Foi terrível!"

Pelo fato de nunca terem estados negativos associados a eles, esses qualificadores cognitivos são realmente recursos universais, aplicáveis a *qualquer* experiência. Como prova disso, pense na gama de assuntos que fascina os cientistas. Alguns são bons e "limpos", como ótica ou física das partículas subatômicas, mas outros estudam aspectos dos excrementos e da decomposição fisiológica e doenças que a maior parte das pessoas consideraria repugnantes e desagradáveis. Mas até isso pode ser fascinante e interessante se alguém está aprendendo a seu respeito.

Felizmente, há outro grande benefício na utilização desse tipo de qualificador que vai muito além de apreciar um estado mais positivo. Trata-se também de um estado proveitoso e eficaz para começarmos a compreender, processar e solucionar qualquer problema ou dificuldade. Uma atitude de interesse ou fascinação é um excelente estado positivo de recursos para a aprendizagem e a mudança, pois redireciona a atenção da *avaliação* do problema ao interesse e a curiosidade a respeito de *como* o problema funciona – uma mudança para um nível lógico de categorização mais específico. Quando compreendemos a estrutura de um problema, o caminho para a solução normalmente torna-se claro.

Para um pequeno exemplo desse efeito, pense em alguma experiência de sua vida que você considera um problema ou dificuldade desagradável e descreva-a com uma frase simples, como "Detesto quando as pessoas não cumprem suas promessas". Primeiro, apenas diga essa frase para si mesmo com os olhos fechados e observe como experimenta isso internamente...

Agora, novamente com os olhos fechados, repita a mesma frase para si, mas *precedida* pela palavra "interessantemente" ou "curiosamente", e preste atenção em como isso muda sua experiência. "Interessantemente, detesto quando as pessoas não cumprem suas promessas"...

A maioria das pessoas experimenta mudanças sutis porém profundas à medida que a atenção é *afastada* da resposta emocional desagradável ao problema e dirigida para o interesse e curiosidade relaxados a respeito do problema em si e de *como* ele acontece – um estado de prontidão e ansiedade para aprender. Imagine como sua vida seria diferente se você abordasse cada problema com a atitude indicada por "interessantemente" ou "curiosamente".

Os qualificadores cognitivos são muito úteis ao recapitular informações que alguém acaba de lhe fornecer sobre um problema, para estar certo de ter compreendido a experiência dessa pessoa. Você pode repetir o que ela acabou de dizer ou fazer um resumo, começando com "interessantemente" ou algum outro qualificador relacionado com curiosidade e aprendizagem, e procurar as mudanças não-verbais indicadoras de que ela está pensando na experiência de maneira mais proveitosa.

Surpreendentemente, com um poderoso estado de interesse e curiosidade, muitos "problemas" desaparecem, pois a atenção voltada para o modo como são desagradáveis passa simplesmente a aprender como funcionam e o que é possível fazer para modificá-los. Mesmo quando o problema não desaparece, esse é um lugar muito melhor para começar a trabalhar em direção à compreensão e a uma solução.

Interessantemente, a idéia de que "a vida é uma escola em que temos lições para aprender" se trata de ensinamento muito antigo, sendo fundamental no budismo e em outras tradições místicas e espirituais. Não sei mesmo se isso é verdade ou não e pessoalmente tenho muitas dúvidas. Entretanto, essa é uma reorientação deveras poderosa para a vida de alguém como um todo, que facilita bastante lidar com os inevitáveis problemas, decepções e perdas da vida. Uma idéia essencial deste livro é de que a maioria, quando não todas, de nossas idéias e crenças age "como se" alguma coisa fosse verdade. Se agir *como se* fosse verdade que "a vida é uma escola" tornar a vida mais fácil e agradável para si mesmo e para os outros, por que não fazer isso?

John McWhirter também ressaltou um aspecto muito importante dos qualificadores cognitivos quando usados para acompanhar a experiência de outra pessoa. Eles criam um mundo *compartilhado* e universal, uma categoria que inclui *ambas* as pessoas. Se eu disser "Acho isso interessante" ou "Você acha isso interessante?", isso sugere uma separação ou diferença entre "eu" e "você". Mas quando digo "Interessantemente", isso estabelece uma categoria pressuposta, considerada garantida, e inclui-nos os dois. Experimentamos isso juntos e não há nenhuma separação entre o *self* e o outro que, em geral, muitas pessoas pressupõem. Essa maneira de criar um mundo compartilhado é muito mais fácil e efetiva do que apresentar comportamentos específicos para obter *"rapport"* com alguém, já que a idéia de *rapport* pressupõe a *diferença* que este transpõe. É mais ou menos como primeiro cavar um buraco para depois preenchê-lo.

Agora vamos explorar um tipo semelhante, porém ligeiramente diferente, de qualificador cognitivo eficaz. "Compreensivelmente, você chegaria a essa conclusão" direciona a atenção para a *conclusão* de um processo de curiosidade e aprendizagem. "Compreensivelmente" valida que é *razoável* ele ter chegado à sua conclusão. Ao mesmo tempo, "compreensivelmente" sugere que ele também poderia "compreensivelmente" ter chegado a uma conclusão diferente – outro exemplo de implicação do "modelo do mundo" discutido no capítulo 1. Quando alguém acha que sua conclusão é estranha ou incomum, essa declaração também pode *normalizá-la*, colocando-a numa categoria que poderia ser chamada de "normal" ou "lógica", mostrando-se compatível com sua experiência e também abrindo uma porta para outras possíveis compreensões. Isso é particularmente útil quando se quer concordar com alguém inflexível ou agressivo, como um primeiro movimento, seguido pela utilização do "interessantemente" para direcionar a atenção à forma como ele chegou à conclusão.

Operadores modais

Outra categoria de palavras funciona de maneira muito semelhante para modificar sua maneira de pensar em processos. Esses termos descrevem, especificam e criam um "modo de operação", *como* nos envolvemos em atividades. Existem quatro diferentes categorias de operadores modais; além disso, eu as dividi em duas categorias, com exemplos de palavras que indicam cada uma delas. Embora cada palavra em uma categoria tenha importantes significados diferentes, vou ignorá-los agora para focalizar aquilo que elas têm em comum.

Motivação As duas primeiras têm que ver com ser estimulado ou *motivado*.

a. Desejo: "desejar", "querer", "esperar", "ansiar" etc.

b. Necessidade: "necessitar", "ter de", "dever", "precisar" etc.

Opções As duas seguintes se referem às *opções* para satisfazer nossa motivação.

c. Possibilidade: "poder", "ser capaz de", "possível" etc.

d. Escolha: "escolher", "selecionar", "decidir" etc.

O *desejo* e/ou a *necessidade* nos estimulam a agir e a mudar, enquanto a *possibilidade* e a *escolha* permitem a mudança. Para perceber como eles mudam sua experiência, pense em qualquer atividade simples emocionalmente neutra que você poderia realmente executar no momento presente e descreva-a em uma frase curta, como "olhar pela janela", "ouvir os sons ao redor" ou "sentir como a roupa toca o corpo".

Na seqüência, diga as frases seguintes para si mesmo, uma por vez, e pare para perceber a experiência de cada uma delas. Observe como a abrangência da experiência muda, tanto externa quanto internamente, a cada frase. Note para onde vai sua atenção e como você se sente. Se essas diferenças não ficarem imediatamente claras, tente alternar entre duas frases a fim de observar com mais facilidade o contraste entre elas.

"Eu quero – (olhar pela janela)." ...

"Eu tenho de – (olhar pela janela)." ...

"Eu posso – (olhar pela janela)." ...

"Eu escolho – (olhar pela janela)." ...

Embora diferentes pessoas tenham experiências um pouco distintas (e não importa o que você tenha sentido nesse rápido exercício, é isso que é verdade para *você*), apresentarei algumas generalizações amplas.

Tanto o desejo quanto a necessidade atraem a atenção para a maneira como me sinto no presente. No *desejo*, sinto-me *atraído* para a atividade, com uma sensação de prazer e antecipação. Como o desejo é uma categoria que contém diversas atividades muito agradáveis, quando penso em desejar alguma coisa neutra ou comum que não é particularmente agradável em si mesma, ainda sinto prazer devido à abrangência categórica agregada.

Na *necessidade*, sou *empurrado* por trás na direção da atividade, em geral com uma sensação de tensão ou resistência, um sentimento de não querer realizá-la. Como muitas coisas que você *precisa* fazer são desagradáveis, permanecerá uma sensação de desconforto mesmo ao considerar o fato de precisar fazer algo neutro.

A possibilidade e a escolha são um pouco diferentes, embora ambas atraiam a atenção para o futuro. "Posso" direciona minha atenção para uma *possibilidade*, em geral com uma sensação boa de liberdade e receptividade a todas as outras possibilidades na categoria. "O que *mais* eu poderia fazer além de olhar pela janela?"

A "escolha" pressupõe possibilidades alternativas, contudo focaliza mais a experiência interna de ter o poder para *selecionar* entre elas, proporcionando uma sensação positiva de eficiência e envolvimento.

A possibilidade e a escolha dão às pessoas uma forte sensação de influência, de ser capaz de dirigir positivamente a própria vida a fim de satisfazer suas necessidades e desejos, incluindo a habilidade para escolher *não* satisfazê-las ao prever conseqüências futuras que querem evitar. Essa habilidade é muitas vezes chamada de "vontade" ou "força de vontade".

Variedade de intensidade Todas essas categorias costumam ser consideradas uma distinção digital ou/ou: "preciso/não preciso", "quero/não quero", "possível/impossível", "escolha/não escolha", e às vezes isso realmente procede. Contudo, cada categoria inclui diferentes palavras que indicam experiências um pouco diferentes, que variam dentro de uma extensão análoga. Além das palavras usadas em cada categoria, a ênfase não-verbal e a entonação também podem indicar o grau de intensidade. "Eu PRECISO fazer isso!" é muito diferente de dizer, com voz suave, "Eu preciso fazer isso". Esse dizer, com aspecto não-verbal freqüentemente comunica muito mais sobre a experiência de alguém do que apenas as palavras.

    a. No caso da *necessidade*, há uma diferença definida entre "ter de", "dever" ou "absolutamente precisar". Muitas pessoas acham que "deveriam" fazer coisas que raramente ou nunca fazem de fato, portanto algumas "necessidades" precisam ser consideravelmente menos do que absolutas.

b. O *desejo* tem a variedade mais ampla de intensidade, indo de uma preferência ou inclinação muito leve até o desejo irrefreável!

c. A *possibilidade* varia dentro de uma extensão análoga muito ampla, desde muito provavelmente (quase certo) para muito improvavelmente (improvável, mas ainda possível).

d. Às vezes, a *escolha* ocorre aparentemente entre apenas duas alternativas, porém isso costuma acontecer porque não percebemos a extensão mais ampla das opções disponíveis. Geralmente há muitas escolhas, uma multiplicidade de opções, não somente *qual* alternativa, mas *o que* fazer, *como* fazer, *onde* fazer, com *quem* fazer e *por que* fazer.

Incongruência seqüencial inerente Todos os operadores modais expressam aquilo que é chamado de situação *contrafactual*, isto é, todos eles indicam uma situação que não existe no momento, mas que pode ser *imaginada* ocorrendo no futuro – portanto, sempre indicam incongruência *seqüencial*.

Por exemplo, se você *precisa*, isso significa que ainda *não fez*. Se já tivesse feito, não precisaria fazer. Mesmo no tempo passado, "eu precisava" expressa a situação no momento de precisar fazer, não um momento posterior. Inclusive em uma atividade que alguém precisa fazer repetidamente, como respirar, o que você *precisa* é da inspiração seguinte, não da anterior.

Da mesma maneira, se você *deseja* alguma coisa, ainda não a tem. Se já a tivesse, poderia *apreciá-la* ou *desfrutá-la*, mas não *desejá-la.*

Se alguma coisa é *possível*, isso significa que ela é potencial, mas não real. Já fiz muitas piadas sobre o "movimento potencial humano", afirmando que era todo potencial e muito pouco movimento – e um pouco dele não era nem muito humano! "Eu posso fazer isso" é muito diferente de "Eu fiz isso". Naturalmente, ter feito alguma coisa é uma base poderosa para presumir que sou capaz de fazê-la no futuro. É por isso que ajuda muito colocar no passado a lembrança de uma nova mudança, para que seja experimentada como se *já* tivesse acontecido.

No momento de *escolher*, a atividade escolhida ainda não aconteceu. Mesmo o fato de escolher entre coisas – e não atividades – indica algum tipo de atividade com relação a elas. Na escolha sempre há uma incongruência adicional, na medida em que somos simultaneamente atraídos (e/ou empurrados) na direção de duas ou mais alternativas. Quando escolho uma delas, a outra é abandonada e quaisquer benefícios que esta poderia ter oferecido precisam continuar insatisfeitos (pelo menos temporariamente), criando incongruência adicional.

Portanto, sempre que alguém usa um operador modal, você pode ter certeza de que existe algum tipo de incongruência inerente. Às vezes, ela ficará clara desde o início; em outras, você talvez precise fazer algumas perguntas para esclarecer como *essa* pessoa a experimenta.

Ligação do operador modal Por se tratar de um verbo que modifica processos, o operador modal é sempre seguido de outro verbo. "Eu *preciso trabalhar*." "Eu *posso me tornar* um sucesso." Ele modifica *como* você realiza uma atividade, funcionando como um advérbio. Um advérbio comum algumas vezes precede o processo que é modificado (como fazem os qualificadores cognitivos) e em outras vem depois dele. Contudo, um operador modal sempre *precede* uma atividade e isso fortalece sua influência. Como um qualificador cognitivo, ele estabelece uma posição ou atitude *antes* de o processo ou atividade específica ser mencionada.

É comum se dizer simplesmente "Eu posso" ou "Eu quero", sem especificar a atividade, pois isso é feito pelo contexto ou por uma comunicação anterior. Por isso, é muito fácil *generalizar* o "Eu posso" para uma ampla variedade de diferentes experiências. Algumas pessoas experimentam a maior parte de sua vida como "Eu posso", uma atitude geral. Essa atitude é bastante proveitosa quando enfrentamos dificuldades ou decepções que precisam de uma solução dos problemas, enquanto seu oposto "Eu não posso" é bem menos eficaz. Como disse Henry Ford: "Quer você pense que pode ou que não pode, geralmente você está certo".

Negações de operadores modais Quando negamos um operador modal, a experiência é muito diferente e eu gostaria que você experimentasse um pouco disso antes de continuar. Novamente, pense em qualquer atividade simples e emocionalmente neutra que você de fato poderia realizar no momento presente e descreva-a em uma frase curta, como "olhar pela janela". Diga as frases a seguir para si mesmo, uma por vez, e pare para perceber sua experiência de cada uma delas. Note como sua experiência muda, tanto externa quanto internamente, com cada frase. Observe, em particular, para onde vai sua atenção e como você se sente. Se essas diferenças não ficarem imediatamente claras, tente alternar entre duas frases a fim de observar mais facilmente o contraste entre elas.

"Eu não quero – (olhar pela janela)." ...

"Eu não tenho de – (olhar pela janela)." ...

"Eu não posso – (olhar pela janela)". ...

"Eu não escolho – (olhar pela janela)." ...

Como exploramos no capítulo 2, a negação não é simplesmente a ausência de experiência; ela sempre estabelece uma *oposição* entre duas abrangências de experiência. Na negação do desejo, sentimo-nos puxados na direção do objeto de desejo e então nos afastamos, e o mesmo tipo de oposição ocorre nas outras negações. "Ter de" nos empurra por trás e "não" nos empurra para trás. "Poder" abre possibilidades e "não" as elimina. "Escolher" proporciona uma sensação de poder e "não" afasta-a de nós.

Sempre que negamos um operador modal, experimentamos uma oposição ou incongruência entre duas forças opostas. Essa incongruência é mais forte do que a incongruência inerente mencionada anteriormente entre a declaração contrafactual e aquilo que ela indica.

Incongruência não-verbal Com freqüência, a resposta não-verbal será congruente com o operador modal utilizado. Por exemplo, alguém poderia dizer "Eu posso fazer isso" e toda sua linguagem corporal expressar confiança e habilidade. Quando as mensagens não-verbais apóiam a mensagem verbal, em geral não há nenhum problema ou equívoco.

Outra pessoa poderia dizer as mesmas palavras, mas sua linguagem corporal indicar incerteza, dúvida ou até mesmo o oposto, incapacidade e derrota, expressando não-verbalmente "Eu não posso". Essa incongruência é *seqüencial* ou *simultânea*. Se alguém diz "Eu posso fazer isso" em um tom de voz queixoso e com os ombros caídos, esse é um exemplo de incongruência *simultânea*, porque ambas as mensagens ocorrem na mesma abrangência de tempo. Se o mesmo tipo de mensagens não-verbais precede ou vem depois da mensagem verbal, trata-se de uma incongruência *seqüencial*, já que a mensagem não-verbal ocorre em uma abrangência de tempo diferente.

Um exercício de treinamento pode sensibilizar os instrutores *tanto* para os operadores modais verbais *quanto* para os não-verbais. Em grupos de três, uma pessoa diz uma frase usando um tipo de operador modal *verbalmente* e então, *seqüencialmente*, demonstra um tipo diferente de operador modal *não-verbalmente*. O operador modal não-verbal é muitas vezes uma negação do verbal, mas pode apenas modificá-lo ou qualificá-lo. Por exemplo, a afirmação "Eu vou *decidir* isso" seguida por costas rígidas e o corpo se movimentando um pouco para trás talvez indique o oposto, "Eu não vou". "Eu *gostaria* de fazer isso" seguida por pequenos movimentos da parte superior do torso para a frente e para trás ou por um gesto vago com a mão indicaria falta de confiança na habilidade para realizar o desejo, "Eu não tenho certeza se posso fazer isso". Um dos demais membros do trio identifica o operador modal *verbal* e o outro identifica o operador modal *não-verbal*. A troca de posições permite que todos experimentem cada uma das tarefas: gerando a incongruência e identificando os operadores modais verbais e não-verbais.

Então, repete-se o mesmo exercício com um dos integrantes dizendo uma frase usando uma categoria de operador modal diferente, enquanto *simultaneamente* demonstra uma categoria diferente de operador modal não-verbalmente. Novamente, as outras duas pessoas no exercício identificam os operadores modais verbais e não-verbais e trocam de posições. No próximo passo, cada um dos outros identifica o operador modal verbal *bem como* o não-verbal.

Finalmente, esses exercícios podem ser combinados, fazendo uma pessoa expressar a incongruência não-verbal simultânea ou a seqüencial, ou *ambas*. Cada um dos outros membros do trio identifica todas as mensagens enviadas e se elas são simultâneas ou seqüenciais.

Por termos muito mais controle consciente sobre o comportamento verbal, com freqüência as mensagens não-verbais são menos conscientes, podendo ser até totalmente inconscientes. A sensibilidade aos indicadores não-verbais que acompanham os operadores modais proporcionam muito mais informações confiáveis a respeito da experiência de outra pessoa. Como John Grinder costumava dizer: "Todas as palavras devem ser consideradas um boato sem fundamento a menos que sejam confirmadas pelo comportamento não-verbal".

Hierarquia As quatro diferentes categorias do operador modal não ocorrem no mesmo nível lógico. A escolha e a necessidade *pressupõem* possibilidade, uma categoria maior. É ridículo dizer que uma pessoa pode *escolher* ou *precisa fazer* alguma coisa que é, na verdade, *impossível* para ela, uma contradição lógica.

Entretanto, o desejo *não* pressupõe possibilidade; apenas a *satisfação* do desejo o faz. É muito comum desejarmos coisas que não são possíveis – pelo menos não naquele momento, no contexto presente ou com o conhecimento e tecnologia atualmente disponíveis. Apenas *algumas* das experiências que desejamos integram a categoria da possibilidade. Esse fato é fonte de grande parte da infelicidade humana, uma vez que desejar algo que não é possível pode se mostrar muito desagradável e frustrante. Posso desejar e imaginar um mundo sem violência e guerras, mas o mundo real é um pouco diferente. Contudo, a discrepância entre desejo e possibilidade também é fonte do progresso humano, pois nos motiva a buscar e descobrir maneiras para fazer aquilo que anteriormente não era possível. Diagramamos esses relacionamentos lógicos entre os quatro operadores modais usando o diagrama de Venn:

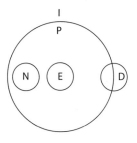

Cada círculo em um diagrama de Venn inclui exemplos positivos de uma categoria *dentro* do círculo, com os exemplos negativos localizados *fora* dele. Por exemplo, o grande círculo (P) inclui tudo que é possível para alguém, enquanto qualquer coisa fora dele é impossível (I). Os círculos menores, representando aquilo que alguém experimenta como necessidade (N) e escolha (E), encontram-se totalmente inclusos no círculo maior P, mostrando que se pode escolher ou precisar fazer apenas o que é possível. Entretanto, o círculo menor para desejo (D) está apenas parcialmente incluso no círculo grande de possibilidade, indicando que se pode desejar algo que não é possível bem como o que é possível.

Agora, como podemos usar esse diagrama? Qualquer área deve ser compreendida em função de quais círculos a incluem e quais não. Por exemplo, a área *dentro* de P (possibilidade), porém *fora* de N (necessidade), E (escolha) e D (desejo) indicam todos os eventos que são *possíveis*, mas que a pessoa não experimenta como *escolha*, *necessidade* ou *desejo*. Há muitas escolhas à minha disposição nas quais nunca penso e, por nem mesmo pensar nelas, certamente não as escolho, não as desejo nem sinto que preciso fazer qualquer uma delas.

Falando de modo geral, a necessidade, *precisar* fazer alguma coisa, priva a pessoa do poder porque a faz sentir como se tivesse pouca escolha para satisfazer seus desejos. Todos nós escolhemos em uma variedade *bastante* pequena daquilo que é realmente possível – sempre há *muitas* escolhas nas quais nem mesmo pensamos ou usamos. Perceber que diversas outras escolhas estão à nossa disposição amplia as possibilidades, mesmo se não quisermos nem escolhermos a maioria delas.

A variação do tamanho de qualquer círculo serve para indicar quanto da experiência de alguém se encontra dentro desse círculo. Por exemplo, a experiência de alguém que se caracteriza principalmente pela necessidade, com pouca escolha e cujos desejos são principalmente percebidos como impossíveis, poderia ser diagramada assim:

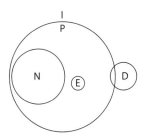

Quando alguém "precisa" fazer alguma coisa desagradável, com freqüência se sente uma "vítima" impotente devido à falta de escolhas. Se alguns desses "preciso" forem recategorizados como escolhas, isso lhe dará força. Algumas coisas como respirar e comer são, enquanto vivermos, verdadeiramente do tipo "preciso" e, em algum ponto, verdadeiramente precisamos morrer (pelo menos nesse mundo material).

Entretanto, muitas outras coisas que as pessoas acreditam *precisar* fazer (trabalhar, pagar impostos, ser boas com a vovó etc.) não são "preciso" inevitáveis. Qualquer um pode *não* trabalhar, *não* pagar impostos ou *não* ser bom com a vovó; de fato, é uma questão de *escolher* realizar essas atividades porque isso é mais agradável (ou menos desagradável) do que as conseqüências de não realizá-las. A pergunta do metamodelo da PNL "O que aconteceria se você fizesse (ou não fizesse)?" serve para demonstrar que alguém está mesmo *escolhendo* entre alternativas e *poderia* escolher de outra maneira. Embora com freqüência se trate de uma escolha entre alternativas desagradáveis, é melhor do que pensar que não há escolhas.

Muitas vezes, as conseqüências de fazer (ou não fazer) alguma coisa não foram realmente examinadas para descobrir o quanto ela seria desagradável. Alguns exageram demais as conseqüências na imaginação, o que Fritz Perls costumava chamar de "catastrofizar". Ao examinar essas conseqüências, em geral as pessoas descobrem que muitas delas não são desastres, apenas inconveniências, mas pensar nelas como desastres inaceitáveis diminuiu a percepção da escolha.

Em uma sessão com Virginia Satir, Linda, uma mulher que era hostil com a mãe, diz:

> *Linda: [...] sinto que se eu dissesse algumas das coisas que realmente quero dizer a ela (sua voz treme) – tanto as dolorosas quanto as maravilhosas – esse tipo de coisa...*
>
> *Virginia (concordando): Sim, ela choraria.*
>
> *Linda: Porque isso libertaria toda essa emoção nela, porque nunca a vi chorar em toda a minha vida, você sabe, esse tipo de coisa.*

Virginia: E, se ela fosse chorar, você poderia trazer uma caixa de lencinhos? Essa é quase a única coisa que acontece quando as pessoas choram – elas têm lágrimas [...] Nunca vi um edifício explodir [...] E sempre acho que é uma coisa gentil, amorosa, trazer uma caixa de lencinhos.

(Andreas, 1991b, p. 87)

Expandir as alternativas com relação às coisas que eu acho que *preciso* fazer as transforma em *escolhas*, uma parte de muitas diferentes abordagens à mudança pessoal. Com uma variedade maior de escolhas, ficaria assim o diagrama da experiência de alguém:

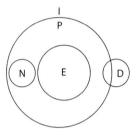

A fim de simplificar a apresentação desse diagrama, desenhei os círculos para escolha e desejo separadamente, mas isso é inexato. Em geral, escolhemos entre as opções à nossa disposição baseados no desejo, mesmo que o desejo seja minimizar o desconforto. (Algumas escolhas são basicamente escolhas "automáticas" aleatórias, porque não sabemos de qual gostaríamos mais ou a diferença entre as alternativas é tão pequena que não nos importa.) Portanto, os círculos para E e D deveriam estar *sobrepostos*, indicando que muitas de nossas escolhas baseiam-se no desejo de uma das alternativas à disposição, conforme mostrado a seguir.

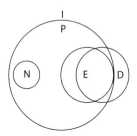

Observe que agora há duas pequenas áreas que indicam eventos que, embora desejados e possíveis, não são escolhidos – uma outra possibilidade fértil para exploração. Quais são algumas das coisas que você gostaria mas que não escolheu? E o que o impede de escolhê-las? Você pode ter excelentes razões para não optar por elas, como o fato de necessitarem de muito esforço ou porque interfeririam significativamente em outros desejos importantes. Contudo, vale a pena examiná-las para ter certeza de que isso é verdade. Outras vezes, as razões são bem menos válidas, como medo de uma rejeição momentânea ou pura preguiça, e você poderia aumentar muito seu prazer na vida ao escolhê-las.

Ao ouvir os operadores modais que uma pessoa usa para descrever os problemas e satisfações na vida, podemos ter uma idéia de quanto de sua experiência se encaixa em cada uma das áreas indicadas pelos círculos que se cruzam e usar um diagrama a fim de demonstrar isso de maneira simples. A análise do diagrama indica que tipos de mudanças seriam proveitosas para determinada pessoa – estejam ou não diretamente relacionadas a um problema específico que a preocupa.

Quando percebemos que realmente *escolhemos* fazer alguma coisa que pensávamos *precisar* fazer, o próximo passo é escolher fazê-la de maneira que possamos *apreciá*-la, movendo-a para a sobreposição entre os círculos de escolha e desejo. Assim que nos envolvemos em uma tarefa desagradável, normalmente é possível encontrar um jeito de gostar dela. Às vezes, podemos combinar uma tarefa desagradável com outra agradável, ou modificar a desagradável para que seja mais divertida, ou até mesmo combinar duas tarefas desagradáveis e nos sentir bem por realizar ambas no mesmo período de tempo. Essa manhã, tive de esperar meia hora por um guincho, algo que a maioria das pessoas não acharia particularmente agradável. Perguntei-me como poderia usar o tempo e decidi lavar o carro, algo que raramente encontro tempo para fazer. Senti-me bem por fazer aquilo e também contente por empregar bem o tempo que talvez gastasse não fazendo nada ou ficando zangado por "precisar" desperdiçar meu tempo.

No mínimo, *sempre* é bom imaginar, enquanto realizamos uma tarefa desagradável, como nos sentiremos bem quando ela estiver *terminada*, assim como imaginar todas as coisas divertidas que há para fazer *depois* que ela acabar. Podemos até mesmo dividir uma tarefa em abrangências menores e ter uma pequena sensação de realização ao completar *cada* uma dessas pequenas abrangências – um gostinho da sensação boa que virá assim que toda a tarefa estiver terminada. Essas mudanças em abrangência e categoria ajudam a tornar a tarefa muito mais fácil, ao mesmo tempo nos motivando a terminá-la. As pessoas que são boas para executar coisas desagradáveis usam naturalmente todos esses métodos, mas para as outras, que não aprenderam a fazer isso, é bastante proveitoso aprender essa habilidade.

Um diagrama de Venn como esse também informa e direciona suas escolhas ao oferecer mudanças para os outros. O diagrama mostra que a categoria de escolha está inteiramente dentro do círculo de possibilidade. Não há sobreposição entre a escolha e a *im*possibilidade. Você realmente não pode escolher o que é impossível. Você pode desejar alguma coisa impossível e tentar aprender como torná-la possível, mas enquanto ela ainda é impossível, você não pode escolhê-la.

Apesar disso, muitas pessoas são torturadas pelo pensamento de que *deveriam fazer* ou *escolher* algo que realmente *não é possível* – pelo menos nesse momento, com os recursos que elas têm à disposição. Simplesmente mostrar essa contradição intelectualmente lógica não costuma ser muito efetivo. Mas criar uma *experiência* da contradição às vezes é bastante libertador, como aqueles que já a experimentaram podem verificar.

Digamos que uma pessoa pense que *deveria* ser capaz de parar de beber. Primeiro, acompanhe o "deveria" e até mesmo fortaleça-o: "Portanto, você *realmente* acredita que *deveria* parar de beber", juntando todas as razões pelas quais ela *deveria* – as despesas, os efeitos prejudiciais nos relacionamentos, trabalho, saúde etc.

Então, após uma rápida pausa ou distração, dedique algum tempo a determinar que, para ela, é *impossível* parar, criando uma categoria que inclua *todas* as evidências de cada uma das formas que ela tentou e que falharam no decorrer dos anos. "Você tentou parar várias vezes, usando muitas diferentes abordagens e em todas elas você fracassou."

Depois dessa preparação completa, junte as duas em uma frase curta perguntando: "Como você acha que *deveria* parar, se *na verdade sabe* que *não pode*?" Se a preparação foi feita de maneira precisa, essa é uma das vezes em que você pode ver diversas expressões faciais muito interessantes. Quando essas duas categorias contraditórias se juntam na experiência de uma pessoa, a contradição torna-se visível e o "deveria" (e a resultante autotortura) desaparece.

Naturalmente, o problema da bebida ainda existe, mas *agora* abordado de maneira *muito* diferente, a partir da categoria do *desejo*, que *é* compatível com a incapacidade. "OK, você sabe que não foi capaz de parar. Você *gostaria* de ser capaz de parar? Se quiser, podemos trabalhar e criar as habilidades para tornar isso possível." Isso será muito mais eficaz do que tentar lutar contra o problema enquanto o conflito entre o "deveria" e o "não posso" não está reconhecido e solucionado. A falsa crença de que ela *poderia* parar de beber a impede de aprender *como* fazer isso. Quando ela percebe que *não pode*, fica muito claro que realmente *precisa* aprender como.

Curiosamente, um dos principais conceitos nos Alcoólicos Anônimos afirma que a pessoa precisa reconhecer sua *incapacidade* em controlar a bebida para usar melhor o programa. Os criadores do AA precisaram descobrir isso por meio da amarga experiência pessoal; o diagrama de Venn mostra que isso *deve* ser assim, um exemplo da aplicação dessas compreensões.

Uma maneira diferente para usar esse diagrama é mudá-lo arbitrariamente, notar que tipo de categorias sobrepostas isso cria, decidir se é ou não possível e quais seriam as conseqüências dessa mudança. Por exemplo, poderíamos incluir o círculo para necessidade completamente dentro dos círculos para escolha e desejo (conforme mostrado a seguir) e explorar como seria.

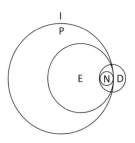

O círculo para necessidade colocado nesse local indica que alguém *escolheria* e *desejaria* tudo que *precisa* fazer. Isso é possível? A maior parte das pessoas provavelmente diria "não". Todavia, em muitas tradições místicas e espirituais, a iluminação ou santidade abarca a idéia de receber e aceitar *todos* os eventos da vida, inclusive os que são inevitáveis e desagradáveis, numa *atitude* de escolher e desejar o inevitável. Um lógico poderia dizer que isso é contraditório, e talvez seja. Mas isso não impede que algumas pessoas melhorem bastante sua vida adotando essa atitude.

Por exemplo, muitos rejeitam e lutam contra a idéia da morte pessoal, como no poema de Dylan Thomas: "Não vá suavemente para esse adeus. Esbraveje, esbraveje contra a morte da luz". Se alguma coisa é verdadeiramente inevitável, como sua vida melhoraria lutando contra ela? Isso é *certamente* ilógico e desperdiça o tempo que poderia ser gasto aproveitando qualquer momento e oportunidade à sua disposição. *Se* a vida é valiosa, o tempo, a atenção e a emoção gastos "esbravejando" seriam mais bem utilizados em atividades mais agradáveis. E, se a vida *não é* valiosa, então a morte não é um problema contra o qual esbravejar!

Há diversas outras maneiras de se redesenhar esse diagrama de Venn das categorias do operador modal. Cada uma delas mostra possibilidades ou impossibilidades e ambas servem para compreender como alguém experimenta a vida e como lhe oferecer novas escolhas ao categorizar suas experiências. Se você reservar algum tempo para desenhar os círculos nesse diagrama de maneira diferente e explorar as conseqüências de cada arranjo, pode aprender ainda mais sobre os operadores modais e o modo de utilizá-los.

Seqüências de operadores modais Como todo operador modal é um verbo que modifica um segundo verbo, este *também* pode ser um operador modal, proporcionando ainda mais escolhas. "Eu preciso escolher" é bem diferente de "Eu quero escolher" ou "Eu posso escolher". O último exemplo é um pouco redundante, já que escolher pressupõe possibilidade, mas mesmo assim reforça a percepção da pessoa a respeito de sua capacidade. "Eu escolho escolher" é ainda mais redundante, embora haja uma sutil diferença entre "Eu escolho escolher", que apresenta dois níveis lógicos, e simplesmente "Eu escolho", que tem apenas um.

Muitas vezes, queremos desejar alguma coisa por saber que isso nos beneficiará mais tarde. E às vezes desejamos *não* desejar algo, quando prevemos conseqüências desagradáveis a essa vontade. Por exemplo, "Eu gostaria de desejar comer menos" ou "Eu gostaria de não gostar tanto de comida" são declarações de que a pessoa não experimenta o desejo no presente; quer os *resultados* no futuro se realmente não desejasse no presente. Trata-se de um conflito entre a abrangência estreita do presente (satisfazer a fome e o sabor gostoso do alimento) e uma abrangência muito maior que inclui o futuro (ser magro, atraente e saudável).

Quando se experimenta uma abrangência futura total e compulsivamente, isso pode dar origem ao desejo no presente. Há diversas maneiras de criar esse tipo de futuro. Um exemplo consiste em ajustar a linha do tempo de uma pessoa para dar mais destaque aos eventos futuros, movendo-os do local atrás dela em seu espaço pessoal para algum lugar à sua frente. Outras submodalidades ajudam a tornar as imagens do futuro mais visíveis e destacadas, evocando o comportamento desejado (Andreas e Andreas, 1991, capítulo 1).

Por exemplo, eu quase sempre esquecia de pegar a correspondência na caixa do correio e apenas criar uma imagem da caixa do correio quando eu chegava na entrada de nossa casa não era eficaz para me ajudar a lembrar. Então reservei alguns minutos para criar um curta-metragem da caixa do correio ficando vermelha, rapidamente aumentando de tamanho até alcançar mais ou menos do tamanho de um carro pequeno e explodir. A partir daí, passei a me lembrar sempre de pegar a correspondência – e toda vez também aprecio meu pequeno filme da caixa de correio vermelha explodindo.

As pessoas usam muito determinadas combinações de operadores modais como "Eu quero ser capaz", ou "Eu preciso escolher" ou "Eu talvez tenha de". Entretanto, há *diversas* outras combinações raramente ou nunca empregadas, como "Eu não posso querer" ou "Eu escolho querer", e algumas delas proporcionam grande poder. O reconhecimento dessas possibilidades é um primeiro passo muito importante para aumentar as escolhas.

Com quatro categorias de operadores modais, se considerarmos apenas *uma* palavra de cada categoria e incluirmos suas negações, há 56 possibilidades para essas ligações. Algumas delas são um pouco repetitivas e redundantes ("escolher escolher" e "escolher não escolher"), enquanto outras ("não escolher não escolher") não são lá muito úteis. Contudo, a maioria de nós não explorou todas as alternativas para *descobrir* quais são úteis e quais não são. Experimentar possibilidades não utilizadas costuma acrescentar várias escolhas. Pode ser bem interessante tentá-las todas sistematicamente, para descobrir como cada uma modifica sua experiência. Escolha uma palavra de uma das categorias a seguir e então coloque depois dela uma palavra de cada uma das outras categorias.

Possibilidade: "poder", "ser capaz de", "possível" etc.
Escolha: "escolher", "selecionar", "decidir" etc.
Desejo: "desejar", "querer", "esperar", "ansiar" etc.
Necessidade: "necessitar", "precisar", "dever", "ter de" etc.

Por exemplo, se você começar com "poder" da primeira categoria e acrescentar depois dela cada uma das palavras das outras categorias sucessivamente, obterá: "Eu posso escolher", "Eu posso selecionar", "Eu posso decidir" etc., notando como cada uma delas muda sua experiência. Algumas dessas diferenças serão bastante óbvias, como entre "Eu posso escolher" e "Eu posso querer". Já outras serão mais sutis, como a diferença entre "Eu posso selecionar", que enfatiza a escolha entre alternativas, e "Eu posso decidir", que envolve a decisão que vem depois da escolha.

À medida que você tenta essas diferentes combinações, algumas parecerão familiares, enquanto outras causarão estranheza e desconforto, indicando que você raramente ou nunca as utiliza. Certas seqüências incomuns serão redundantes, como "Eu preciso precisar"; outras se mostrarão desagradáveis ou improdutivas, como "Eu preciso desejar" ou "Eu preciso querer", que limitam suas escolhas. Experimentá-las ajuda apenas a sensibilizá-lo para a maneira como os outros limitam a si mesmos.

Outras seqüências incomuns têm real potencial para ampliar suas escolhas, e vale a pena reservar algum tempo para explorá-las melhor. Qual é sua experiência ao dizer "Eu escolho desejar"? Quais as situações em que já usou essa seqüência? Onde mais seria proveitoso aplicá-la? Se não conseguir pensar em nenhuma, então a sua negação "Eu não posso escolher desejar" deve ser verdadeira – uma limitação que é importante explorar. Em um relacionamento, por exemplo, costuma ser de grande valia a capacidade de escolher desejar alguma coisa que o parceiro deseja, solucionando dessa maneira uma diferença sem importância, como um presente para ele e para o relacionamento. Como você poderia aprender a fazer isso?

Após percorrer toda a lista de palavras apresentada anteriormente, tente juntar todas as negações ("Eu não posso não escolher", "Eu não posso não desejar" etc.) e notar como você experimenta essas seqüências. Então, use uma palavra positiva da lista, seguida por uma negação. Você achará o tempo que passar fazendo isso interessante e bem recompensado, na medida em que ele expande sua sensibilidade para a maneira como os outros experimentam o seu mundo e aumenta sua flexibilidade.

Ligações "se–então" de operadores modais Também podemos ligar dois operadores modais seqüencialmente em uma cadeia de causa–efeito "se–então", que move sua experiência de uma categoria de operador modal para outra. Por exemplo, "Se eu tenho de fazer, não farei" é uma frase típica de muitos adolescentes – e de vários adultos que ainda não evoluíram dessa maneira imatura de afirmar sua independência. Embora algumas vezes uma ligação como essa esteja restrita a determinado conteúdo, ela pode facilmente se tornar uma maneira mais geral de responder a *qualquer* conteúdo.

Habitualmente, as pessoas usam algumas ligações com freqüência e outras bem raramente ou nunca – e diversas das ligações menos aproveitadas proporcionam bastante poder. Por exemplo, "Se escolho fazer, eu farei" ou "Se quero fazer, eu posso" são afirmações típicas de pessoas que realizam muitas coisas. "Se eu preciso fazer, posso querer fazer" é outra ligação bastante proveitosa que poucos utilizam. Já que você *precisa* fazer alguma coisa, pode muito bem encontrar uma maneira de torná-la agradável. Se alguma vez você já se surpreendeu gostando de uma tarefa que inicialmente não queria realizar, tem uma confirmação pessoal de que isso é possível. Logo, é apenas uma questão de descobrir *como* fez isso espontaneamente e escolher fazer a mesma coisa *intencional* e *deliberadamente*.

Se você não consegue lembrar de uma época na qual encontrou uma forma de apreciar algo que *precisava* fazer, como poderia chegar lá? Uma das maneiras é focalizar os benefícios de realizar essa coisa. Pensar no prazer de outrem quando ela estiver terminada é outra. Transforme-a em um desafio às suas habilidades ou em uma oportunidade para ser criativo. E há muitas outras maneiras para expandir a abrangência de sua experiência.

Se você gostaria de ter mais facilidade para reconhecer o impacto dessas ligações, faça este pequeno exercício de descoberta. Como você preencheria os espaços em branco nas frases seguintes?

"Se posso fazer, eu _____."

"Se escolho fazer, eu _____."

"Se quero fazer, eu _____."

"Se tenho de fazer, eu _____."

Na seqüência, responda às frases em que os mesmos operadores modais são negados:

"Se não posso fazer, eu _____."

"Se não escolho fazer, eu _____."

"Se não quero fazer, eu _____."

"Se não tenho de fazer, eu _____."

Então, responda a diferentes palavras dentro de uma categoria simples de operador modal e note as diferenças entre elas, que lhe pedi para ignorar anteriormente. Construa frases incompletas similares usando todas as diferentes palavras que expressam desejo: "Se quero fazer, _____"; "Se desejo fazer, _____"; "Se espero fazer, _____"; "Se anseio fazer, _____". Embora diferentes pessoas tenham significados um pouco diferentes para as palavras, desejar e esperar são mais fracas, mais passivas e têm menor probabilidade de levar a algum tipo de ação. Ansiar é um pouco mais forte e querer tem mais chance de resultar na ação para atingir um objetivo.

Seria muito fácil criar um simples teste escrito pedindo às pessoas para completar uma série de frases incompletas como essas. Então você poderia verificar as respostas em busca de padrões significativos e ligações limitadoras e usá-los como ponto de partida para propor mudanças.

Descobrir de que forma uma pessoa conecta os operadores modais oferece informações valiosas a respeito de como sua experiência é possibilitada ou limitada e que tipo de situações são problemáticas para ela. Por exemplo, "Se eu quero fazer, preciso fazer" resultará na criação de muitos desejos e isso pode provocar exaustão, mesmo quando as tentações não têm conseqüências desagradáveis no longo prazo. Mudar isso para "Se eu quero fazer, posso escolher não fazer" acrescenta escolha e algumas vezes tudo que você precisa fazer é mostrar a possibilidade. Como disse espantada uma jovem que estava exausta por fazer muitas coisas que gostava: "Você quer dizer que não *preciso* fazer todas as coisas que *quero* fazer?"

Uma vez que alguém com essa ligação se dedica àquilo que *quer*, você pode usar uma abrangência maior para efetuar um ajuste. Por exemplo, "Você não gosta de ficar tanto tempo correndo de uma coisa para outra sem conseguir dormir o suficiente. Você de fato *quer* ter mais tempo para dormir e relaxar, para aproveitar totalmente as coisas que decide fazer. Rejeitar algumas dessas atraentes oportunidades realmente o fará conseguir *mais* daquilo que você quer e aprecia."

Embora as ligações de dois operadores modais sejam mais freqüentes, a ligação de três deles não é incomum e são possíveis ainda mais ligações. Por exemplo, "Se eu não posso fazer, preciso não querer" levará a uma falta de motivação ao enfrentar novas tarefas que a pessoa ainda não aprendeu. Por outro lado, "Se eu preciso fazer, posso escolher querer" é particularmente interessante e fortalecedor. Com apenas uma palavra de cada uma das quatro categorias, há 512 possibilidades. Algumas delas são redundantes e muitas pouco úteis, porém a maioria de nós utiliza somente algumas das mais proveitosas.

É um alívio perceber que você não precisa memorizar todas essas possíveis ligações. Começando com o reconhecimento de sua grande importância e com um pouco de prática sistemática para sensibilizar suas percepções, você poderá simplesmente reconhecer uma ligação que outra pessoa emprega e tentar aplicá-la à própria experiência para descobrir como é e quais os resultados de sua utilização.

Casais e famílias Até agora, a discussão restringiu-se às ligações pessoais de operadores modais de outra pessoa. Quando os indivíduos interagem, suas seqüências se complementam ou entram em conflito, resultando num xeque-mate. Por exemplo, "Se eu quero fazer, posso" e "Se eu preciso fazer, farei" em geral formam uma boa parceria, pois uma é boa para ir atrás dos desejos e a outra para fazer o que precisa ser feito. No entanto, se uma delas tiver a ligação "Se eu preciso fazer, não posso" e a outra tiver o inverso "Se eu não posso fazer, preciso", elas dificilmente vão se entender!

Além disso, ao examinarmos duas pessoas em um relacionamento, descobriremos que muitas vezes existem ligações de causa e efeito *entre* elas. Se uma precisa de "Se eu não posso fazer, você precisa" e a outra de "Se eu preciso fazer, não farei", elas descobrirão que, sempre que a primeira não puder fazer algo e exigir que a outra o faça, a segunda terá de recusar, criando um xeque-mate. Esses tipos de interações de ligação são algumas das maneiras sistemáticas de resposta que com freqüência limitam as pessoas em falta de escolhas repetitivas e frustrantes, particularmente quando são gerais. Modificar essas ligações de operadores modais na terapia para casais ou na terapia familiar (quer os outros membros da família estejam ou não presentes) pode resultar no aumento das escolhas para se relacionar de formas mais proveitosas.

Mudando os operadores modais Assim como a maior parte dos comportamentos, um operador modal é tanto uma *expressão* de processamento interno quanto uma forma de mudá-lo. Fritz Perls gostava de pedir às pessoas para dizer "Eu não farei ____" em vez de "Eu não posso fazer _____", a fim de levá-las a começar a assumir mais responsabilidade em situações nas quais já vinham fazendo escolhas, mas pensando nelas como "obrigações". Na verdade, elas *podiam* escolher fazer algo diferente, mas *não* estavam dispostas devido ao significado ou às consequências. Afirmar "Eu não farei ____" pressupõe que eu *poderia* escolher diferente, abrindo a porta para a mudança.

Utilizar ocasionalmente um operador modal diferente rapidamente provoca uma mudança congruente na experiência ou na atitude. Todavia, o cliente experimentará mais freqüentemente a incongruência, dizendo uma coisa enquanto na realidade ainda acredita em outra. Mesmo assim, isso pode oferecer pelo menos um pequeno *vislumbre* de uma maneira de viver alternativa e uma forma de descobrir como seria se aquilo *fosse* verdade para ele. Geralmente, isso também evocará suas objeções para a utilização do novo operador modal, proporcionando informações valiosas a respeito dos outros aspectos de sua experiência que precisariam de atenção para alcançar uma mudança adequada e duradoura.

Por constituírem a base da maioria das importantes limitações pessoais, os operadores modais de necessidade e (im)possibilidade são os que recebem maior ênfase em muitos treinamentos de PNL. Muitas vezes, as pessoas se sentem imobilizadas e presas em uma armadilha pelas generalizações envolvendo os "eu preciso" e limitadas pelos "eu não posso" – e esses são os tipos de crenças limitadoras mais óbvias.

Como a habilidade para escolher entre possibilidades alternativas em alinhamento com nossas necessidades e desejos é fundamental para a sobrevivência e a felicidade, qualquer limitação ou redução na escolha limitará significativamente nossa habilidade para viver bem. Toda crença em nossas capacidades tem um operador modal nela e diversas limitações terão um operador modal de necessidade ou uma *negação* de outro operador modal.

Embora freqüentemente pouco enfatizados ou subestimados, os operadores modais de desejo e escolha são igualmente importantes, um reflexo de necessidade e impossibilidade. Por exemplo, é quase sempre desagradável experimentar um "eu preciso", pois *queremos* ter outras *escolhas* e isso pressupõe que elas são *possíveis*, isto é, "não é possível" e "eu preciso" são equivalentes a "não é *possível escolher* outras alternativas mais *desejadas*".

As diferenças na atitude reveladas pelos operadores modais também *eliciam* respostas enquanto falamos conosco internamente. Essa pode ser uma diferença crucial entre alguém que vive se sentindo como uma vítima fraca e impotente dos eventos e alguém que experimenta um mundo cheio de expectativas e oportunidades para satisfazer suas necessidades e desejos.

Como muitas vezes os operadores modais generalizam amplamente para vários aspectos da vida de alguém, sua mudança nos leva a trabalhar com uma categoria de experiência consideravelmente maior em lugar de com a abrangência de determinada limitação. Quaisquer mudanças tenderão a generalizar muito mais amplamente e a ter um impacto maior.

Se acredito que *não posso ou não devo* encontrar uma solução para um problema, seria tolice tentar. Mas se acredito que uma solução é *possível* e que tenho a *habilidade* para encontrá-la, isso é motivador. Muitos diferentes métodos de mudança, programas motivacionais e terapias expandem a possibilidade, e esse é o foco central explícito da Terapia da possibilidade, de Bill O'Hanlon (1999). Qualquer coisa que você possa fazer para dar às pessoas uma percepção de possibilidade e capacidade aumentará a chance de elas ficarem motivadas para solucionar seus problemas do próprio jeito, em alinhamento com seus interesses e valores.

Congruência total Raramente ou apenas por um curto período de tempo experimentamos a congruência total. Alguma outra necessidade ou interesse inevitavelmente atrai nossa atenção e novamente nos tornamos incongruentes. Apesar disso, eu gostaria que você pensasse num daqueles momentos abençoados em que você é totalmente congruente. Isso costuma ser chamado de "estado fluente" ou "desempenho máximo", no qual você está respondendo a eventos sem pensar neles de forma consciente, alegremente imerso no fluxo de sua experiência. Escolha uma dessas experiências e reserve alguns minutos para lembrá-la tão plenamente quanto puder...

Então, pergunte a si mesmo: "Que operador modal é adequado para descrever essa experiência?"...

Anteriormente, ressaltei que todos os operadores modais são contrafactuais, descrevendo aquilo que *não* está acontecendo no momento, estabelecendo uma situação de incongruência *inerente*, de modo que seria impossível utilizar qualquer operador modal em uma situação de congruência total. Quando você é totalmente congruente, não está usando nenhum operador modal, mas apenas *operando*, pura e simplesmente.

Ou, de outra forma, sua experiência poderia ser descrita utilizando *todos* os operadores modais ao mesmo tempo! Quando você é totalmente congruente, é *possível*, você *quer*, você *escolhe* e, paradoxalmente, você também *precisa*, porque realmente *não poderia* fazer outra coisa! É uma dessas experiências que os místicos têm descrito como "iluminada". Você aceita *toda* sua experiência, total e completamente. Não há conflito interno e "nada a se fazer" a não ser aquilo que você está fazendo no momento.

Curiosamente, algumas pessoas experimentaram o mesmo tipo de libertação bem-aventurada dos operadores modais quando confrontadas com aquilo que consideravam como morte certa. Durante uma revolução, um homem que conheço foi capturado, preso, atirado junto com outras pessoas em um caminhão, que partiu para um local que ele tinha certeza ser um local de execução. Ele "desistiu" totalmente e entrou num estado de total aceitação bem-aventurada no qual "não havia nada a ser feito" e, conseqüentemente, nenhum operador modal.

> **Resumo** Os *qualificadores cognitivos* avaliativos, como "infelizmente", "felizmente" etc., no início de uma frase criam uma atitude que modifica as palavras seguintes. Os qualificadores cognitivos relacionados à aprendizagem, como "interessantemente", "curiosamente" etc., só expressam estados positivos e sempre apóiam a solução de problemas.

Os *operadores modais* de *desejo* e *necessidade* indicam a motivação, aproximando-nos ou nos afastando de eventos, enquanto os operadores modais de *possibilidade* e *escolha* descrevem as opções para satisfazer essas necessidades e desejos. Embora freqüentemente considerados digitais, os operadores modais variam em intensidade, por exemplo, da possibilidade mais remota à quase certeza ou do leve desejo à necessidade intensa.

Todos os operadores modais descrevem uma situação contrafactual, diferente do que é verdade no momento, gerando uma *incongruência inerente*. Por exemplo, se você quer alguma coisa, isso significa que não a tem e, se alguma coisa é possível, ela não é real.

Os operadores modais estão sempre ligados a um verbo que vem a seguir, alternando a maneira *como* fazemos as coisas, criando um *modo* de operação que precede o conteúdo. Esse modo pode facilmente se separar de qualquer conteúdo ou contexto específico e tornar-se uma atitude ou orientação na vida mais geral, como "eu posso" ou "eu não posso".

A *negação* de um operador modal, como em "não quero" ou "não é possível", cria mais incongruência devido à incongruência seqüencial inerente à negação. Às vezes, também há incongruência entre uma expressão *verbal* de um operador modal e a expressão *não-verbal* que o acompanha, *simultânea* ou *seqüencialmente*.

Como escolha e necessidade pressupõem possibilidade, há uma *hierarquia* lógica de operadores modais, com a possibilidade (e a impossibilidade) em um nível mais geral do que as outras três. Pelo fato de podermos desejar o que não é possível bem como o que é possível, o desejo nem sempre pressupõe a satisfação do desejo.

O diagrama de Venn demonstra a *extensão* até onde alguém experimenta os eventos em sua vida como escolha, desejo, possibilidade ou necessidade. O mesmo diagrama serve para indicar a *sobreposição* entre as experiências descritas por diferentes operadores e também para experimentar novos tipos de sobreposição que podem aumentar a flexibilidade e as escolhas.

Uma seqüência de dois (ou mais) operadores modais, como "eu quero escolher", ou uma seqüência de causa e efeito, como "Se eu decidir fazer, farei", oferece informações mais precisas e detalhadas sobre o modo de operação de uma pessoa. Isso estende-se a casais e famílias e às interações *entre* os membros da família. Por exemplo: "Se ela disser que preciso fazer, eu não farei".

A mudança dos operadores modais resulta em mudanças na atitude e no comportamento tão penetrantes quanto sua habitual utilização pela pessoa, com freqüência generalizando amplamente em muitos contextos.

Na congruência total, todos os operadores modais desaparecem, na medida em que você está simplesmente operando, sem nenhum modo – um aspecto daquilo que os místicos descrevem como estar iluminado.

A seguir, exploraremos as categorias auto-referentes, que se incluem como membros, algo que ocorre em toda autodescrição, a exemplo da forma como você pensa no seu *self*, além de todas as demais comunicações a respeito de si mesmo e de seus relacionamentos com os outros.

> *"A VERDADE É QUE, ENQUANTO O VERDADEIRO PODER DE UM HOMEM AUMENTA E À MEDIDA QUE AUMENTA O SEU CONHECIMENTO, O CAMINHO QUE ELE PODE SEGUIR FICA MAIS ESTREITO, ATÉ QUE ELE FINALMENTE NÃO ESCOLHE NADA, FAZENDO APENAS E EXCLUSIVAMENTE AQUILO QUE PRECISA FAZER."*
> **URSULA LEGUIN**

5

Auto-referência
Circularidade

> *"SE O CÉREBRO HUMANO FOSSE TÃO SIMPLES A PONTO DE SER COMPRE-*
> *ENDIDO, SERÍAMOS TÃO SIMPLES QUE NÃO CONSEGUIRÍAMOS FAZÊ-LO."*
> **LYALL WATSON**

A auto-referência ocorre inevitavelmente *sempre* que pensamos em nós mesmos e em como funciona nossa mente. Quando usamos a mente para pensar na mente, o processo chamado "mente" está descrevendo a si mesmo. Como não se pode descrever alguma coisa sem categorizá-la, você é o *categorizador* e um *exemplo* da categoria, o *sujeito* que pensa e o *objeto* desse pensamento. Essa circularidade cria algumas possibilidades interessantes e, eventualmente, difíceis.

Por exemplo, muitas pessoas são perturbadas por um "autoconceito ruim" ou "baixa auto-estima". Esses pensamentos são *criados* pelo *self* e *descrevem* o *self*. Dessa forma, referem-se a si mesmos, em um processo circular por vezes difícil de ser modificado.

A auto-referência é comum em várias comunicações do dia-a-dia. Sempre que alguém descreve seu relacionamento com outra pessoa, essa descrição também é parte do relacionamento, portanto igualmente auto-referente. Por exemplo, "Eu respeito você" é uma categorização do relacionamento como respeitoso, assim como um exemplo de um dos comportamentos descritos pela palavra "respeito".

A frase "Eu gostaria de dizer alguma coisa" também se trata de um exemplo de "dizer alguma coisa", logo ela se refere a si mesma. Já "Eu gostaria de lhe perguntar uma coisa" é um exemplo de "perguntar" descrito por ela. Antes de considerarmos esses assuntos obscuros porém importantes, quero esclarecer exatamente o que é a auto-referência e como ela funciona.

A forma mais simples de auto-referência direta é a frase "Essa é uma frase", que *descreve* e se *refere a si mesma* como membro da categoria "frases". Embora comum, essa frase nos ajuda a começar a compreender como a auto-referência funciona na comunicação diária. Por ser um *exemplo* daquilo que *descreve*, a frase é o descritor daquilo que ela descreve e *tanto* a categoria num nível lógico *quanto* um membro da categoria num nível lógico mais específico. A auto-referência sempre forma uma *espiral* entre dois níveis lógicos unindo-os.

Outro exemplo simples: "Esta frase é verdadeira". Esta frase categoriza a si mesma como uma frase e também especifica que se trata de uma frase *verdadeira*, categorizando-se como membro da categoria de frases verdadeiras. Isso fica mais claro ao reformularmos: "Esta é uma frase e também uma frase verdadeira". A declaração é *membro* da categoria "frases" ao mesmo tempo que *categoriza* a si mesma como membro da categoria em um nível mais geral. Entretanto, ela também caracteriza a si mesma como membro da categoria "coisas verdadeiras", que incluiria "amor", "lembranças" etc., bem como "frases". A frase é membro da categoria "frases" e a categoria "frases" é membro da categoria "coisas verdadeiras", criando uma dupla espiral de auto-referência que une *três* níveis lógicos.

Se ampliássemos a frase incluindo algum conteúdo, poderíamos dizer: "A lua é feita de rochas e poeira, e esta afirmação é verdadeira". Novamente, a afirmação categoriza a si mesma tanto como uma afirmação quanto como membro da categoria "coisas verdadeiras". Pelo fato de que, em geral, presumimos que as pessoas estão dizendo a verdade, *quase toda* a nossa comunicação tem essa mesma estrutura auto-referente, na qual as frases não somente comunicam algo sobre nossa experiência como também afirmam implicitamente a verdade daquilo que é dito.

O mesmo acontece com qualquer frase que alguém utiliza para descrever a si mesmo. Toda vez que disser *qualquer coisa* sobre si, está dizendo na verdade: "Eu sou X e X é verdade" (mesmo que talvez esteja mentindo).

Nos exemplos anteriores, uma frase se refere a si mesma diretamente. Contudo, uma frase também pode se referir a si mesma *indiretamente*, incluindo-se em uma categoria mais geral e tornando a auto-referência um pouco menos óbvia. Afirmações como "Tudo que eu digo é verdade" ou "Sempre digo a verdade" referem-se a si mesmas porque fazem parte da categoria de eventos que descrevem. Os livros de não-ficção – inclusive aquele que você está lendo – são apenas versões mais longas e mais complexas dessa estrutura auto-referente comum: "Tudo neste livro é verdade".

*Nome **versus** Categoria nomeada* Agora, examinaremos melhor as categorias e a auto-referência, fazendo uma distinção clara entre o *nome* de uma categoria e a *categoria* em si mesma. Quando juntamos um grupo de experiências baseadas nos sentidos em uma categoria e as denominamos "pinturas" (ou "movimentos" ou "eventos" etc.), o *nome* da categoria é diferente do *grupo* de experiências nomeada, bem como de qualquer uma das experiências individuais *inclusas* como *membros* da categoria. O nome da categoria "gato" não é nem um gato individual nem um grupo de gatos; o *nome* da categoria não é um *exemplo* incluso na categoria nem é o grupo de experiências nomeadas. *Isso vale para qualquer categoria inteiramente composta de experiências baseadas nos sentidos.*

Contudo, em níveis mais elevados de categorização, uma categoria *pode* se referir, descrever e incluir a si mesma, criando auto-referência. Por exemplo, agrupando diferentes experiências baseadas nos sentidos em uma categoria nomeada, como "coisas" (ou "plantas", "animais", "processos", "cores" etc.). Ou agrupando duas ou mais dessas categorias em uma categoria mais geral, como "objetos", "percepções" ou "eventos". Pelo fato de compor-se de membros que *também* são categorias, é possível que a categoria maior seja um membro de si mesma e se refira a si mesma. A categoria de todos os "conceitos que podem ser imaginados", por exemplo, também é um "conceito que pode ser imaginado" e, portanto, um membro de si mesma.

Sempre que é possível demonstrar que uma categoria pode incluir a si mesma como membro, os critérios para a categoria aplicam-se não apenas aos seus *membros*, mas também à *categoria* em si mesma, pela propriedade da *hereditariedade*. Sei que isso viola a famosa Teoria dos Tipos, de Bertrand

Russel. No capítulo 7, a respeito do paradoxo lógico, vou rever a elegante prova de G. Spencer Brown de que a Teoria dos Tipos é desnecessária.

Quando um lingüista usa uma frase para descrever a gramática ou a sintaxe de *qualquer* frase, ela é auto-referente porque a descrição do lingüista também é uma frase. Por exemplo, se a frase do lingüista descreve algo sobre como funciona um verbo, isso também descreverá como o verbo funciona na frase do lingüista. Entretanto, uma descrição acerca da estrutura de uma *pergunta* seria auto-referente somente se estivesse em forma de pergunta.

Temos muitos "pensamentos" individuais diferentes (ou "idéias", "conceitos", "imagens"). Se os juntássemos em uma categoria denominada "pensamentos", essa categoria maior também seria um "pensamento" e *quaisquer* critérios utilizados para definir a palavra "pensamento" da mesma forma se aplicariam à categoria maior, que inclui vários pensamentos. Como a categoria mais geral "pensamento" também é um pensamento, ela é membro de si mesma. A afirmação "Idéias são insubstanciais" também é uma idéia, portanto se aplica a si mesma e, assim, é insubstancial. Sempre que eu penso em pensar, ou tenho idéias sobre idéias, ou imagens de imagens etc., isso será auto-referente.

Toda vez que os critérios para um nível lógico mais elevado forem iguais aos critérios para os membros dos níveis lógicos inclusos, isso será auto-referente. O que geralmente ficará claro pela utilização do mesmo nome para os dois níveis lógicos, como nos exemplos anteriores – categorias de categorias, imagens de imagens etc. O mesmo não vale quando os critérios são diferentes. Isso é muito importante porque podemos *escolher* os critérios para a inserção como membro tanto nas categorias mais específicas quanto na categoria mais geral que as inclui. Se usarmos os mesmos critérios para ambas, a categoria do nível lógico mais elevado será auto-referente, diferente do que acontece se escolhermos critérios diferentes.

Por exemplo, podemos juntar todas as "palavras" que conhecemos em uma categoria e denominá-la "palavra". O *nome* da categoria *também* é uma palavra e, portanto, um *exemplo* ou membro dela. Entretanto, isso não torna a categoria auto-referente, porque a *categoria* indicada por "palavra" é um *grupo* de palavras, não uma palavra. Como um *grupo* de palavras não é uma palavra, ela não é auto-referente.

Contudo, se pensarmos em *categorias* de palavras como "substantivos", "verbos", "adjetivos", "advérbios", "artigos" etc., cada uma delas compõem-se de "grupos de palavras". Criemos agora uma categoria chamada "grupo de palavras", que tem entre seus membros "substantivos", "verbos" etc. Como a categoria "grupo de palavras" *também* é um grupo de palavras, ela é membro de si mesma e refere-se a si mesma, portanto é auto-referente. Qualquer afirmação sobre partes do discurso se aplicará às partes individuais do discurso contidas na própria afirmação.

Para ser auto-referente, uma afirmação que se refere a si mesma inserindo-se numa categoria mais *geral* de eventos também precisa ser uma afirmação *absoluta* que inclua a palavra "todos" ou alguma outra equivalente, como "sempre", "qualquer", "cada".

Por exemplo, a afirmação "*Algumas* pessoas dizem a verdade" pode ou não se aplicar a si mesma, uma vez que talvez eu não seja uma das "algumas" pessoas que dizem a verdade. Já no caso de "*Todas* as pessoas dizem a verdade" ou "Tudo que eu digo é verdade", então a afirmação *precisa* se aplicar a si mesma e é auto-referente.

Um homem poderia proclamar "Os homens são românticos" querendo dizer *todos* os homens, enquanto outra pessoa usaria a mesma frase querendo dizer "a maioria" *ou* "muitos" homens, deixando aberta a possibilidade de que alguns homens *não* são românticos. Mesmo quando alguém não emprega a palavra "todos", um "todo" universal pode ser transmitido claramente por um tom de voz determinado, um movimento firme da mão ou outra expressão não-verbal digital. Por outro lado, uma afirmação verbal aparentemente universal também pode ser qualificada pelo comportamento não-verbal que indica que ela *não* é experimentada como universal. Por exemplo, um tom de voz "incerto" ou um gesto com a mão de um lado para o outro talvez indiquem que o orador não tem certeza se o que está dizendo se aplica a todos os membros do grupo.

O importante é saber se a *experiência interna* que determinada pessoa tem de uma afirmação poderia ser descrita com precisão utilizando-se a palavra "todos", pois só assim ela será auto-referente para essa pessoa. Se não tivermos certeza de que alguém está experimentando uma afirmação como absoluta, perguntas nos ajudam a descobrir, usando aquilo que o metamodelo da PNL chama de "quantificadores universais". "Você está dizendo que *todos* os homens são românticos?" ou "Existe *algum* homem que não seja romântico?" Seja qual for a resposta, precisamos confirmar a congruência da resposta não-verbal com a verbal.

Outro exemplo de auto-referência é o conceito de causalidade. *Pressupomos* a causalidade em *todo* o pensamento e comunicação, além de ser a base do "se–então" da ciência que tem sido muito poderosa para compreender, prever e alterar o mundo em que vivemos. A causalidade também é inerente à forma como os neurônios – unidades fundamentais do sistema nervoso – transmitem impulsos nervosos uns aos outros.

Durante séculos, muitos filósofos e clérigos escreveram literalmente milhares e milhares de artigos e livros sobre o determinismo, tentando provar que a causalidade existe ou não existe, em geral na tentativa de estabelecer uma base para o "livre-arbítrio". Pesquisei esse assunto cuidadosamente anos atrás e, que eu saiba, *nenhum* desses autores percebeu que seus argumentos *pressupunham* o determinismo em muitos níveis: que as palavras que usavam *levariam* o leitor a pensar nos eventos adequados, que sua gramática e sintaxe *determinariam* corretamente o significado de suas frases, que seu raciocínio *faria* o leitor concordar com eles etc. Como *qualquer* discussão de causalidade utiliza e pressupõe a causalidade, qualquer afirmação *sobre* a causalidade *sempre* será auto-referente.

Se um argumento tenta provar que o determinismo é verdade, ele é simplesmente tautológico, uma vez que o determinismo constituía uma premissa oculta implícita.

Se um argumento tenta provar que o determinismo é falso, então ele é auto-contraditório. "Estou usando argumentos causais para provar que a causalidade não existe."

Há quarenta anos, escrevi detalhadamente a esse respeito no artigo "Determinismo: pré-requisito para uma liberdade significativa" (Andreas, 1967), mostrando que um "livre-arbítrio" significativo não se opõe ao determinismo, mas na realidade o *exige*. Muitos filósofos pensavam que os eventos aleatórios poderiam oferecer uma base para o livre-arbítrio. Contudo, os eventos aleatórios na verdade *diminuem* o senso de "livre-arbítrio", na medida em que tornam mais difícil planejar o que fazer para alcançar os objetivos. A maioria das pessoas faz tudo que está a seu alcance para prever o futuro, evitar os efeitos de eventos aleatórios por meio de previsões ou suavizar o impacto de eventos imprevisíveis com políticas de seguro capazes de compensar aqueles que não têm sorte.

Notando a auto-referência Para que uma afirmação seja *auto-referente*, ela precisa:

a. *referir-se a si mesma diretamente* ou

b. *referir-se a si mesma indiretamente, incluindo-se como membro de uma categoria mais geral que ela descreve e*

c. *a descrição tem de se aplicar a todos os membros da categoria.*

No intuito de descobrir a auto-referência, a principal pergunta a se fazer é: "*Essa comunicação é um exemplo daquilo que a comunicação descreve?*"

As pessoas freqüentemente dizem "Posso lhe fazer uma pergunta?", sem perceber que se trata de uma pergunta e que, portanto, elas *já* estão fazendo aquilo que pediram permissão para fazer. Se você deseja alertar os amigos para esse tipo de auto-referência (ou se apenas está se sentindo brincalhão ou esperto), responda, com um sorriso: "Aparentemente, você com certeza *pode*!" ou "Claro. Você gostaria de fazer outra pergunta?" Esse tipo de auto-referência é *muito* mais comum do que se imagina.

Às vezes, a ligação que falta na auto-referência é proporcionada pelo contexto mais amplo ou por outras informações. Se alguém diz "Eu nunca cometo erros", nosso conhecimento do mundo real no qual *todos* cometem erros mostra que a frase em si mesma *deve* ser um erro, portanto ela é auto-referente. Se alguém fala sobre um erro dizendo "Esse é o primeiro erro que cometi neste ano", pode ser divertido responder: "Aposto que esse é pelo menos o terceiro!" (O erro do qual ele está falando, o erro anterior que ele deve ter cometido e seu erro em dizer que esse foi o primeiro.)

É ainda mais difícil reconhecer a auto-referência quando ela está espalhada em uma abrangência de tempo ou espaço considerável, criando espirais maiores. Se digo que minha esposa é verdadeira e em outro momento e local ela disser que eu sou verdadeiro, essas duas frases descrevem uma à outra, portanto *juntas* elas formam uma espiral auto-referente que equivale à minha declaração "Eu digo a verdade".

Esse tipo de espiral pode ser composto de *muitas* diferentes afirmações, desde que elas utilizem ou sugiram categorias universais e se refiram uma à outra numa cadeia que forme uma espiral fechada. As definições de todas as palavras que aparecem num dicionário são exemplo disso. Como o significado de *cada* palavra é oferecido por *outra* palavra ou conjunto de palavras, isso cria uma espiral de auto-referência às vezes muito longa e complexa.

Felizmente, muito antes de aprendermos a usar as palavras escritas ou um dicionário, aprendemos as palavras faladas pelo contexto, que costuma ser principalmente não-verbal e repetido. Um pai aponta para uma pedra e diz "pedra", definindo operacionalmente o significado dessa palavra pela experiência baseada nos sentidos com a qual ela está relacionada. Então, quando mais tarde aprendemos a usar um dicionário, pelo menos *algumas* das palavras já possuem significados baseados nos sentidos que não dependem totalmente de outras palavras. Sem essa base de experiência, um dicionário ficaria totalmente sem sentido, já que em nenhum momento as palavras se refeririam diretamente à experiência. (Os dicionários com imagens de algumas palavras são exceções.)

Utilizando a auto-referência Os exemplos de auto-referência que discuti até agora são bastante inócuos e raramente causam problemas. Mas outras formas de auto-referência prendem as pessoas em armadilhas confusas e difíceis, e a compreensão de sua estrutura pode nos mostrar uma saída.

A afirmação "Eu sempre tomo decisões erradas" também *devia* ser o resultado de uma decisão, portanto deve estar errada. Em geral, a auto-referência não é notada até alguém perguntar: "Como você *decidiu* que toma *decisões* erradas?" A pessoa talvez tenha boas evidências de que *algumas vezes* tomou decisões erradas no passado. Entretanto, pensar que *sempre* toma decisões erradas é um excesso de generalização que facilmente resulta em impotência ou depressão, tornando difícil ou impossível a solução de problemas.

Sempre que alguém descreve a si mesmo de maneira desfavorável, esse tipo de auto-referência vai existir e poderá ser mostrado à pessoa, abrindo uma porta para autodescrições mais proveitosas.

Por exemplo, o filho de um homem regularmente voltava da escola para casa dizendo "Todos me odeiam". Finalmente, um dia o pai lhe perguntou: "Bem, se *todos* odeiam você, então *você* deve se odiar, e você não acha que deveria haver pelo menos *uma* pessoa do seu lado?" Ao mostrar a auto-referência na afirmação do garoto, o pai fez uma grande diferença. Naturalmente, a afirmação do pai implicitamente também *o* colocava do lado do filho.

Esse tipo de auto-referência raramente notado, ajuda as pessoas a fugir da autocrítica e de outras crenças pessoais dolorosas. Vamos supor que alguém diz categoricamente "Eu sou estúpido". Em poucas palavras, a lógica é esta: "Como pessoas estúpidas dizem coisas estúpidas, se essa afirmação é verdadeira, é uma afirmação estúpida e, portanto, não deve ser levada a sério!" Apontar para esse tipo de auto-referência constitui a base da ressignificação ou do padrão de "presdigitação lingüística" da PNL.

Para criar essa compreensão na *experiência* de alguém, em geral é necessário um envolvimento explícito com a ligação oculta que completa a espiral. Diga, por exemplo: "As pessoas estúpidas dizem coisas estúpidas, você não acha?" Supondo que a pessoa concorde, continue: "Portanto, se você é uma pessoa estúpida, então o que acabou de dizer sobre ser estúpido deve ser uma afirmação estúpida, certo?" Quando isso é feito com o apoio do comportamento não-verbal, as palavras "Eu sou uma pessoa estúpida" passam a se aplicar a si mesmas e perdem todo o significado, tornando-se apenas uma seqüência de sons.

A pessoa provavelmente responderá: "Bem, eu acho que apenas *algumas* das coisas que faço são estúpidas" – uma redução na abrangência que permite focalizar eventos específicos em lugar da generalização excessiva. Talvez ajude completar assim: "O que você quer dizer é que agora você é suficientemente esperto para perceber que algumas das coisas que fez no passado foram estúpidas". Isso reduz ainda mais a abrangência da estupidez para o passado e introduz a idéia de que agora ela é suficientemente esperta para perceber como era estúpida, sugerindo que ela não precisa ser estúpida no futuro. "Pense em todas as pessoas que são tão estúpidas que não percebem como são estúpidas, portanto continuam sendo estúpidas."

Ainda que a autocategorização a respeito de ser estúpido tenha se desintegrado, permanecerão lembranças dos eventos baseados nos sentidos que constituíram a base para a autocategorização. Essas abrangências muito menores podem então ser revistas, recategorizadas e receber um novo significado mais proveitoso.

Por exemplo, muitas pessoas criticam a si mesmas por serem "estúpidas" numa situação em que simplesmente não tinham informação para saber o que fazer. A falta de informação é chamada de *ignorância* e mesmo alguém *muito* inteligente às vezes se encontrará em situações nas quais é ignorante. Uma lembrança desse tipo de situação não é evidência de "estupidez", e sim todos deparam com áreas de conhecimento que não aprenderam. Esse tipo de recategorização costuma ser apropriado e benéfico.

A experiência prototípica significativa para alguém pode ser a lembrança de um pai ou outra pessoa dizendo que ele é estúpido. Ao rever essa lembrança com detalhes sensoriais usando uma abrangência maior, muitas vezes torna-se óbvio que o pai disse aquilo por conta da frustração *dele* com as *próprias* limitações. A afirmação era na realidade uma descrição auto-referente do *pai* e tinha pouco ou nada que ver com o filho.

Uma acusação de estupidez talvez tenha sido apenas uma forma de ganhar uma discussão sobre uma discordância, a fim de ocultar a ignorância ou confusão do pai ou intimidar a criança para fazer o que o pai queria etc. Esse tipo de compreensão mostra-se mais proveitosa do que a criança pensar que a afirmação sobre sua estupidez era verdadeira. Esse processo de utilização de uma abrangência muito maior para recategorizar uma experiência serve para mudar o significado de uma ampla variedade de eventos de modo que deixem de ser mais uma base para a autocrítica.

Relacionamentos Sempre que nos comunicamos (verbal e/ou não-verbalmente), essa comunicação *cria* um relacionamento, mesmo que apenas entre o orador e o ouvinte. Se me comunico *a respeito* desse relacionamento, essa comunicação é uma *categorização* do relacionamento e, ao mesmo tempo, um *exemplo* da categoria "relacionamento".

Por exemplo, a declaração "Eu amo você" é uma *categorização* do nosso relacionamento como sendo amoroso. Também é *exemplo* de um dos comportamentos inclusos na categoria "relacionamento amoroso". Nesse caso, a auto-referência não causa nenhum problema, seja ou não reconhecida.

Naturalmente, outra pessoa pode descrever o relacionamento de um jeito muito diferente. "Ouço você dizer que me ama, mas não me sinto assim; valorizo você como amigo, mas não amo você." Apesar dessas maneiras diferentes de descrever o mesmo relacionamento, cada uma das afirmações sobre ele é tão auto-referente quanto seria se ambas concordassem.

Já que toda comunicação ocorre em algum tipo de relacionamento, *toda* comunicação que descreve ou categoriza uma relacionamento entre o orador e outra pessoa será auto-referente. Como freqüentemente nos comunicamos acerca de nossos relacionamentos e como os relacionamentos são muito importantes para nós, essas comunicações por vezes causam sérios problemas.

Por exemplo, "Isso não é da sua conta!" indica que o orador está dominando o ouvinte, um relacionamento entre desiguais. Se você não gosta disso, pode devolver assim a afirmação: "Não é da *sua* conta me dizer o que é da *minha* conta". Como o primeiro orador acha que "Não é da sua conta" constitui um argumento válido, quando aplicado em si mesmo, ele se anula e o que resta é a mensagem implícita no relacionamento ("Eu sou superior; você deveria me ouvir") – só que agora o primeiro orador está na extremidade inferior da desigualdade.

Ele dificilmente gostará disso e, como teve seu argumento anulado, precisará encontrar outro argumento ou tornar explícita a mensagem implícita no relacionamento, dizendo "Cale a boca" ou "Não me diga o que fazer". Isso talvez aumente o desacordo a respeito de quem deve dizer a quem o que fazer, mas pelo menos explicita o conflito para que possa ser considerado abertamente.

O mesmo tipo de auto-referência costuma ocorrer nas comunicações escritas, uma vez que o leitor está sempre em algum tipo de relacionamento com o escritor. O tema principal de um livro lançado recentemente afirma que os problemas das pessoas resultam de elas prestarem atenção ao que os outros pensam e dizem. "Você diz para si mesmo aquilo que lhe disseram, tão persistente e destrutivamente, as outras pessoas em sua vida." O texto contém diversos exemplos desse problema e determina de forma bastante autoritária e definitiva o que o leitor deve fazer. Embora haja um pouco de verdade nessa idéia, poucos leitores percebem que o livro é um *exemplo* da categoria que ele afirma ser um problema: "Outra pessoa lhe dizendo o que fazer". Trata-se de um padrão muito disseminado em nossa cultura, que pode ser resumido como "Não ouça as *outras* pessoas, ouça a *mim*".

Com freqüência, a comunicação sobre o relacionamento é *não-verbal*, tornando ainda mais difícil notar a auto-referência. Pode-se dizer "Por favor, passe a torrada" com muitos diferentes tons de voz. Um tom de voz dominador ou um lamuriento indicariam um relacionamento entre desiguais, enquanto um tom mais neutro sugeriria um relacionamento entre iguais. O tom de voz estereotipado de um vendedor ou um tom sedutor indicam um relacionamento entre explorador e explorado. Outros tons de voz apontam para um relacionamento amoroso, hesitante, impossível etc.

Por exemplo, "Você está tentando me controlar com a sua raiva", dito em um tom zangado e acusador. Como o tom de voz a categoriza como uma declaração zangada, que é o que ela descreve, trata-se de uma frase auto-referente. Pela voz zangada e o contexto, entende-se que aquilo que a declaração descreve é categorizado como ruim, portanto a frase afirma que a própria frase é ruim. Mostrar isso completa a espiral de auto-referência. "Ao dizer isso nesse tom de voz zangado, você está tentando me controlar com a sua raiva" recategoriza a declaração como um exemplo do que ela descreve como sendo ruim. Essa recategorização utiliza a aversão da pessoa pelo controle para interromper a raiva e redirecionar a atenção para alguma outra forma mais proveitosa de lidar com a situação.

Esses poucos exemplos apenas começam a arranhar a superfície da auto-referência que está inevitavelmente presente *sempre* que alguém faz uma afirmação sobre si mesmo, sua vida ou seu relacionamento com outra pessoa. Como temos o hábito de falar sobre nós mesmos, nossa vida e nossos relacionamentos, a auto-referência não reconhecida é muito, muito comum e, quando ela causa problemas, é bom mesmo saber lidar com ela. O exercício a seguir é uma maneira de começar a desenvolver essa habilidade.

Utilizando o exercício de auto-referência

1. Pense em uma comunicação problemática Lembre de algo que determinada pessoa diz repetidamente a respeito do relacionamento de vocês – incluindo o comportamento não-verbal dela – e que lhe parece confuso e difícil de responder. Normalmente, será uma queixa ou acusação geral, como "Você está sendo teimoso", "Você é tão egoísta", "Por que você nunca me ouve?" ou "Você está ignorando o que digo".

2. Identifique a auto-referência "De que modo essa afirmação se aplica a si mesma?" Por exemplo, quando uma pessoa acusa outra de ser "teimosa", ela está sendo *pelo menos* tão teimosa quanto quem ela acusa – e provavelmente mais ainda. Se ela não fosse teimosa, poderia desistir de sua posição e concordar com a do outro. "Você está sendo egoísta" basicamente significa "Você devia fazer as coisas do meu jeito, para que *eu* (ou alguém mais) possa ser teimosa". Alguém que repreende a outra pessoa por não ouvir com certeza não está ouvindo naquele momento e uma pessoa que o acusa de ignorar o que ela disse, muitas vezes está ignorando o que você disse.

3. Imagine-se respondendo Acompanhe a afirmação da outra pessoa, incluindo quaisquer componentes não-verbais pertinentes, parafraseando-a ou reformulando-a para esclarecer que você compreende o que ela está dizendo.

"Você diz que estou sendo teimoso e eu ouço você dizer isso muito enfaticamente (ou exasperado, resignado etc.). Acho que você quer dizer que deseja que eu concorde com a sua opinião, deixando de lado minha própria opinião."

4. Planeje uma estratégia Então, pense no que você poderia dizer e fazer para mostrar a auto-referência na afirmação do outro. Como você pode tornar óbvia a auto-referência? Que tom de voz ou postura seria mais efetivo? Ajuda bastante pensar em alguma pessoa capaz que você respeita e visualizá-la reagindo a essa situação, notando se a resposta dela se encaixa em seu objetivo.

Como ele será diferente em diferentes situações, é bom saber bem qual é o seu objetivo. "Qual é o meu objetivo aqui?" "O que desejo alcançar?"

Uma pergunta-chave na escolha da melhor resposta é: "Desejo aceitar o relacionamento sugerido pela afirmação dessa pessoa ou desejo questioná-lo, rejeitá-lo ou substituí-lo por algo diferente?" Se a outra pessoa estiver numa posição de controle ou de autoridade, talvez seja melhor aceitar sua definição do relacionamento e não salientar a auto-referência. Mas supondo que você queira chamar a atenção dela para isso, poderia dizer:

"Ao dizer que sou egoísta, você parece estar dizendo que eu não deveria defender minhas próprias necessidades e desejos para que *você* possa satisfazer os *seus*."

"Quando você diz que nunca lhe ouço, deve estar querendo dizer que deseja que eu lhe ouça para que você possa falar e não ouvir."

5. *Ensaio* Imagine-se dizendo isso para a outra pessoa, notando como ela responde, a fim de ter uma idéia de como isso funcionaria.

"Mantendo sua posição e pedindo para que eu mude a minha, você está sendo ainda mais teimoso do que eu."

"Se eu realmente sou mais teimoso do que você, acho que faria sentido você desistir de sua posição e aceitar a minha."

"Cada um de nós gostaria que o outro concordasse. Quando me acusa de ser teimoso, o que está dizendo na verdade é que você quer ser ainda mais teimoso do que eu."

Tente algumas alternativas e note qual delas obtém a melhor resposta da pessoa em quem você está pensando. Se achar que diversas diferentes maneiras poderiam funcionar, decida qual delas gostaria de utilizar em primeiro lugar e qual preferiria tentar depois, se a primeira não for eficaz. É possível que nenhuma delas tenha impacto, mas se você usar algumas delas sucessivamente, será convincente.

Mesmo que você obtenha uma resposta diferente daquela que deseja, ainda assim se trata de uma *mudança* em relação àquilo que a pessoa vinha fazendo, permitindo-lhe responder e utilizar essa mudança de alguma maneira ou voltar à resposta anterior. Se nenhum desses ensaios funcionar bem, volte ao passo 4 e crie algumas possibilidades novas e diferentes.

6. Ensaie sua(s) resposta(s) no futuro Imagine vividamente uma situação futura em que essa pessoa poderia fazer a afirmação problemática e imagine-se respondendo de uma ou mais das maneiras que você pensou, programando-se para realmente tentar a resposta ensaiada na próxima oportunidade.

Se esse processo funcionar bem na situação da vida real, ótimo; se não funcionar, volte ao passo 4 e crie novas possibilidades para tentar na próxima vez. Use a resposta que obteve como *feedback* para estreitar sua busca por uma resposta mais útil ou sugerir o que você precisa aprender, ou com quem você poderia aprender para ter mais sucesso na próxima vez, aplicando recursivamente esse processo ao resultado da utilização do processo.

Recursão Sempre que planejamos fazer alguma coisa, imaginamos uma cena futura e então a avaliamos. Se a avaliação é positiva, paramos o planejamento por nos sentirmos preparados. "Se eu sair do trabalho e seguir pela Main Street, posso virar à direita na Sexta e chegar lá a tempo." Algumas vezes, porém, nossa avaliação da cena é insatisfatória. "Droga! Se eu fizer isso, vou ficar preso no tráfego da hora do *rush* e chegarei atrasado." Então, criamos uma nova cena, em geral usando a cena anterior como ponto de partida, modificando-a até encontrarmos uma que seja satisfatória. "Se eu sair do trabalho meia hora antes e pegar a River Road, posso chegar lá a tempo." Se essa segunda cena ainda for insatisfatória, emprega-se o mesmo processo de planejamento para pensar em uma terceira.

Chamando esse processo de planejamento da *operação, repetidamente* realizamos a operação com base no *resultado* da operação *anterior*, até ficarmos satisfeitos com a avaliação do resultado – um processo que os matemáticos chamam de "recursão". Fazemos esse tipo de planejamento centenas de vezes por dia e grande parte dele acontece fora da percepção.

Se repetirmos esse processo muitas vezes e continuarmos achando que a última cena ainda é insatisfatória, podemos acabar numa espiral interminável de planejamento, que a maioria das pessoas chama de "preocupação". A preocupação é simplesmente um planejamento que não consegue chegar a uma conclusão satisfatória.

Quando isso acontece, é bom sair do processo de planejamento e examiná-lo, a fim de determinar o que é necessário para chegar a uma conclusão.

Muitos diferentes fatores podem impedir o planejamento de alcançar uma conclusão satisfatória. Com freqüência, a preocupação aparece porque não temos as informações apropriadas para criar uma cena satisfatória. Nesse ponto, é interessante mudar o *conteúdo* do planejamento em uma nova operação, *encontrando* a informação ou habilidade que precisamos para completar o planejamento original.

Se alguém tem critérios muito exigentes e perfeccionistas que jamais conseguem ser satisfeitos, isso também tornará impossível chegar a um final satisfatório. Por exemplo, certas pessoas tentam planejar tudo muito minuciosamente para que *nada* dê errado, mas isso não é possível. Ninguém consegue pensar em *todas* as coisas que poderiam sair erradas, e, mesmo que pudéssemos, não seríamos capazes de lidar com algumas delas. Com um critério digital perfeccionista impossível, *toda* cena será insatisfatória, resultando num planejamento sem fim.

Às vezes, descobrimos que nos sentimos inadequados para lidar com o esperado evento futuro. Como não temos as habilidades exigidas para o desafio à nossa espera, acabamos repetidamente criando cenas insatisfatórias, sentindo-nos mal ou assustados. Uma possibilidade é iniciar uma nova operação, na qual as habilidades adequadas podem ser aprendidas. Se não me sinto à vontade socialmente, aprendo como levar uma "conversa fiada" ou como perguntar a alguém sobre seus interesses, para que a outra pessoa fale mais do que eu. Eu poderia encontrar essas informações em um livro ou talvez precise encontrar alguém que me ensine essas habilidades.

Em outras ocasiões, você literalmente não tem nenhum controle sobre a situação para a qual gostaria de se planejar. Mesmo sabendo exatamente o que fazer e possuindo as habilidades para isso, não há nada a seu alcance no que diz respeito ao que seu filho adolescente fará quando sair à noite, porque você não estará lá. Quando ele sai à noite e fica fora até muito mais tarde do que o esperado sem avisar onde está, você não tem quase *nenhuma* informação, o que torna especialmente fácil imaginar uma série infinita de acidentes de carro e outras cenas desagradáveis. Você não exerce nenhum controle sobre o resultado dessas cenas, uma vez que, não importa quão habilidoso você seja, não há nada que possa fazer. Como disse certa vez um amigo meu: "Não é que não exista nada com que me preocupar; apenas não há *motivo* para me preocupar".

A percepção de que não há nada a fazer lhe permite categorizar o significado de sua preocupação com relação a seus filhos – ela significa que você os ama muito. Pensar em quanto você os ama é muito mais agradável do que se preocupar com sua segurança. E, então, pode utilizar sua habilidade para planejar pensando em como lhes *mostrar* o quanto você os ama quando eles voltarem. Provavelmente, isso será bem mais proveitoso do que gritar com eles por ficarem fora até tarde ou culpá-los por deixá-lo assustado!

Ansiedade Na preocupação, o processo continua ocupando-lhe a mente durante algum tempo, pois você pensa recursivamente numa possível cena atrás da outra. Entretanto, se você descobrir que está em uma espiral insatisfatória e os resultados do evento futuro são muito importantes para você, talvez descubra que a espiral *aumenta* a cada passo, criando aquilo que muitas vezes é denominado "círculo vicioso" de ansiedade crescente.

Quando uma pessoa está ansiosa, ela em geral começa imaginando uma cena futura ameaçadora. Então, ela percebe seus sentimentos de medo, que evocam a cena ameaçadora. Essa espiral costuma ter apenas dois elementos, por exemplo, uma imagem do futuro e um sentimento de medo. Como as sensações cinestésicas tendem a durar, ao criar a próxima cena, incluem esses sentimentos de medo (e talvez imagens de outros eventos assustadores) tornando-a ainda *mais* terrível. Se esse ciclo for muito rápido, os sentimentos logo ficam mais intensos. Após algumas experiências de bastante ansiedade, algumas pessoas começam a ficar ansiosas *por* estarem ansiosas (um nível lógico mais elevado), passando rapidamente da primeira cena assustadora para o final de intensa ansiedade. Isso é ainda mais eficiente, acelerando o processo daquilo que a psiquiatria por vezes chama de "ansiedade antecipatória".

Normalmente, as pessoas tentam inibir ainda a expressão fisiológica do medo. Todavia, como uma representação negada de uma situação assustadora também é assustadora, ela evoca mais medo. Por exemplo, no medo do palco, a pessoa quer *não* ficar nervosa ao fazer uma apresentação. Enquanto pensa naquilo que *não* quer que aconteça, ela cria imagens de sua voz tremendo, da respiração rápida, de não lembrar daquilo que pretende dizer etc., o que provoca mais medo. O sentimento de medo leva a pessoa a tentar mais ainda *não* se preocupar, o que cria imagens de sintomas mais detalhados e extremos, provocando mais medo etc., em uma espiral de "fuga".

Ela pode passar a temer perder totalmente o controle do tremor e da gagueira etc. na situação futura, acrescentando outro elemento assustador à próxima cena, piorando a situação. Finalmente, esse processo atinge os limites fisiológicos do corpo, em que já não é possível sentir medo, fenômeno conhecido como "distúrbio do pânico". A intenção de inibir ou negar o medo piora a situação, na medida em que os sintomas fisiológicos se acumulam em vez de fluir para a expressão.

Com freqüência, esse tipo de problema produz rapidamente um método chamado "intenção paradoxal", que consiste em pedir para alguém fazer *deliberadamente* aquilo que foi categorizado como um sintoma *espontâneo*. Por exemplo, se uma pessoa começa a tremer involuntariamente ao antecipar uma situação assustadora, peça-lhe para *exagerar* voluntariamente o tremor, que é o oposto do que ela vinha fazendo.

Enquanto ela tenta ficar ansiosa e tremer ainda mais, isso tende a *diminuir* os sintomas, porque *reverte* a direção da espiral crescente. Antes, ela ficava ansiosa automaticamente e tentava controlar conscientemente a ansiedade; agora, ela tenta *conscientemente* ficar ansiosa, *automaticamente* ficando mais calma.

É muito importante perceber que a expressão dos *sintomas físicos* baseados nos sentidos de uma resposta é diferente da catarse, definida como a expressão do *sentimento/emoção* avaliativo do medo, que está em um nível lógico mais elevado. Tremer é um comportamento físico, *avaliado* como terrível. O tremor também ocorre em situações de antecipação e excitação, mas nesse caso ele é avaliado, categorizado, e a resposta é muito diferente.

Esse método é chamado de "paradoxal" por dois motivos. Primeiro, porque "contraria a opinião comum". A idéia de tentar *aumentar* uma resposta indesejada não ocorreria à maior parte das pessoas. Segundo, porque se experimenta a resposta indesejada como involuntária, fora do controle da pessoa. Tentar *voluntariamente* aumentar um sintoma *involuntário* parece ser contraditório, invocando simultaneamente duas categorias opostas de experiência. Como você pode aumentar voluntariamente um sintoma involuntário?

Trata-se de outro exemplo do fracasso dos opostos categóricos para representar com precisão o mundo de experiência. Agora, nesse exato momento, presumo que você não esteja sentindo medo ao ler este livro. Eu gostaria que você fizesse uma pausa e voluntariamente exagerasse a forma como tremeu no passado quando ficou assustado, começando com as mãos e então permitindo que o tremor se espalhe pelo corpo...

Essa pequena experiência mostra que você *realmente* tem algum controle motor voluntário sobre seus sintomas "involuntários". Quando faço isso, sinto até os pêlos na nuca arrepiarem e a pele formigar, coisas que em geral são consideradas respostas involuntárias do sistema nervoso simpático. Agora, pare e pense durante alguns segundos em *como você criou os sentimentos de medo...*

Você pode ter acabado de lembrar de seus tremores e só aí experimentou o que veio depois dele. Provavelmente, porém, você lembrou de uma *imagem* do evento que originalmente criou o tremor e o medo. Esse é o *mesmo* processo que as pessoas usam quando ficam ansiosas; elas criam uma imagem de algo terrível e então sentem a resposta de medo. A única diferença é o fato de que a ansiedade costuma estar relacionada a uma imagem futura, e não a uma imagem do passado. Naturalmente, é possível imaginar a imagem do passado acontecendo novamente no futuro.

Criar o medo deliberadamente lhe permite descobrir exatamente *como* você faz isso (que tipo de imagens cria, o que diz para si mesmo etc.), ajudando a transformar o fato experimentado anteriormente como involuntário em algo voluntário. Se você é capaz de fazer alguma coisa voluntariamente, isso pressupõe o mesmo em relação a fazer algo *diferente*, dando-lhe a habilidade para mudar sua experiência.

Depressão Com freqüência, a depressão possui o mesmo tipo de espiral crescente de dois pontos. Alguém passou por uma experiência ruim, lembra ou prevê uma e se sente impotente ou desesperado. Então, usa esse sentimento para pensar em outra abrangência de experiência com relação à qual se sente impotente, fazendo uma espiral de volta para o início. Na espiral, os sentimentos se acumulam e a quantidade de exemplos de eventos que o deprimem aumenta, criando uma categoria muito ampla.

Quando uma pessoa está deprimida, habitualmente adota a postura física de ombros caídos e cabeça baixa, com respiração superficial, baixo nível de energia física, sem conseguir notar nada a não ser suas imagens ou palavras internas, bem como os sentimentos desagradáveis resultantes delas. Isso torna improvável perceber qualquer evento capaz de introduzir alguma mudança em sua espiral interna.

O indivíduo deprimido provavelmente vai ignorar ou até mesmo recategorizar e incorporar todos os eventos agradáveis que venham a ocorrer. Quaisquer contra-exemplos para essa categoria – eventos agradáveis, anedotas, uma refeição gostosa etc. – são ignorados e considerados irrelevantes; realmente "não contam" quando comparados à enorme quantidade de exemplos mais significativos de desespero e impotência em sua categoria. É particularmente difícil modificar esse tipo de pensamento no qual se rotulam as experiências como relacionadas ao *self*, uma vez que a maioria das pessoas pressupõe que o *self* não pode ser mudado, aumentando o sentimento de impotência.

Quando outras pessoas tentam animar uma pessoa deprimida – o que é *muito* diferente da sua experiência! –, ela em geral não somente as ignorará, como usará sua tentativa malsucedida e errada como evidência *adicional* de que as coisas são de fato irremediáveis, incorporando isso à sua espiral.

Como a depressão é um sistema fechado recursivo, *qualquer coisa* introduzida na espiral tem uma chance de transformar a recursão em algo mais proveitoso. Entretanto, conforme verifica qualquer um que já trabalhou com pessoas deprimidas, muitas vezes é difícil entrar nela de modo a provocar uma mudança. Assim como na ansiedade, uma das maneiras de fazer isso é por meio da "intenção paradoxal", pedindo à pessoa para fazer deliberadamente, e até mesmo exagerar, o que ela já está fazendo. Ao descobrir *como* ela faz aquilo, o processo torna-se gradativamente consciente e voluntário, algo que ela pode escolher se faz ou não.

Se o cliente permanecer em silêncio após o seu pedido para deliberadamente ficar deprimido, diga algo como: "Bem, essa é uma boa maneira para continuar deprimido – não faça nada. Obrigado por ser tão cooperativo.

Ficar com os ombros caídos desse modo também é muito eficaz. Agora você pode continuar assim ou pensar em alguma outra forma para se sentir deprimido". Como você lhe pediu para ficar deliberadamente deprimido, *qualquer coisa* que ele fizer – ou não fizer – pode ser descrita como uma resposta cooperativa pertencente a essa categoria.

Se ele afirmar "Não posso fazer isso", responda: "Ótimo, diga a si mesmo que você não pode fazer nada. Essa é boa; agora me diga o que mais você não pode fazer". *Qualquer coisa* que ele faça é útil, então continue com esse processo até que ele realmente *faça* alguma coisa diferente ou se comprometa a fazer com firmeza e congruência. Qualquer coisa sem congruência deve ser compreendida como evidência adicional de que ele ainda está lhe mostrando como se deprime. Por exemplo, se ele disser entusiasmado "Talvez eu possa levantar às 8 horas da manhã", a melhor resposta é: "Essa também é boa; faça um plano que você não espera cumprir e então, quando não cumpri-lo, essa será outra evidência de como você é incapaz".

Talvez ajude ainda mais pedir-lhe para realizar seu processo interno em voz alta e deprimir *você*, tentando convencer *você* de como tudo é terrível. "Falhei naquele teste, por isso minha vida acabou" etc. Fazer isso em voz alta, deliberadamente, deprimindo *você* e não a si mesmo, provoca diversas mudanças na abrangência, introduzindo novas informações. Por exemplo, ele agora está ouvindo a si mesmo falar, provavelmente observando as suas respostas. Todas essas diferenças introduzirão mudanças no processo e pelo menos algumas delas serão proveitosas. Fritz Perls sempre dizia aos clientes que estavam fazendo qualquer coisa para si mesmos "Faça *comigo*; *eu* posso me defender", visando para ampliar a abrangência e envolvê-los novamente no mundo fora de suas pequenas e empobrecidas espirais mentais internas.

Enquanto ele tenta deprimi-lo, aja também como incentivador e crítico para melhorar a eficiência de como ele deprime a si mesmo. "Ei, essa é boa; faça um pouco mais disso. E que tal falar mais devagar, mais baixo, para que as palavras fiquem ainda mais tristes e mais deprimentes? Essa é muito fraca, com certeza você pode fazer melhor." Mais cedo ou mais tarde, a pessoa deprimida não terá mais coisas deprimentes para dizer e sorrirá. E, então, diga-lhe para não sorrir: "Não, não sorria, isso arruína o efeito; seus cantos da boca precisam estar para baixo a fim de ser convincente". Além de ser um comando negativo (que funciona quase tão bem com adultos quanto com crianças pequenas), trata-se de um convite adicional para examinar o que ele está fazendo a partir do ponto de vista de um observador, uma abrangência diferente, que constitui uma posição vantajosa para categorizar suas ações de maneira diferente.

Utilizando a recursão para sair de uma espiral Um dos métodos de Virginia Satir consistia em perguntar a alguém que estava deprimido: "Como você se sente com relação a sentir-se deprimido?" Como a pessoa já está prestando atenção aos seus sentimentos, isso é compatível com sua experiência, mas lhe pede para *categorizar* sua resposta emocional num nível lógico mais geral em vez de voltar aos pensamentos depressivos, mudando a espiral. Seja qual for a resposta do cliente, representará um sentimento a respeito de um *sentimento*, em lugar de um sentimento a respeito de algum *conteúdo*.

Embora ocasionalmente um cliente possa responder "Eu me sinto deprimido por estar deprimido", em geral ele responderá com um sentimento diferente. "Bem, eu me sinto triste por me sentir deprimido" ou "Estou cansado de me sentir assim o tempo todo". Esses novos sentimentos vão tirá-lo da velha espiral, servindo como ponto de partida para realizar mais mudanças. Se você ficar preso, sempre terá a opção de fazer a pergunta recursiva a qualquer momento. "Como você se sente com relação a estar deprimido por estar deprimido?" "Como você se sente por estar se sentindo triste?" "Como você se sente por estar cansado de se sentir assim o tempo todo?"

Espirais categóricas É comum as pessoas resumirem sua experiência em afirmações verbais em espiral muito gerais e auto-referentes. Elas parecem lógicas e inescapáveis, como: "*Só faço coisas que me sinto confiante fazendo, e só me sinto confiante fazendo alguma coisa que já fiz*".

Apresentada dessa forma, entende-se que a confiança é exigida para fazer alguma coisa e que fazer alguma coisa requer confiança – uma espiral fechada, sem saída (e, mais importante, sem entrada!). Um aspecto sedutor de uma espiral como essa é o fato de que ela tem duas partes e cada uma delas é aparentemente válida e experimentada *seqüencialmente*, alternando entre as duas, em vez de experimentá-las ao mesmo tempo. Repetida, a palavra "só" cria uma abrangência muito limitada, que exclui todos os outros fatores ou a possibilidade de fazer qualquer coisa diferente. Nesse nível de categorização verbal, essas espirais são realmente inescapáveis. Ronald Laing reuniu um grupo de espirais bastante complexas e difíceis – muitas das quais encontradas na comunicação de esquizofrênicos e suas famílias – em seu livro *Knots* (1970).

A única saída dessas espirais categóricas é voltar às experiências baseadas nos sentidos que estão enterradas nas categorias gerais. Esse é um dos aspectos mais importantes e não reconhecidos da aplicação das perguntas do metamodelo da PNL à descrição vaga e geral das dificuldades de uma pessoa. Em geral, o metamodelo é apresentado como uma maneira de o *questionador* juntar informações. No entanto, ainda mais importante é o fato de que a resposta às perguntas exige que aquele que *responde* retorne a uma abrangência mais detalhada da experiência baseada nos sentidos, inclusa em uma categoria geral.

Muitas pessoas não gostam de aprender algo novo porque os primeiros estágios de aprendizagem costumam ser confusos e difíceis, e elas naturalmente gostariam de evitar essa fase desagradável *e* as sensações avaliativas *a respeito* de sua confusão e dificuldades.

Uma coisa é perceber que os estágios iniciais da aprendizagem são, muitas vezes, inevitavelmente difíceis e desconfortáveis. Outra bem diferente é usar isso como motivo para não aprender nada novo. Usando uma abrangência maior no espaço e no tempo, elas *também* notarão que se trata apenas de uma pequena parte de sua experiência atual e que os benefícios posteriores da aprendizagem de uma coisa nova em geral valem a pena, apesar do desconforto dos estágios iniciais.

Uma maneira de continuar mudando esse tipo de generalização circular é usar o fato de que elas *devem ter* aprendido a fazer coisas novas em algum momento no passado, evocando e revendo esses contra-exemplos. Comece assemelhando a afirmação com a qual elas estão envolvidas e a resuma em *uma* frase, não em duas, para tornar a contradição mais aparente. "Então você só faz coisas que lhe fazem sentir-se confiante porque você já as fez." Isso pressupõe que em algum momento da vida elas *devem ter* aprendido algo novo, *apesar* do desconforto.

"Pense em uma dessas coisas que você pode fazer, agora." (O "agora" é uma ambigüidade deliberada, referindo-se tanto à coisa que a pessoa pode fazer *agora* quanto à instrução para pensar nela nesse momento.) "Como você conseguiu fazer isso da primeira vez? Valeu a pena fazê-la pela primeira vez, apesar da dificuldade e do desconforto que você sentiu ou você preferiria não tê-la feito naquela primeira vez e nunca aprender a fazê-la?" (Formular essa pergunta no formato "ou/ou" é compatível com a sua experiência e também um modo de limitar suas escolhas.)

Com freqüência, será proveitoso explorar diversos desses contra-exemplos e então *reuni-los* em uma nova categoria de "ocasiões nas quais ela aprendeu a fazer alguma coisa nova e que valeu a pena" (apesar do desconforto). Isso muda o significado de "dificuldade e desconforto", que passa a ser "um caminho necessário para a competência e boas experiências".

Uma forma bem mais curta e metafórica dessa abordagem seria dizer: "Se vale a pena fazer alguma coisa, vale a pena fazê-la mal no início. Pense no seu primeiro beijo ou na primeira experiência sexual".

Ampliar a abrangência da palavra "confiante" explorando seu significado e função mais amplos constituiria uma abordagem diferente. "*Naturalmente*, você só se sente confiante quando já fez alguma coisa antes, quanto mais freqüentemente, melhor." "Quanto mais freqüentemente melhor" usa deliberadamente substantivos ausentes para distrair e envolver o ouvinte numa busca inconsciente por essas abrangências ausentes (quanto mais freqüentemente o quê? Melhor o quê?), levando a pessoa a considerar totalmente a nova categorização que você quer oferecer.

"Eu ficaria *realmente* preocupado se você me dissesse que se sente confiante em fazer uma coisa que nunca fez antes, particularmente se fosse algo perigoso, como pilotar um avião. A falta de confiança é um sinal muito importante de que você ainda não sabe como fazer determinada coisa e de que não deve tentar fazer nada perigoso para o qual ainda não está preparado. A falta de confiança *sempre* estará presente quando você tentar algo novo. O que isso tem que ver com o fato de você não tentar uma coisa nova que ampliaria sua vida e o que você é capaz de fazer?" A última frase amplia a abrangência no tempo, indo do desconforto da aprendizagem inicial até os benefícios posteriores sobre os quais ela pode se sentir confiante.

Provavelmente, cada uma dessas respostas levará a pessoa a falar sobre algum tipo de medo social de parecer incompetente, cometer um erro etc., o que se trata de uma questão muito diferente, facilmente representável por um exemplo baseado nos sentidos. A exploração de um exemplo disso (ou de qualquer outra experiência que ela tenha vivido) vai tirá-la da espiral categórica na qual ela se encontra, com sua falsa contradição lógica. Um pouco de experiência real com a qual trabalhar lhe permite recategorizá-la ou lhe dar uma nova abrangência, que se torne base para uma resposta benéfica em uma situação futura.

Eis outro exemplo comum de uma dessas espirais difíceis: "*Só vou gostar de mim se as outras pessoas gostarem de mim. As outras pessoas só vão gostar de mim se eu também gostar*".

Muitos acreditam na primeira afirmação, mas para mim faz bem mais sentido pensar que todos nós começamos como crianças bastante satisfeitas consigo mesmas; só começamos a não gostar de·nós mesmos quando os pais e outras pessoas nos desaprovam ou nos criticam. Então, tentamos compensar isso nos esforçando para gostar de nós mesmos ou fazer os outros gostarem de nós, conforme descrito mais completamente no capítulo 2 na seção sobre negação oculta. Portanto, minha resposta inicial é ir atrás da primeira generalização e transformá-la no oposto. "Estou curioso sobre uma coisa. Quando você era uma criança muito pequena, era verdade para você que você só gostava de si mesmo se alguém mais gostasse, ou isso foi uma coisa com a qual você nasceu e considerava certa?"

Ou mencione alguma coisa que muitas vezes está ausente, mas se torna inquestionável assim que salientada. "Isso é muito interessante. 'Gostar de si mesmo' pressupõe que há dois de você – um dos quais você gosta e o outro que é gostado. Como você ficou dividido em dois desse jeito? Foi porque sua mãe não gostava de algumas coisas que você fazia quando criança e isso o fez sentir-se mal a respeito de si mesmo?"

Também é possível evocar contra-exemplos para a segunda metade da espiral. Chocado e surpreso, diga: "Você viveu dentro de um armário a vida inteira? Você já olhou o mundo ao seu redor? Vejo *muitas* pessoas que gostam das outras e que *não* gostam de si mesmas. Para alguns, parece ser um critério *essencial* para o seu relacionamento, porque então elas podem sentir-se bem como 'salvadoras' fortes e heróicas ajudando a pessoa que não se gosta a gostar mais de si mesma. Esse tipo de relacionamento faz o salvador se sentir forte e poderoso e aumenta a auto-estima *dele*, ajudando-o a gostar mais de si mesmo."

Essa abordagem deixa intacta a idéia de que outra pessoa pode ajudar alguém a se sentir melhor com relação a si mesmo, ao mesmo tempo introduzindo uma mudança interessante: que a outra pessoa que gosta dele talvez faça isso para *ela* se sentir melhor. Portanto, embora não seja necessariamente um objetivo final, poderia ser um começo bastante benéfico para relaxar as idéias de como ele pensa que as coisas "*são*".

Ou você pode buscar outro grupo de contra-exemplos para a categorização, dizendo: "Por outro lado, algumas pessoas gostam de si mesmas, mas outras *não* gostam nada de si mesmas, acreditando que são idiotas arrogantes, egotistas. Qual é a base para essa idéia que você tinha de que gostar de si mesmo possui alguma relação com o fato de os outros gostarem de você?" (A utilização do "tinha" constitui uma ambigüidade deliberada; é verdade que se trata de uma idéia que ele "tinha" no passado, bem como de um convite para abandoná-la e *deixá-la* no passado.)

Em outra abordagem, peça-lhe que mude as posições perceptivas para uma abrangência diferente e evoque e explore contra-exemplos dessa perspectiva distinta.

"Pense nas diversas pessoas de quem *você* gosta..."

"Todas elas gostam de si mesmas? ... Completamente?... Sempre? ... De todas as maneiras?... Elas nunca ficaram insatisfeitas com o que fizeram? De acordo com o que você disse, não poderia gostar delas se elas não gostassem de si mesmas, e, se você gostou delas, elas gostariam de si mesmas."

Outra abordagem seria convidá-lo a começar um pequeno projeto de pesquisa. "Você já perguntou para alguém que gosta de si mesmo como ele conseguiu fazer isso? As outras pessoas gostam dele sempre, ainda que ele não goste de si mesmo ou ele já nasceu com isso? Como isso aconteceu?" Dê-lhe até mesmo a tarefa de realizar uma pesquisa com estranhos na rua, usando esse tipo de perguntas. Sejam quais forem as respostas obtidas – e provavelmente ele conseguiria *muitas* respostas diferentes –, isso no mínimo ampliará sua experiência sobre o assunto e o ajudará a pensar nele de diversas maneiras diferentes.

Existem muitas outras espirais categóricas recursivas em que entrar, mas a maior parte delas terá a mesma estrutura dos dois exemplos que apresentei. Seja qual for o conteúdo, você precisa ir para *dentro* da categoria geral a fim de obter na categoria um ou mais exemplos baseados nos sentidos e trabalhar a partir daí. Às vezes, você desejará enfraquecer ou desafiar a generalização; em outras, talvez seja mais fácil ignorá-la e usar os exemplos para solucionar o problema ou objetivo implícito na queixa original. Os exemplos anteriores trataram das dificuldades do início da aprendizagem e da vontade de gostar de si mesmo.

> **Resumo** A auto-referência ocorre sempre que uma comunicação *descreve* a si mesma e *inclui* a si mesma na descrição. Ela pode descrever a si mesma diretamente, como em "Eu digo a verdade". Isso ocorre com mais freqüência como resultado de uma afirmação categórica usando alguma forma da palavra "tudo", em que a própria comunicação está inclusa na categoria, como "Tudo neste livro é verdade".

Toda vez que fazemos uma afirmação como "Eu gosto de você" – verbal ou não-verbalmente – *sobre* um relacionamento, essa comunicação é uma *categorização* do relacionamento e ao mesmo tempo um *exemplo* dos comportamentos nele inclusos.

A descrição que fazemos de nós mesmos é sempre um exemplo da categoria de eventos que ela descreve. As pessoas muitas vezes categorizam a si mesmas e aos seus relacionamentos de um modo que não é proveitoso. Nesses casos, é de grande valia apontar isso e *utilizar* a auto-referência, para que ela volte sobre si mesma na *experiência* e se dissolva. Quando isso acontece, a antiga categorização torna-se insignificante, facilitando o retorno às experiências problemáticas baseadas nos sentidos que formaram a base original para a categorização.

Essas experiências baseadas nos sentidos podem então ser recategorizadas de maneira mais benéfica *ou* alteradas diretamente por meio de algum tipo de trabalho de mudança ou solução de problemas no mundo real.

A *recursão* é uma forma de auto-referência que aplica repetidamente um processo ao resultado da aplicação do processo. O planejamento comum é o melhor exemplo. Se o resultado de um plano elaborado é insatisfatório, você usa este resultado para criar um plano melhor, até ficar satisfeito com o resultado do último plano. Se você nunca chega a tanto, isso é chamado de "preocupação" e é bom ter uma saída para essa espiral repetitiva. O exame do processo de planejamento pode identificar o que é necessário para chegar a uma conclusão satisfatória, permitindo que você coloque o processo de planejamento "em espera" enquanto localiza a peça que falta.

A ansiedade e a depressão são outros exemplos de recursão de "fuga" interminável. Compreender como esses processos auto-referentes funcionam oferece maneiras para escapar deles. Uma delas é denominada "intenção paradoxal", que consiste em pedir a alguém para fazer *deliberadamente* aquilo que já estava fazendo de modo involuntário. Com isso, a pessoa pode descobrir o que está fazendo, recuperar o controle e decidir fazer algo diferente.

Por vezes, as pessoas categorizam a si mesmas, ou à vida, em afirmações muito gerais que criam espirais auto-referentes, aparentemente contraditórias e inescapáveis – e, nesse nível de categorização, isso é verdade. Ir para *dentro* da categoria a fim de obter os exemplos baseados nos sentidos nela inclusos evita a contradição e proporciona diversas formas para escapar da armadilha.

No capítulo 7, sobre paradoxo lógico, exploraremos o que acontece quando uma categorização auto-referente também inclui a *negação* – algo que pode ser muito problemático. Mas primeiro quero abordar o que acontece na autocontradição, quando uma afirmação *contradiz* e *nega* a si mesma, com freqüência criando uma armadilha desagradável, difícil de escapar e de reconhecer.

"SOU CÉTICO DEMAIS PARA NEGAR A POSSIBILIDADE DE QUALQUER COISA."
T. H. HUXLEY

6

Autocontradição
Sim e não

*"VOCÊ NÃO TEM IDÉIA DA OPINIÃO RUIM QUE TENHO SOBRE MIM MESMO
E DO POUCO QUE A MEREÇO."*
WILLIAM S. GILBERT

Toda comunicação possui três aspectos: *informação, comando* e *relacionamento*. Essas funções ocorrem simultaneamente e são apenas parcialmente transmitidas pelo conteúdo das palavras. Todas elas são muito influenciadas pelos aspectos *não-verbais* da comunicação e pelo *contexto*.

Informação A função mais óbvia da comunicação é transmitir *informação* de uma pessoa para outra. "Eu comi apenas uma manga" lhe dirá algo sobre um evento que presumivelmente você não testemunhou. A informação é apresentada principalmente pelo *conteúdo* das palavras, portanto pode ser geralmente compreendida na forma escrita, que elimina a maior parte da informação não-verbal e do contexto. Por se tratar de uma função tão óbvia, terei pouco a dizer a seu respeito.

Comando Se eu ordenar que você faça alguma coisa ("Escute o que digo!"), a função de comando da linguagem é muito óbvia. Menos óbvio é o fato de que, mesmo uma frase simples como "Eu comi apenas uma manga", ordena efetivamente ao ouvinte para ter uma experiência interna do significado da frase. Um ouvinte *precisa* fazer uma representação interna de *qualquer* frase a fim de compreendê-la, e a maioria das pessoas não está muito consciente do impacto que isso provoca. Ademais, a representação interna que o ouvinte cria em resposta ao significado das palavras freqüentemente altera seu estado emocional, o que fica mais óbvio em mensagens emocionalmente carregadas. Se eu descrever um acidente de carro horrível com detalhes vívidos, isso resultará em um estado muito diferente do que se descrever um maravilhoso concerto ou uma festa infantil. Portanto, a função comando causa um impacto nos níveis consciente e inconsciente de percepção. Quando a função comando é principalmente inconsciente, nós a chamamos de *hipnótica*.

Relacionamento Quando alguém ordena que outra pessoa faça alguma coisa, isso também define o *relacionamento* entre o orador e o ouvinte como um relacionamento no qual um comanda e o outro obedece. Como *toda* comunicação tem a função comando, sempre haverá também a função relacionamento. Uma comunicação indica o relacionamento entre iguais trocando informações ou algum outro entre oponentes iguais, o que se chamou de relacionamento *simétrico*. Ou indicar ainda um relacionamento entre pessoas em papéis complementares – pai e filho, professor e aluno, alguém importante e alguém não importante etc.–, algo denominado relacionamento *complementar* entre desiguais.

Comunicação não-verbal Embora as três funções ocorram simultaneamente em toda comunicação, geralmente prestamos mais atenção a uma delas ou no máximo a duas, deixando as outras funções quase que totalmente fora de nossa consciência. O habitual é que estejamos mais conscientes de nossas palavras do que das muitas diferentes respostas não-verbais, nossas e dos outros.

Como os aspectos *não-verbais* da comunicação expressam e determinam amplamente as funções comando e relacionamento, com freqüência estamos muito menos conscientes desses aspectos. A ênfase auditiva é um dos elementos mais óbvios na comunicação não-verbal. Diga "Eu comi apenas uma manga", repetidamente, enfatizando uma palavra diferente a cada vez e notando como o significado da frase como um todo se modifica...

Quando uma palavra é enfatizada, tendemos a pensar em alternativas para ela, o que altera o significado da frase por implicação – conforme abordado no capítulo 1. Por exemplo, a ênfase no "eu" nos faz imaginar "Quem *mais* poderia ter comido a manga?" No "apenas", pensamos "O que *mais* ele comeu?" ou "O que será que ele comeu antes disso?" etc.

Na comunicação comum todas essas mensagens, tanto verbais quanto não-verbais, combinam-se de um modo que apóia uma única mensagem ou talvez diversas mensagens paralelas. Quando as funções informação, comando e relacionamento estão de acordo, nós a chamamos de comunicação congruente. Mesmo que desagradável, uma comunicação congruente é clara e não resulta em confusão ou mal-entendidos. Mas se qualquer um desses componentes for ambíguo ou contraditório, deparamos com a tarefa de responder a diferentes mensagens que não concordam entre si, o que freqüentemente resulta em confusão.

Contradição A palavra "contradição" vem do latim "contra" e "dicção", "dizer ou falar", uma "declaração contrária" ou "declaração do contrário do que foi dito". Duas pessoas que expressam argumentos opostos estão se contradizendo. Na conversa comum, se eu disser uma coisa e você afirmar o oposto, você me contradisse porque sua fala é "contra" o que eu disse.

A contradição é *seqüencial* ou *simultânea*. Em caso de discordância, podemos educadamente nos alternar na afirmação de nossas opiniões opostas ou, se a discussão esquentar ou ficar violenta, expressar nossas opiniões diferentes na mesma abrangência de tempo, transformando-a em uma "gritaria". Mesmo quando um de nós, ou ambos, não está falando, as mensagens não-verbais opostas ocorrem simultaneamente.

A contradição simultânea em geral se dá *entre* os aspectos verbais e não-verbais de uma mensagem. Por exemplo, se alguém diz "Eu gosto de você" e ao mesmo tempo se afasta, evitando contato, esse é um exemplo de contradição simultânea. Duas mensagens não-verbais podem enviar mensagens opostas simultâneas, como quando uma das mãos faz um gesto convidativo enquanto a outra afasta, ou um dos lados do corpo se movimenta para a frente e o outro para trás. Contudo, sempre que uma afirmação verbal contradiz a si mesma, ela é seqüencial devido à natureza seqüencial da linguagem (falada ou escrita).

Normalmente, a contradição ocorre no *mesmo* nível lógico; digo que alguma coisa é verdade e você diz que não é, ou apresenta uma interpretação contrária. Mas eu posso dizer "X é verdade" e você responder "Você acredita em todo tipo de bobagem". Essa afirmação está em um nível lógico mais elevado, uma vez que categoriza um *grupo* das minhas afirmações, não somente minha afirmação a respeito de X. Provavelmente, seguirei sua mudança para esse nível lógico mais elevado, contradizendo sua categorização com algo como "Isso não é verdade". Agora, a discussão está novamente no mesmo nível lógico, embora mais geral.

Se eu for capaz de acompanhar os níveis nessa discussão, responderei de modo a manter a discussão no nível original da minha afirmação. "Talvez seja verdade que eu acredito em todo tipo de bobagem, mas isso é irrelevante para essa discussão, porque nesse caso tenho a seguinte evidência de que X é verdade." Pelo fato de que a pessoa tenderá a mudar os níveis lógicos quando sua evidência em determinado nível for fraca ou se ela ficar sem argumentos, pode ser proveitoso manter a discussão no mesmo nível para chegar a uma solução ou pelo menos a uma compreensão clara das diferentes opiniões.

Autocontradição Quando uma afirmação *contradiz a si mesma*, a contradição acontece em qualquer uma (ou em todas) das três funções: *informação*, *comando* e *relacionamento*. Como todas as três funções ocorrem simultaneamente, a contradição costuma aparecer em mais de uma dessas funções e às vezes é difícil decidir como descrever determinada contradição. Com isso em mente, eis alguns exemplos que podem ser atribuídos a cada função.

Informação A citação no início deste capítulo expressa uma contradição na *informação* comunicada. Parte da frase afirma que o orador tem uma "opinião ruim" sobre si mesmo, seguida por "o pouco que a mereço", indicando uma opinião boa.

Há alguns anos, li um curto artigo sobre pesquisas que descobriram que era difícil as pessoas compreenderem uma frase com mais de 17 palavras, portanto os artigos deveriam conter frases que não fossem mais longas do que isso. (A frase anterior tem 38 palavras; você achou difícil compreendê-la?) No entanto, *toda* frase nesse artigo tinha mais de 17 palavras, o que o tornava contraditório: ele fazia aquilo que afirmava que não se deveria fazer.

Comando "Não leia esta frase" diz ao leitor para fazer algo em um contexto no qual é impossível obedecer – exemplo de uma contradição na função *comando*. Para fazer o que a frase manda, você precisa fazer o que ela lhe diz para *não* fazer, uma situação impossível. Simplesmente não ler a frase também não é obedecer, uma vez que você só pode *concordar* com um comando se estiver respondendo a ele. Isso talvez pareça apenas um exemplo engraçadinho e sem sentido, contudo, em determinada época, alguns aviões traziam instruções de emergência que diziam: "Se você não conseguir ler essas instruções sobre o que fazer em uma emergência, por favor, fale com um comissário de bordo"!

Uma variação dessa contradição é "Não seja tão obediente", outro comando impossível de ser obedecido sem desobedecê-lo. Como qualquer outro padrão de comunicação, esse também se aplica de maneira positiva a um contexto adequado. Se você está se comunicando com alguém que sempre olha para você em busca de orientação, pode comandá-lo a *não* prestar atenção ao que você disser.

Richard Bandler teve um cliente que lia obsessivamente placas de carros personalizadas e com base nelas deduzia mensagens que precisava seguir de maneira compulsiva. Assim, Bandler arranjou uma placa personalizada que dizia "PARE" e colocou-a em seu carro, que estacionou num local visível da cadeira onde o cliente sentava em seu consultório.

Relacionamento "Eu insisto que o nosso relacionamento é entre iguais" constitui uma autocontradição na função relacionamento, pois a afirmação *expressa* um relacionamento entre desiguais ao mesmo tempo em que *define* o relacionamento como entre iguais.

Esses tipos de contradição são muito comuns e podem causar muita confusão e infelicidade. Eles são habitualmente chamados de paradoxos, no sentido mais amplo da palavra, significando "inesperado" ou "autocontraditório". Contudo, prefiro usar o termo "autocontradição" para esse tipo de mensagem.

Também experimentamos contradições *entre* as três diferentes funções: *informação*, *comando* e *relacionamento*. Como uma autocontradição totalmente em palavras muitas vezes é bastante óbvia, a oposição costuma aparecer entre uma mensagem verbal e uma não-verbal relativamente inconsciente.

Por exemplo, uma pessoa que se aproxima de alguém para iniciar um relacionamento pode expressar não-verbalmente sua certeza de que ninguém gostaria de ter um relacionamento com ela. Se não estiver consciente de suas mensagens não-verbais, será difícil para ela perceber essa contradição. Sempre que os outros responderem às mensagens não-verbais demonstrando pouco interesse nela, isso confirmará sua crença.

Se uma pessoa diz "Quero ajudar você" em um tom de voz fraco, queixoso, a afirmação verbal do relacionamento é o oposto da função comando não-verbal do tom de voz, que efetivamente diz "Por favor, cuide de mim".

Diante de uma pergunta sua, alguém talvez responda "Eu não sei" em um tom de voz abrupto e desinteressado que diz "Cale a boca" ou "Não me aborreça com isso!" "Eu não sei" é uma resposta ao pedido de informação, enquanto o comando não-verbal é uma rejeição desse pedido. Na verdade, ele provavelmente *sabia* a resposta, mas disse "Eu não sei" como uma forma rápida de encerrar a comunicação.

Essas mensagens não-verbais contraditórias são literalmente "não declaradas" e com freqüência um tanto ambíguas. Como resultado, em geral são processadas inconscientemente e uma pessoa pode estar consciente apenas dos sentimentos ruins que elas provocam. Ao tentar ajudar as pessoas a sair de sua confusão, é especialmente benéfico examinar essas mensagens não-verbais, que muitas vezes contêm as peças que faltam ao quebra-cabeça.

Normalmente, as mensagens são não-verbais e ambíguas porque alguém não deseja expressá-las diretamente ou tem sentimentos confusos com relação a ser direto. Portanto, se você tentar esclarecer a comunicação perguntando, por exemplo, "Você quer que eu cale a boca?", a pessoa pode responder indiretamente, dizendo algo como "Não sei o que você quer dizer", ou com uma mensagem que pune "Bem, é claro; isso não é óbvio?", ou "Como você pode pensar isso?" Nesses exemplos, a mensagem não-verbal é "Sou mais esperto do que você", o que freqüentemente encerra a troca.

Durante muitos anos, milhares de psiquiatras e psicólogos tentaram ajudar esquizofrênicos com terapia, enquanto acreditavam firmemente que estes não se beneficiariam dela. Como podiam eticamente cobrar por algo que tinham *certeza* de que não funcionaria? Esta é uma pergunta para a qual ainda não ouvi nenhuma resposta satisfatória. Sem dúvida, as crenças do psiquiatra eram comunicadas não-verbalmente aos esquizofrênicos e a ausência de resposta ao tratamento só as confirmava.

Quando a autocontradição ocorre em uma única frase, em geral é muito fácil reconhecer o "engarrafamento" resultante. Contudo, duas frases (ou três, ou mais) podem criar uma espiral maior um pouco mais difícil de se notar e compreender.

Por exemplo, há alguns anos conheci uma mulher que enfrentava dificuldades em relacionamentos. Ela queria ficar com um homem que tivesse bom discernimento, mas ela tinha um autoconceito demasiado ruim – não gostava muito de si mesma e apresentava baixa auto-estima. Sempre que um homem demonstrava interesse, ela pensava: "Se ele gosta de mim, não deve ter bom discernimento, portanto não quero sair com ele". Saía apenas com homens que não demonstravam interesse por ela ou que pensavam mal a seu respeito, o que levou a abusos e outras situações desagradáveis. Se demonstrassem qualquer interesse, ela imediatamente perdia o interesse neles.

Ela acabou na mesma armadilha da famosa afirmação de Groucho Marx: "Eu nem sonharia em fazer parte de um clube que estivesse disposto a me aceitar como sócio", uma maneira curiosa de dizer que não queria ser membro de *nenhum* clube. Entretanto, essa mulher *queria* estar num relacionamento, mas não percebia como suas duas crenças interagiam em uma espiral que resultava numa contradição lógica, impedindo qualquer possibilidade de um bom relacionamento.

Causalidade/determinismo É particularmente difícil não notar a autocontradição quando uma *premissa* oculta faz parte de uma espiral contraditória. Há cerca de vinte anos, em São Francisco (Califórnia), numa conferência sobre imagens mentais (a "primeira conferência mundial sobre imagens mentais" de que me lembro), Larry Dossey falava para cerca de trezentas pessoas, fazendo uma distinção entre o que ele chamava de "pensamento causal" (pensamento lógico tradicional ocidental) e "pensamento não-causal" (não muito bem especificado, pelo menos em minha lembrança atual). De acordo com ele, o pensamento causal resultara em muitos dos problemas que nos afetavam e o não-causal esclareceria esses problemas, permitindo que fossem solucionados mais facilmente.

Olhei ao redor admirado enquanto trezentas pessoas concordavam, aparentemente sem perceber que ele estava dizendo que o seu modelo "*não-cau-*

sal" nos faria pensar melhor – uma flagrante contradição! Em conversas ao vivo, a maioria das pessoas tem uma dificuldade considerável para acompanhar até mesmo dois níveis lógicos. Poucas se dão conta da espiral de auto-referência entre dois níveis que proporciona uma oportunidade para esse tipo de contradição. Alguns anos atrás, Gregory Bateson notou que essa incapacidade muitas vezes colocava as pessoas em dificuldades (1972, p. 309-337).

Conforme salientei no capítulo anterior, *qualquer* discussão de causalidade ou determinismo é auto-referente porque a causalidade está pressuposta na utilização da linguagem – nossas palavras, gramática e sintaxe determinarão o significado adequado etc. Portanto, empregar a linguagem para provar que o determinismo não existe contradiz a premissa oculta inerente no uso da linguagem.

Ser e fazer Muitas armadilhas intrigantes resultam da confusão entre as categorias "ser" e "fazer". Por exemplo, certa vez me envolvi com uma mulher que não gostava de alguns de meus atos e atitudes e queria que eu mudasse. Após algumas discussões, ela finalmente concluiu "Você tem uma falta de humanidade básica" e logo depois disso nosso relacionamento acabou.

Ao descrever as dificuldades na maneira como nos *relacionávamos* como *minha* "falta de humanidade básica", colocou-as todas em *mim*, numa abrangência muito menor que a excluía, bem como à nossa forma de interagir. Mesmo admitindo que todas as suas exigências eram razoáveis, as dificuldades resultavam da maneira como *nós* nos relacionávamos.

Só muitos anos depois percebi como sem querer ela nos prendeu em uma armadilha ao categorizar nosso relacionamento dessa forma. Descrevendo *nosso* problema como a *minha* "falta de humanidade básica", ela categorizou meu comportamento como uma coisa relacionada ao meu *ser*, algo que não posso mudar. Assim, não havia como agradá-la, porque eu sofria de uma "falta básica". (Talvez eu fosse capaz de superar uma "falta", mas não uma falta "básica".)

Sou capaz de mudar o que *faço* e como *penso* e *respondo*, pois se trata de ações específicas sobre as quais tenho algum controle, mas não mudar quem eu *sou*. Se ela tivesse dito "Não gosto dessas atitudes e ações; quero que você mude o que faz", então eu decidiria se aceitava isso ou não, já que atitudes e comportamentos podem ser modificados. Entretanto, ela estava me pedindo para mudar alguma coisa, enquanto categorizava a situação como uma na qual era impossível eu mudar – um tipo comum de *autocontradição*.

Por exemplo, muitos pais dizem à criança que ela é estúpida e então a criticam por não ir bem na escola! As pessoas entram nesse tipo de dificuldade sempre que desejam que alguém se comporte de maneira diferente, ao mesmo tempo categorizando seu comportamento com relação a quem ele *é*, e não àquilo que *faz*. "Ele é um delinqüente", "Ela é namoradeira". A maioria das pessoas aceitará esse tipo de categorização e atribuição, assim como eu fiz, sem perceber como ela as aprisiona e as torna impotentes. Mesmo que se rebelem contra a categorização ("Eu *não* sou namoradeira!"), ainda assim estão categorizando a si mesmas como tal – mas negam –, conforme exploramos no capítulo 2 sobre negação.

A contradição "seja espontâneo" Há outra situação autocontraditória muito comum, chamada de paradoxo no sentido mais livre da palavra e descrita detalhadamente por Watzlawick (1976, p. 19-21).

Digamos que tenho um amigo que planeja minuciosamente o que vai fazer a seguir, algo que resulta em alguns comportamentos que podemos chamar de rígidos, mecânicos ou "convencionais". Com a melhor das intenções, achando que ele ficaria muito mais relaxado e à vontade se não planejasse tanto, eu lhe diria: "Seja espontâneo". Trata-se de um comando ou uma injunção dizendo a ele o que fazer (informação) e estabelecendo um relacionamento complementar entre nós: ele deve fazer o que estou pedindo.

Contudo, comportamento "espontâneo" é o comportamento voluntário e escolhido livremente, uma resposta improvisada aos eventos no momento, que contradiz o fato de nos dizerem o que fazer. Como "seja espontâneo" é um comando para fazer o que não pode ser ordenado, ele é autocontraditório. "Estou lhe dizendo para fazer o que não pode ser feito."

Por exemplo, uma esposa gostaria que o marido lhe trouxesse flores como um gesto espontâneo do seu amor, então ela lhe diz que é isso que gostaria que ele fizesse. Mas agora, se ele concordar com seu pedido e lhe trouxer flores, será porque ela pediu, deixando portanto de ser um sinal *espontâneo* do seu afeto! Ao pedir uma coisa que só a deixará satisfeita se ela *não* pedir, sem querer ela o coloca em uma armadilha. Há *muitos* outros exemplos desse tipo de contradição na vida cotidiana, em que alguém exige uma resposta que só pode ser espontânea. "Você precisa me amar" ou "Você devia gostar de fazer sua lição de casa."

A contradição "não seja espontâneo" Na contradição "seja espontâneo", uma pessoa manda outra *ter* uma resposta espontânea que *não* tem. Uma dificuldade muito mais comum surge quando isso é negado e alguém ordena que o outro *não* tenha uma resposta espontânea que *realmente* tem, basicamente dizendo "*Não* seja espontâneo". "Você não devia ficar zangado", "Não fique aborrecido", "Deixe de ser tão ridículo" ou "Você sempre leva as coisas tão a sério".

Além de ser totalmente desrespeitoso com o que quer que a pessoa esteja sentindo naquele momento, *ambas* as contradições dizem "Não seja quem você é; seja alguém diferente". Muitas crianças expostas a isso repetidamente concluem, com o passar do tempo: "Se eu fosse eu mesma, ninguém gostaria de mim nem me aceitaria", "Preciso ser o que as outras pessoas desejam" ou uma variação de "Não posso ser eu mesmo", "Eu sou ruim" ou até mesmo "Não há lugar para mim aqui".

Animais e contradição Nas décadas de 1930 e 1940, realizaram-se diversas experiências psicológicas com animais no intuito de testar sua habilidade para distinguir estímulos diferentes. Por exemplo, um cão era ensinado a diferenciar entre um círculo e uma elipse recompensando-se uma resposta ao círculo com alimento e castigando uma para a elipse com choque. Depois que o cão aprendia essa distinção, o experimentador deixava a elipse gradativamente mais parecida com um círculo, levando o animal a fazer distinções cada vez menores.

Finalmente, a elipse ficava tão semelhante ao círculo que o cão já não podia diferenciá-los. Como ele não conseguia mais solucionar o problema, era recompensado e castigado ao acaso. Nesse ponto, o animal ficava aborrecido e excitado e se comportava de maneira *muito* estranha, latindo, uivando, andando, urinando, dando respostas vãs que não funcionariam mesmo se o problema tivesse sido solucionado. Devido a esses comportamentos "malucos", os experimentadores com freqüência descreviam esses animais usando os termos "neurótico" ou "psicótico", embora a semelhança com a doença mental humana seja apenas parcial.

Contudo, cães *não* treinados colocados na mesma situação impossível recebiam a mesma recompensa e castigo aleatórios, só que não tentavam solucionar o problema porque não haviam sido treinados para isso. Embora fizessem algumas tentativas para fugir por causa dos choques, deitavam-se na jaula ao descobrir que não havia como. Comiam o alimento que lhes era entregue e ficavam tensos na hora dos choques, como qualquer animal, mas *não* se comportavam de maneira estranha. O que fez a diferença?

Os primeiros animais foram treinados não-verbalmente para categorizar a situação como um problema que *podia* ser resolvido e só depois descobriam que *não podia*. Era essa *contradição* que os fazia agir tão estranhamente. Eles não eram capazes de recategorizá-lo como um problema que não podia ser solucionado, e sim apenas suportado.

Paul Watzlawick (1978, p. 38-39) discutiu uma distinção muito útil entre duas importantes categorias, *problemas* e *dificuldades*. Problemas são eventos desagradáveis que *podem* ser solucionados ou resolvidos, enquanto dificuldades são eventos desagradáveis que *não* podem ser solucionados (pelo menos com as atuais informações, habilidades, tecnologia e recursos), mas somente suportados. Categorizar determinada abrangência de experiência como um problema ou como uma dificuldade traz importantes conseqüências.

Por exemplo, criar alimento e abrigo adequados para os seres humanos é um problema que *pode* ser solucionado com o conhecimento e os recursos atuais, embora certas sociedades não executem as ações adequadas para isso. Algumas doenças, como catapora e poliomielite, já foram dificuldades a ser suportadas, mas tornaram-se problemas resolvidos. A morte e muitas outras doenças ainda são dificuldades que precisamos suportar porque ainda não encontramos soluções para elas.

Quando as pessoas categorizam erroneamente um problema que *pode* ser solucionado como uma dificuldade que *não* pode ser resolvida, elas não agem quando deveriam e, assim, o problema persiste. A opressão das mulheres e minorias em muitas sociedades não é compreendida por elas como um problema, portanto nenhuma ação é tomada, apesar do conflito, do sofrimento e da perda de talento humano resultantes.

Ao categorizar erroneamente uma dificuldade que *não* pode ser resolvida como um problema que *pode* ser resolvido, as pessoas agem quando isso é inútil e com freqüência pioram a situação, devido à contradição inerente. Por exemplo, se a raiva, a sexualidade e outras emoções difíceis são categorizadas como problemas, muitas vezes as pessoas tentam eliminá-las com castigo e repressão, sem perceber que se trata de uma parte inerente do ser humano, com funções valiosas. Esse tipo de "solução" costuma ser pior do que a dificuldade que estamos tentando solucionar.

Coerção versus Eliciação O resultado da *coerção* – forçar uma pessoa a fazer alguma coisa – é ela *precisar fazer* essa coisa. O resultado da *eliciação* – agir de modo a induzir ou instigar uma pessoa a fazer alguma coisa – é ela *querer* fazê-la. Conforme discutimos no capítulo 4, esses são modos de operação diferentes. A maioria das pessoas experimenta o "precisar" e o "querer" como categorias opostas e contraditórias. Se alguém *precisa* fazer, em geral não *quer* fazer e, se *quer* fazer alguma coisa, em geral não pensa nela como algo que *precisa* fazer.

A diferença entre coerção e eliciação fica mais bem ilustrada por uma história. Há muitos anos, Leslie Cameron-Bandler estava em treinamento para se tornar assistente social. Como parte do programa, foi designada a conduzir uma terapia em grupo numa prisão de segurança máxima. No primeiro encontro do grupo, enquanto os prisioneiros sentavam formando um círculo, um deles olhou Leslie diretamente nos olhos e disse "Eu poderia fazer você ___ ––", ao que se seguiu uma longa e explícita lista de coisas que ele poderia levá-la a fazer, a maior parte sexual. Leslie esperou pacientemente que ele chegasse ao fim e então respondeu tranqüilamente: "Sim, tenho certeza de que você poderia me levar a fazer todas essas coisas". Depois de uma rápida pausa, acrescentou: "Você pode me levar a *querer* fazê-las?"

O prisioneiro percebeu que ela conseguira mudar o contexto de "precisar" para "querer", da coerção para a eliciação. Ele se tornou um grande aliado, sempre ao seu lado quando alguém no grupo se comportava de maneira não cooperativa ou provocava confusão.

Quando o pai quer que a criança estude (um desejo muito razoável para um pai que acredita que a aprendizagem trará benefícios para ela), ele tem duas opções essencialmente diferentes à disposição, a *coerção* e a *eliciação*. A coerção "precisar" é a escolha mais simples e mais comum, ordenando ou forçando a criança a estudar, freqüentemente com ameaças verbais ou físicas de castigo. Como estudar é um comportamento, pelo menos a *impressão* de estar estudando pode ser exigida – permanecer em um local, olhar para um livro etc. Contudo, se a criança não *quer* estudar (uma resposta espontânea que não dá para exigir), forçá-la a fazer isso talvez não ajude a alcançar o objetivo que os pais realmente desejam, que é *aprender* – o *resultado* de estudar.

Forçar uma criança a estudar traz também muitas outras conseqüências indesejáveis, criando um relacionamento de oposição entre desiguais, com o pai mandando nela. A coerção sempre cria uma hierarquia de autoridade, distorcendo e diminuindo a flexibilidade da heterarquia natural de um relacionamento dinâmico e saudável. Isso costuma resultar em revolta e outros sentimentos ruins na criança e, até, em outro comportamento "hostil", não apenas com relação aos estudos, mas também em outros contextos.

Ademais, isso cria uma situação na qual a criança provavelmente só estudará sob supervisão. Precisar vigiar seus estudos, além de todas as outras coisas que ele já precisa (e quer), e fazer isso se encaixar em uma agenda cheia será irritante para o pai. Assim, todos os envolvidos tenderão a ficar infelizes e desgastados com a situação.

Os pais que usam muito a coerção raramente param para se dar conta de que, depois que a criança atinge certa idade, há certas coisas que eles simplesmente *não* conseguem controlar. O pai não pode estar sempre presente e, em determinado ponto, mesmo que esteja, não poderá forçá-la a fazer alguma coisa, pois ela se tornou fisicamente mais forte e imune às ameaças. Outro problema é o fato de que, se as crianças forem ensinadas a sempre obedecer, ao deixar o lar podem acabar obedecendo a qualquer *outra* autoridade sem questionar – coisa que os pais dificilmente desejam. Ampliar a abrangência no tempo e no espaço é uma maneira poderosa de convencer um pai a tentar a eliciação em lugar da coerção.

Algumas respostas não podem ser coagidas; elas *só* podem ser eliciadas, mas muitas pessoas não entendem isso. Como explicou um homem que foi preso por bater na esposa: "Bati nela para que ela me amasse mais". O amor também não é uma obrigação. "Você deveria me amar por tudo que eu fiz por você."

A outra possibilidade é a *eliciação*, comportar-se de maneiras que provavelmente farão alguém lhe amar ou uma criança querer estudar e aprender espontaneamente. Embora seja mais difícil executar bem essa opção (É *tão* fácil apenas dizer a alguém o que fazer!), os resultados são bem mais efetivos, duradouros e muito mais fáceis no longo prazo. Não há como ter certeza de que a eliciação funcionará, mas é certo que a coerção não funcionará.

Há muitas maneiras para eliciar o desejo de aprender em uma criança. Demonstre excitação ao aprender algo e pense em tarefas como oportunidades para descobrir coisas e isso a tornará cada vez mais capaz de solucionar problemas. Quando a criança compreende ou descobre alguma coisa sozinha, demonstre prazer como faria um amigo: "Uau, isso é legal", "Isso não é surpreendente?" ou "Interessante; eu não sabia isso". (As crianças *adoram* situações nas quais sabem mais do que um adulto!)

Uma tarefa aborrecida e irrelevante vira um desafio para sua criatividade; o que você pode fazer para torná-la interessante e pertinente? Como aprender a "explorar o sistema" transformando uma tarefa desagradável em algo que você *pode* apreciar, aprendendo com ela e ao mesmo tempo satisfazendo as exigências? Na pior das hipóteses, como você pode encontrar uma maneira para completar a tarefa com o mínimo esforço e em menos tempo, a fim de seguir em frente e aproveitar para aprender outras coisas?

Quando você usa a eliciação, tem de ficar muito atento às respostas que obtém de suas diferentes ações. Se algo que você faz não funciona, é necessário encontrar uma forma de fazer diferente ou tentar outra coisa. Como a eliciação é um relacionamento entre iguais, você precisa ser cuidadoso para evitar tudo que sugira desigualdade no relacionamento.

Com freqüência, o mundo real oferece incentivos úteis para os desejos parentais e tudo que você precisa fazer é recuar e esperar que alguém os descubra. Quando eu estava na quarta série, decidi que não queria tomar banho. Minha mãe conversou um pouco comigo, mas eu estava irredutível. Assim, ela decidiu que insistir mais seria contraproducente, desistiu e deixou que eu não tomasse alguns banhos. Depois de aproximadamente uma semana, voltei da escola chorando: "As crianças dizem que eu *cheiro mal!*", e fiquei muito disposto a tomar banho. Depois dos 12 ou 13 anos de idade, não consigo me lembrar de minha mãe me dizendo para fazer *qualquer coisa*. Ela me dizia o que pensava a respeito de algo, sugeria opções, aspectos a serem considerados ou possíveis maneiras para reunir mais informação e então me deixava tomar minhas próprias decisões.

Naturalmente cometi alguns erros; isso faz parte da vida. Minha mãe tinha uma filosofia mais ou menos assim: "Não é possível não cometer erros. Você pode aprender sobre erros quando é jovem e as conseqüências em geral não são tão sérias, ou aprender sobre erros quando é mais velho e as conseqüências, muito mais significativas. Por que não aprender logo que for capaz?"

Escapando da autocontradição As autocontradições têm sido descritas como armadilhas sem saída e certamente é assim que as pessoas costumam experimentá-las, quer tenham ou não qualquer compreensão explícita de sua estrutura. Entretanto, o que você aprendeu sobre categorização oferece *diversas* maneiras para escapar delas. Considere isso uma oportunidade para, antes de continuar lendo, parar e pensar a respeito de como poderia usar o que sabe sobre categorização para escapar da autocontradição...

A autocontradição existe no nível lógico de categorização e, *nesse nível, realmente não há nenhuma solução*. Para escapar de uma contradição, você precisa mudar de níveis lógicos, indo para um nível mais geral ou para um mais específico – geralmente, vale a pena fazer as duas coisas, uma de cada vez.

a. Nível lógico mais elevado. Passar a um nível *mais geral* de categorização possibilita enxergar uma situação problemática como membro de uma categoria mais geral, chamada de "problemas insolúveis", como acabei de fazer na discussão anterior. Se um problema é novamente descrito, permitindo-lhe ver que ele é inerentemente insolúvel, certamente não faz sentido continuar lutando contra ele! Quando fica óbvio para as partes que elas estão presas, ambas podem dar uma boa risada e escapar da contradição. Por exemplo, um pai que percebe a contradição ao tentar forçar uma criança a estudar, pede desculpas por seu erro estúpido e começa a tentar a eliciação. Alguém que está tentando forçar o amor ou qualquer outra resposta espontânea pode fazer o mesmo.

Embora isso lhe permita escapar da contradição, ainda haverá diferenças que a coerção tentou solucionar por meio da força. O pai ainda deseja que a criança estude e alguém que quer ser amado continua querendo que isso aconteça. Anteriormente, descrevi uma mulher que me deixou preso numa armadilha dizendo que eu tinha uma "falta de humanidade básica". Ela me categorizou como incapaz de mudar e ao mesmo tempo exigiu que eu mudasse. Se eu tivesse sido capaz de mostrar essa contradição, talvez até escapasse da armadilha, mas ainda assim teríamos importantes diferenças.

b. Nível lógico mais baixo   Para realmente solucionar problemas, em geral precisamos passar a um nível lógico *mais específico*, mais próximo da experiência baseada nos sentidos. É aí que reside a diferença e onde algumas vezes encontramos uma solução. Com a mulher que me descreveu como dono de uma "falta de humanidade básica", eu poderia ter dito, por exemplo: "Veja, não sei se tenho ou não uma falta de humanidade básica. O importante é que fiz certas coisas de que você não gosta e você quer que eu aja de forma diferente. Por favor, diga-me da maneira mais simples possível quais são essas coisas. Dê-me exemplos específicos, diga-me do que você não gosta com relação a essas situações e o que gostaria que eu fizesse." Isso poderia ter iniciado uma negociação entre iguais para tentar encontrar uma solução mutuamente aceita.

Talvez os comportamentos que não a agradavam fossem muito importantes para mim e eu não estivesse disposto a modificá-los. Talvez eu me dispusesse a modificá-los desde que ela também fizesse algumas mudanças. Talvez houvesse alguma outra solução que deixasse ambos satisfeitos. Ou talvez não fôssemos capazes de encontrar uma boa solução. A negociação não garante uma solução, porém torna *possível* encontrar soluções para muitas das diferenças que inevitavelmente surgem entre as pessoas. Isso é *muito melhor* do que ficar preso numa contradição em que *nenhuma* solução é possível.

c. Nenhum/ambos Outra saída é perceber que a autocontradição pressupõe duas categorias *consideradas* mutuamente exclusivas: uma resposta precisa ser *ou* espontânea *ou* exigida, mas não pode ser ambas ou nenhuma (um exemplo de pensamento limitado *ou/ou* discutido anteriormente). Pensar em categorias mutuamente exclusivas não reconhece a possibilidade de uma categoria de eventos que não sejam *nem* "ordenados" *nem* "espontâneos", bem como a possibilidade de uma categoria de eventos *tanto* espontâneos *quanto* ordenados.

Anteriormente, usei o exemplo de uma mulher que pediu ao marido para lhe trazer flores, prendendo a ambos numa contradição "seja espontâneo". Se a resposta dele for categorizada como *nem* espontânea *nem* ordenada, então ele pode escapar da armadilha.

Por exemplo, talvez a chefe do marido tivesse algumas lindas flores, mas ia sair de férias e não havia como levá-las, portanto deu-as para que ele as levasse para a esposa. Nesse caso, trazer flores não foi o resultado de um impulso espontâneo para mostrar seu afeto *nem* o resultado do pedido da esposa.

Outra maneira de responder é redefinir o contexto como um no qual a resposta do ouvinte é espontânea e ordenada, dando-lhe total liberdade de escolha para responder *espontaneamente* à ordem ou pedido. Algumas de nossas experiências mais deliciosas ocorrem quando espontaneamente respondemos com alegria ao que outra pessoa nos pede, ou até mesmo exige. (Você consegue pensar agora em diversas experiências como essa?) Quando alguém lhe solicita alguma coisa, você pode sorrir misteriosamente e dizer "Bem, talvez eu faça, talvez não". Isso reconhece o pedido da pessoa *e* também que você não se considera obrigado a responder.

Também é possível que você *já* tivesse uma resposta espontânea, mas se reprimiu por ficar preocupado com o que a outra pessoa poderia pensar. Então, quando ela pediu ou ordenou, você se sentiu à vontade para expressar sua resposta espontânea. (Você também consegue pensar em alguns exemplos agradáveis de situações como essa?) "Nem sei quantas vezes pensei em lhe trazer flores, mas fiquei preocupado que você talvez achasse isso uma extravagância, portanto não trouxe. Agora que sei que estava errado, posso fazer isso."

Naturalmente, trazer flores não é a verdadeira questão. A verdadeira questão é que sua esposa gostaria de uma demonstração espontânea de afeto (uma categoria mais geral) para se sentir amada e segura no relacionamento. Como trazer flores é apenas *um exemplo* dos comportamentos inclusos nas categorias "demonstração espontânea de afeto", o marido tem *outros* exemplos nessa categoria mais geral em que pensar. Pelo fato de que a esposa não pediu esses outros exemplos, ela pode ficar agradavelmente surpresa. Para fazer isso bem, ele precisa saber o que ela já inclui nessa categoria ou descrever o que ele faz que se encaixa na categoria (ou ambos). Por exemplo: "Eu queria mostrar o quanto te amo, por isso comprei entradas para aquele novo espetáculo que você disse que gostaria de ver".

Utilizando a coerção De vez em quando, descobrimos que nosso emprego, os impostos ou outras circunstâncias nos colocam em uma situação de coerção. Conhecendo toda a confusão e dificuldades provocadas pela coerção, é importante saber como trabalhar *dentro* dela.

Sendo coagido Ao ser coagido pelos outros, você decide que, considerando todas as circunstâncias, é melhor ser coagido do que suportar a alternativa, então faz sentido dizer que você *escolheu* ser coagido – e que quase sempre tem a liberdade de rever essa decisão. Como discutimos no capítulo 4, "escolher" lhe dá poderes e é muito melhor do que "precisar" quando você se sente uma vítima impotente, embora a situação externa seja a mesma.

O próximo passo é encontrar uma forma de *aproveitar* aquilo que você escolheu fazer. E, já que se comprometeu, pode muito bem gostar de fazê-lo. Uma das maneiras *sempre* disponível de conseguir isso é imaginar como você se sentirá bem quando terminar a tarefa e experimentar um pouquinho dessa sensação a cada pequena parte completada.

Coagindo os outros Quando o seu trabalho ou as circunstâncias o colocam na situação de coagir os outros, a primeira coisa a se fazer é deixar claro que eles também fizeram uma *escolha* entre ser coagidos e a alternativa. Mesmo que se dê entre alternativas muito desagradáveis, a escolha é melhor do que se sentir uma vítima impotente. Como eles vão se sentir melhores e mais fortes com isso, no mínimo será um pouco menos provável que resistam apenas por despeito. Mas você pode fazer ainda mais, *juntando-se* a eles na situação, para não ser somente um repressor.

Por exemplo, clientes enviados pelo Tribunal costumam ficar furiosos por serem obrigados a fazer terapia, resistindo a quaisquer esforços que visem envolvê-los – e é ainda pior quando dão aquele sorriso falso para parecer que estão colaborando! Na terapia de casais ou na terapia familiar, com freqüência a pessoa está lá devido a algum tipo de coação e se comporta da mesma maneira. Os clientes que fazem terapia apenas porque *precisam* geralmente não *querem*, tornando muito improvável que aconteça qualquer coisa proveitosa.

O terapeuta está em situação igualmente difícil, porque se encontra num "relacionamento duplo", em dois papéis contraditórios: auxiliar e carcereiro. A ética profissional proíbe qualquer tipo de "relacionamento duplo" entre terapeuta e cliente. Por exemplo, os terapeutas estão expressamente proibidos de manter qualquer outro tipo de relacionamento com clientes – profissional, social, de amizade (ou mais). Entretanto, as mesmas orientações são estranhamente silenciosas sobre o relacionamento duplo entre auxiliar e carcereiro, que repetidamente demonstrou prejudicar o cliente, especialmente em instituições para doentes mentais ou em prisões, onde a coerção ocorre 24 horas por dia. Como é possível conseguir alguma coisa com a coerção categorizando tudo que você faz?

Quando você é categorizado, *sempre* tem a escolha de aceitar a categorização *ou* de recategorizar de algum modo mais útil. O mais elegante é *fazer as duas coisas ao mesmo tempo*. Você pode aceitar a categoria de coerção *e* redefinir seu relacionamento *dentro* dessa categoria como voluntário, a fim de realizar um trabalho proveitoso.

Por exemplo, um colega, John Enright, trabalhou certa vez com delinqüentes juvenis a quem deram a escolha de ir para a prisão ou participar de seis horas de aconselhamento. Compreensivelmente, a maioria preferiu o aconselhamento, mas não tinha nenhuma motivação para realizar um trabalho sério. Após algumas semanas frustrantes, John examinou a lei para ver como eram descritas as "seis horas de aconselhamento". Ele descobriu que não havia nenhuma especificação a respeito da duração de cada sessão individual, apenas que elas deveriam somar seis horas.

A partir daí, sempre que encontrava um transgressor, John primeiro explicava com clareza o tipo de aconselhamento que fazia e como isso poderia ajudá-lo a resolver quaisquer dificuldades que *ele* achava que tinha, estivessem elas relacionadas ou não aos seus problemas com a lei. Então, dizia-lhe que, uma vez que a lei não especificava a duração da sessão, se a qualquer momento ele percebesse que a pessoa não estava participando sinceramente, encerraria o encontro após dez minutos. Se isso continuasse, o infrator precisaria voltar 36 vezes, e não seis.

Essa aritmética simples imediatamente motivou muitos de seus clientes, enquanto outros o testaram algumas vezes para ver se aquilo de fato acontecia. Quando ficou claro que John realmente encerraria a sessão após dez minutos se eles não participassem, os clientes começaram a discutir seriamente assuntos que eram importantes para *eles*. John utilizou e *ampliou* a coerção e ao mesmo tempo colocou a cooperação *dentro* da coerção.

Em outra ocasião, John estava conduzindo uma terapia em grupo num hospital para deficientes mentais onde todos eram clientes involuntários obrigados a comparecer às sessões. A atitude geral deles, tanto com relação a ele quanto à terapia, variava do desinteresse entediado à hostilidade ativa. Um dia, após diversas sessões frustrantes, ele pegou um giz e desenhou uma linha no meio do chão da sala das reuniões. Na seqüência, explicou que pretendia tentar um tipo de sessão muito diferente, na qual todos aqueles que desejassem participar iriam para o seu lado da linha e os que não quisessem permaneceriam do outro lado apenas observando, podendo trocar de lado sempre que desejassem. Isso não funcionou como ele esperava; *todos* ficaram do outro lado da linha. No entanto, pela primeira vez, John notou que todos olhavam para ele com grande curiosidade e interesse – o que fazer a seguir?

Essa demonstração de curiosidade o inspirou a ir mais longe. Assim, no dia seguinte, depois que todos estavam sentados formando o habitual círculo, ele pediu que os interessados em participar colocassem a cadeira um pouco para a frente e que os não interessados colocassem a cadeira um pouco para trás. Os membros do grupo poderiam mover as cadeiras para frente ou para trás a qualquer momento, indicando publicamente sua intenção. Trabalhar apenas com as pessoas que deslocaram a cadeira para frente foi bem mais interessante e recompensador do que antes. Ao mostrarem não-verbalmente seu consentimento ao processo de terapia, muitos deles realmente participaram da discussão, começaram a falar a respeito do que sentiam e pensavam, dando início a um pouco de verdadeira terapia. Periodicamente, alguém da fila de trás falava ou ria com desdém, e John agradecia por sua contribuição, pedindo que aproximasse sua cadeira, já que estava participando. Se alguém no círculo interno não participasse durante algum tempo, John lhe pedia para afastar a cadeira até que estivesse novamente interessado em participar.

Em vez de lutar contra o fato de que todos estavam lá involuntariamente, John criou uma oportunidade *dentro* daquela coerção, permitindo que eles escolhessem *voluntariamente* se participariam ou não. Esse minúsculo envolvimento de cada pessoa fez enorme diferença na qualidade da interação e as sessões se tornaram muito interessantes, animadas e proveitosas.

Há alguns anos, os pais de um viciado em crack tiraram-no à força de uma casa de viciados em Nova York, levaram-no para casa, em Denver, e o arrastaram para um de nossos brilhantes alunos, Bob Levin, esperando curar seu vício. Após ouvir os pais explicarem a situação, enquanto o filho sorria irritado num canto com desprezo, ele lhes pediu que fossem para a sala de espera.

Quando ficaram sozinhos, Bob disse ao rapaz: "Olhe, para mim está muito óbvio que você não tem nenhum interesse em parar de usar crack. E, francamente, não tenho absolutamente nenhum interesse em levá-lo a fazer algo que você não queira. Isso seria muito, muito frustrante e difícil para nós dois, além de uma total perda do nosso tempo. Por outro lado, seus pais estão me pagando para tratá-lo e gosto de valorizar o meu tempo. Já que precisamos passar um período juntos, será que há algumas mudanças que *você* gostaria de fazer para que pudéssemos utilizar bem esses momentos?"

Então, Bob apresentou um plano que parecia ser o sonho de qualquer viciado. "Por exemplo, você gostaria de saber se alguém está tentando enganá-lo em uma negociação de drogas? Ou de ser capaz de identificar os policiais dos Narcóticos antes de ser preso por eles? E o que você acha de aprender novas atitudes para conquistar as garotas?"

Essas possibilidades, e algumas outras, eram muito interessantes para o jovem. Durante as sessões seguintes, Bob continuou ensinando e eliciando uma ampla variedade de habilidades comportamentais e perceptivas, bem como a lidar com alguns conflitos internos que surgiram no decorrer das sessões. O rapaz resolveu algumas histórias antigas que, com freqüência, provocavam sentimentos ruins e começou a perceber que passara grande parte da vida se opondo aos desejos e à coerção dos pais, em vez de descobrir o que *ele* queria – estava tão preso nisso como estaria se sempre tivesse feito o que eles queriam. Aprendeu como prestar atenção à visão periférica e notar os sutis sinais não-verbais dos outros, que indicavam seu estado interno, como estabelecer *rapport* com alguém adotando sua postura e movimentos e sentindo sua expressão no próprio rosto, e como usar essa informação para compreender e acompanhar o mundo de experiência da outra pessoa e muitas outras habilidades de comunicação bastante úteis.

Como resultado de ter aprendido a se conectar melhor com os demais, o jovem ficou bem mais perceptivo, atencioso e capaz de responder com flexibilidade e criatividade a uma série de situações com muito mais autoconfiança e autoconsciência. A aprendizagem sobre como ficar alerta e centrado durante uma transação de drogas se generalizou amplamente para diversos outros contextos, proporcionando-lhe um senso de equilíbrio e de recursos que muitos invejariam.

Então, ele faltou a uma sessão e os pais contaram, bastante aborrecidos, que ele voltara para a casa em Nova York. Bob fez o que pôde para acalmá-los e sugeriu que esperassem pelo menos algumas semanas a fim de ver o que acontecia, antes de fazerem qualquer coisa. Algumas semanas depois, o filho telefonou para Bob, explicando que deixara a casa em Nova York e voltara para Denver porque, conforme ele explicou: "Não quero mais ficar perto daquelas pessoas esquisitas e quero me encontrar novamente com você e explorar o que vou fazer da minha vida agora".

Primeiro, Bob exerceu a coerção dizendo "Nós *dois* precisamos passar algum tempo juntos" e então se aliou ao filho eliciando e respondendo aos objetivos e à motivação *dele*. No processo de ajudar o rapaz a se tornar um comprador de drogas mais eficiente, na verdade ele estava lhe ensinando a ser um ser humano mais congruente, cuidadoso e consciente de si mesmo. Nessa abordagem ambos/e, Bob possibilitou que ambos trabalhassem juntos nos objetivos *dele*, deixando totalmente de lado a coerção e os objetivos dos pais. Mesmo assim, o trabalho que realizaram juntos na busca dos objetivos do filho *também* resultou naquilo que os pais desejavam.

Ao aceitar e entrar na categoria da coerção, você se junta ao cliente e estabelece uma categoria de colaboração e eliciação *dentro* dela. É possível fazer isso com muitas outras categorias opostas a qualquer momento em que você ou o cliente se sentirem presos por dois opostos contraditórios. Por exemplo, "Sinta-se livre para se restringir à informação que é relevante para o problema" encaixa a restrição dentro da liberdade. "Eu gostaria que você se limitasse a pensar apenas nas experiências de sua vida nas quais se sentiu livre" encaixa a liberdade dentro da restrição. Se você quer que um cliente faça determinada coisa rapidamente sem se sentir pressionado, diga algo como: "Leve o tempo que precisar para rever rapidamente esses eventos passados e chegar a uma nova conclusão sobre a sua importância para sua atual situação de vida", elegantemente encaixando a velocidade dentro da lentidão.

Ao perceber que opostos contraditórios são categorizações bastante simplificadas, você sempre pode encontrar maneiras de resolver a contradição lidando com as categorias ignoradas "nenhum" ou "ambos/e", ou encaixando um oposto aparente dentro do outro.

Resumo Toda comunicação possui três funções simultâneas: *informação, comando* e *relacionamento*. Determinadas comunicações são autocontraditórias, criando armadilhas difíceis para os desavisados. Algumas dessas armadilhas foram discutidas por outros autores, particularmente a "contradição seja espontâneo", na qual a comunicação é definida tanto como espontânea quanto como comandada, gerando uma aparente contradição. Ainda mais comum é exigir que alguém *não* tenha uma resposta espontânea que não agrada a outra pessoa, o que chamei de "contradição *não* seja espontâneo".

Esses dois padrões são exemplos da tentativa de coagir uma resposta espontânea, uma contradição entre *coerção* e *eliciação*. Outra contradição difícil e comum se dá entre *ser* e *fazer*, exigindo que alguém *faça* alguma coisa ao mesmo tempo definindo-o como *sendo* incapaz de fazê-la.

Para escapar dessas armadilhas autocontraditórias, é preciso primeiro reconhecê-las e então perceber que se baseiam na categorização – da *informação*, do *comando* ou do *relacionamento*, ou dos três – e que a maior parte ocorre não-verbalmente. Essas armadilhas também se baseiam na suposição limitada de *opostos categóricos*, de que um comportamento ou resposta precisa *ou* ser espontâneo *ou* comandado, mas não pode ser *ambos* ou *nenhum*. Em geral, é possível escapar da aparente contradição mostrando que uma resposta é *tanto* comandada *quanto* espontânea ou que não é *nenhuma* delas.

Finalmente, você pode eliminar a contradição incluindo uma categoria oposta *dentro* de outra. Encaixar a liberdade dentro da coerção é muito útil em qualquer situação na qual alguém se sente preso em uma armadilha ou coagido.

A seguir, exploraremos o paradoxo lógico, muitas vezes confundido com a autocontradição, apesar de ser significativamente diferente.

"Sou ateu e agradeço a Deus por isso."
George Bernard Shaw

7

Paradoxo lógico
Auto-reversão

"A LÓGICA É UM MODO ORGANIZADO DE FALHAR COM CONFIANÇA."
KARL POPPER

Por que se preocupar em compreender o paradoxo lógico? Não se trata de uma curiosidade interessante apenas para matemáticos e lógicos? No capítulo sobre auto-referência, mostrei como *qualquer* afirmação que qualquer pessoa faça sobre si mesma é auto-referente. As "questões de identidade" são sempre auto-referentes, uma vez que o orador é o sujeito e o objeto da descrição e uma afirmação a respeito de mim mesmo é uma *categorização* de mim mesmo, bem como um *exemplo* da categorização.

Se esse tipo de afirmação auto-referente for *negado*, cria-se o paradoxo. "Nunca consigo ter sucesso", "Nunca consigo fazer nada direito", "Odeio tudo a meu respeito", exemplos comuns de afirmações perturbadoras de identidade que são paradoxais.

Esse tipo de afirmação costuma ser muito desagradável, não somente porque é muito limitadora, mas também por ser tão universal ("*Nunca* consigo ser bem-sucedido"). Cria ainda uma categorização do *self* aparentemente inevitável e deprimente. Contudo, quando percebemos sua estrutura paradoxal, ela nos ajuda a fugir da armadilha.

Por exemplo, se uma pessoa acredita que "nunca consegue ser bem-sucedida", essa afirmação deve se aplicar a si mesma. E, como se trata de um exemplo de "nunca ser bem-sucedido", logo não pode ser bem-sucedida, e isso muda seu significado. Se é uma afirmação malsucedida, não deveria ser levada muito a sério, abrindo a porta da armadilha. Para compreender claramente como o paradoxo funciona, precisamos começar com algumas definições e exemplos simples.

A palavra "paradoxo" deriva do grego "além da opinião" e tem alguns significados um pouco diferentes. Costuma ser usada livremente, significando que alguma coisa ou evento é *inesperado*, *surpreendente* ou *contraditório*. Meu dicionário relaciona as quatro seguintes definições:

1. "Uma afirmação contrária à crença comum. Alguma coisa inconsistente com a experiência comum ou que tem qualidades contraditórias."

2. "Uma afirmação que parece contraditória, inacreditável ou absurda, mas que realmente pode ser verdadeira."

3. "Uma afirmação que na verdade é autocontraditória e portanto falsa." [Eu diria que uma afirmação autocontraditória não é falsa, mas *sem sentido*.]

4a. "Alguma coisa inconsistente com a experiência comum ou que tem qualidades contraditórias."

b. "Uma pessoa que é inconsistente ou contraditória no comportamento ou no caráter."

Examinando essas definições, descobrimos que todas apontam para uma de duas experiências: o *inesperado* e a *autocontradição*. "Inesperado" é uma palavra bastante geral que simplesmente significa que ficamos surpresos ao descobrir que nossas previsões não se confirmaram. Na autocontradição, que exploramos no capítulo anterior, uma afirmação anula a si mesma, afirmando e negando alguma coisa no *mesmo* nível lógico.

Entretanto, há outro tipo de paradoxo, o *paradoxo lógico*, que difere muito do inesperado ou da autocontradição. O exemplo clássico é o de Epimênides, o Cretense, que disse: "Todos os cretenses são mentirosos". Se essa afirmação é verdadeira, ela é falsa; e se é falsa, é verdadeira, oscilando de maneira interminável para cá e para lá seqüencialmente entre esses dois significados, formando uma espiral entre *dois* níveis lógicos.

É muito difícil para a maioria das pessoas pensar no paradoxo lógico, e ele já confundiu os melhores matemáticos e lógicos durante centenas de anos, portanto há uma considerável confusão a respeito do que ele é e como funciona. Já explorei esse assunto, cometendo diversos erros ao longo do caminho – e talvez não tenha encontrado e corrigido todos eles.

Os três principais componentes do paradoxo são:

1. *Uma afirmação absoluta, universal* sobre uma categoria "todos", "tudo", "qualquer coisa" etc.

2. *Auto-referência* A afirmação é um *exemplo* da categoria declarada, portanto refere-se a si mesma, conforme discutido em detalhes no capítulo 5.

3. *Negação* A afirmação universal absoluta é negada com "não" ou alguma outra negação, que pode ser verbal, não-verbal ou ambas. Muitas palavras contêm "não" como prefixo, como em "in" ou "im". Por exemplo, "incompetente" significa "não competente", "improvável" significa "não provável", "incapaz" significa "não capaz" etc.

Outras palavras contêm negação por definição; um mentiroso é alguém que *não* diz a verdade e um solteiro é um homem que *não* é casado.

Observam-se facilmente esses três elementos no exemplo anterior: "*Todos* os cretenses são mentirosos (comunicadores da *não* verdade) (disse o *Cretense*)". Note que, sem o conhecimento contextual de que Epimênides é cretense, a afirmação não seria auto-referente nem paradoxal. Um ou mais componentes do paradoxo podem não aparecer na afirmação em si, mas serem proporcionados *implicitamente* pela informação que está no contexto mais amplo – uma abrangência mais ampla no tempo ou no espaço. Esse é um dos motivos pelos quais o paradoxo lógico muitas vezes passa despercebido, o que aparentemente era verdade no caso de São Paulo: "Um deles, um profeta, disse: 'Os cretenses são sempre mentirosos, bestas perversas, glutões preguiçosos'" (Tito, 1:12).

Um exemplo físico de paradoxo lógico é uma antiga campainha. Ao apertar o botão, você completa um circuito elétrico, ativando um eletromagneto que empurra um martelo na direção de um sino, golpeando-o.

O movimento do martelo abre outra mudança no circuito e isso interrompe o fluxo de corrente, que desativa o eletromagneto. O martelo é puxado para trás, até sua posição original por um cabo, que encerra a mudança e completa novamente o circuito, deixando a corrente fluir, o que ativa novamente o eletromagneto etc., criando uma oscilação que dura enquanto o circuito é completado pelo botão da campainha. Os osciladores são muito úteis na transmissão da eletricidade e também em todos os muitos dispositivos eletrônicos que usam a corrente alternada (oscilante).

O paradoxo lógico é simplesmente um oscilador no mundo da lógica; a verdade de uma afirmação se alterna infinitamente, de um lado para o outro, entre verdadeiro e falso. Isso constitui um desafio para os lógicos, que insistem em dizer que uma afirmação é verdadeira *ou* falsa (*ou* sem sentido – nem verdadeira nem falsa). Como a lógica clássica faz afirmações que ignoram o tempo, não há como descrever uma afirmação que oscila *seqüencialmente* entre verdadeiro e falso durante uma abrangência de tempo. Por isso, os lógicos com freqüência descreveram as afirmações paradoxais como "sem sentido".

No mundo real, paradoxo é uma descrição precisa das campainhas de porta e outros sistemas oscilantes que utilizam algum tipo de retroalimentação auto-referente para controlar aquilo que fazem. Um exemplo simples é a alimentação. Você come até ficar satisfeito e então pára; após algum tempo, fica com fome e come novamente, em uma oscilação entre comer e não comer – comer o faz parar e parar o faz comer, em uma espiral de *feedback* recursiva. A respiração é outro exemplo: a inspiração resulta na expiração e vice-versa. O paradoxo constitui uma forma útil de descrever sistemas do mundo real que oscilam com o tempo, incluindo todos os organismos que empregam o *feedback* para satisfazer suas necessidades e manter sua integridade.

O paradoxo lógico ocorre em nosso *pensamento* sobre o mundo, em nossa categorização e na *descrição* de nossa experiência. Ele pode ser uma descrição apropriada de um sistema que oscila com o tempo, ou uma descrição inadequada de um sistema que *não* oscila com o tempo.

Por exemplo, no momento em que Epimênides falou, ou ele estava mentindo ou não; o que ele disse nos dá uma pista para saber qual é o caso. Categorias absolutas, auto-referência e negação são algumas das ferramentas que nossas mentes simples usam na tentativa de compreender o mundo muito complexo no qual vivemos. O paradoxo nos mostra uma das limitações dessas importantes habilidades.

> De acordo com uma história muito antiga, que irritou filósofos e teólogos, o diabo certa vez questionou a onipotência de Deus pedindo que Ele criasse uma pedra tão grande que até mesmo o próprio Deus não conseguiria levantar. O que Deus devia fazer? Se Ele não pode levantar a pedra, deixa de ser onipotente; se pode levantá-la, é incapaz de fazê-la suficientemente grande.
>
> **(WATZLAWICK, 1976, P. 15)**

O clássico paradoxo lógico de Bertrand Russel é a afirmação: "Em determinada vila, o barbeiro (um homem) barbeia todos os homens que não barbeiam a si mesmos. Quem barbeia o barbeiro?" Novamente encontramos os três elementos essenciais: o "*todos*" universal, a auto-referência "*barbeiam a si mesmos*" e a negação "*não*". Se considerarmos que a afirmação tem sentido, então o barbeiro só pode barbear a si mesmo se ele *não* barbeia a si mesmo e, se ele barbeia a si mesmo, então ele *não* pode barbear a si mesmo.

Naturalmente, no mundo real, ou alguém barbeia o barbeiro ou não, e aquele que barbeia pode ser o próprio barbeiro ou outra pessoa. Evitamos facilmente o paradoxo se descrevermos os homens da vila positivamente, sem negação. Se presumirmos que todos os homens da vila são barbeados, pelo barbeiro ou por si mesmos, obtemos duas categorias:

1. Aqueles que são barbeados pelo barbeiro.

2. Aqueles que barbeiam a si mesmos.

Descritas dessa maneira, as categorias se sobrepõem e o barbeiro pertence a *ambas*, portanto não há paradoxo nem confusão.

Também evitamos o paradoxo se usarmos a negação, mas eliminamos a auto-referência ("barbeiam a si mesmos"). Novamente, obtemos duas categorias, que dessa vez não se sobrepõem:

1. Aqueles que são barbeados pelo barbeiro.

2. Aqueles que não são barbeados pelo barbeiro.

(A segunda categoria é um "conjunto vazio" ou "conjunto nulo", já que ninguém na vila se encaixa nos critérios para ela.)

Finalmente, evitamos mais uma vez o paradoxo ao substituirmos o "todos" absoluto na afirmação original sobre o barbeiro por "a maioria", "alguns", "poucos" ou qualquer outra quantificação limitada. Se o barbeiro barbeia *a maioria* daqueles que não barbeiam a si mesmos, ele pode barbear a si mesmo porque agora há duas categorias:

1. Aqueles que não barbeiam a si mesmos.

2. Aqueles que são barbeados pelo barbeiro, uma categoria que inclui todos aqueles que não barbeiam a si mesmos, mas também inclui o barbeiro.

Há quase uma centena de anos, Alfred North Whitehead e Bertrand Russel escreveram *Principa Mathematica* (1910), uma exposição completa das bases da lógica e da matemática naquele tempo. Eles queriam evitar o paradoxo que consideravam inconveniente para o campo. O paradoxo do barbeiro de Russell constituiu uma versão fácil de um paradoxo perturbador na "teoria ingênua dos conjuntos". "O conjunto de todos os conjuntos que não são membros de si mesmos." Tal conjunto é um membro de si mesmo se, e somente se, ele *não* for um membro de si mesmo. Como um paradoxo exige auto-referência, se ela puder ser eliminada, não haveria paradoxo, assim Russell introduziu aquilo que chamou de Teoria dos Tipos.

Nessa teoria (na realidade, mais uma regra ou princípio do que uma teoria), a auto-referência foi simplesmente proibida ou excluída. Uma vez que a auto-referência é condição necessária para o paradoxo, a Teoria dos Tipos de Russell eliminou o paradoxo. Qualquer afirmação como "Essa afirmação é falsa" foi simplesmente proibida.

Embora isso possa parecer um tanto arbitrário (e foi), de fato não é diferente de muitas outras regras na matemática e na lógica. Por exemplo, uma regra válida determina que, em uma expressão como 2 + 2x, não se pode apenas somar os dois para obter 4x. Contudo, a Teoria dos Tipos excluiu a oscilação, além de muitas mensagens auto-referentes que fazemos na vida cotidiana.

Essa Teoria dos Tipos foi usada por Gregory Bateson como uma maneira para identificar e separar os níveis lógicos que ocorrem na comunicação comum, bem como na comunicação dos esquizofrênicos. Aceitando a Teoria dos Tipos, Bateson aceitou a idéia de que qualquer mensagem auto-referente era um erro lógico que causava patologia:

> *Embora na lógica formal haja uma tentativa de manter essa descontinuidade entre uma classe e seus membros, argumentamos que, na psicologia das comunicações reais, essa descontinuidade é contínua e inevitavelmente quebrada e que,* a priori, *devemos esperar que surja uma patologia no organismo humano sempre que determinados padrões formais de respiração ocorrerem na comunicação entre mãe e filho.* (1972, p. 201-202)

Apesar de sua atenção detalhada aos níveis lógicos da comunicação e aprendizagem, Bateson aparentemente não percebeu até onde ocorrem as afirmações auto-referentes na comunicação diária, conforme discutido no capítulo 5. Também não notou que a maior parte dessa comunicação auto-referente *não* é patológica. Por exemplo, uma afirmação comum como "Eu amo você" *categoriza* o relacionamento ao mesmo tempo em que é um *exemplo* da categoria de comportamentos chamada "amor". Muitas das afirmações auto-referentes positivas que as pessoas fazem a respeito da própria identidade também são úteis, tanto na criação quanto na manutenção de sua identidade, bem como na comunicação com os outros. Uma afirmação como "Eu sou honesto!" estabelece e mantém essa habilidade no *self*, simultaneamente anunciando esse envolvimento com os outros. Sem a auto-referência, nenhum de nós poderia ter um autoconceito, parte *muito* importante de nosso funcionamento. As afirmações auto-referentes só passam a ser patológicas quando incluem a negação e tornam-se paradoxais.

Note que Russell e Whitehead poderiam ter eliminado o paradoxo proibindo a *negação* ou as afirmações *absolutas*, em vez de eliminar a *auto-referência*. Naturalmente, porém, isso teria sido ainda *mais* perturbador para o campo da lógica e da matemática! A matemática sem negação seria extremamente limitada e, se 2 + 2 nem *sempre* fosse igual a 4, ela seria inútil.

Em 1967, George Spencer Brown provou que a Teoria dos Tipos era desnecessária, para alegria de Bertrand Russel. (A prova matemática simples e elegante aparece no final deste capítulo.)

> *Lembrando da conexão de Russel com a Teoria dos Tipos, foi com alguma agitação que me aproximei dele em 1967 com a prova de que ela era desnecessária. Para meu alívio, ele ficou deliciado. A teoria era, disse ele* [Russell], *a coisa mais arbitrária que ele e Whitehead jamais precisaram fazer – não realmente uma teoria, mas um tapa-buraco –, e ele estava feliz por ter vivido o suficiente para ver o assunto resolvido.* (1973, p. IX)

O prazer de Russel por ser corrigido é um belo exemplo da atitude científica que comemora a morte de uma velha teoria quando uma nova compreensão torna a anterior obsoleta. Mesmo assim, Gregory Bateson e muitos de seus alunos e seguidores usaram essa "teoria" ultrapassada e desnecessária como base fundamental para suas idéias e conclusões sobre como evitar o paradoxo na comunicação humana.

Em 1972, Bateson escreveu, sobre a Teoria dos Tipos: "Enquanto os cientistas comportamentais ignorarem os problemas da *Principia Mathematica,* eles podem reivindicar aproximadamente sessenta anos de obsolescência" (1972, p. 279). Ironicamente, Bateson escreveu isso cinco anos *depois* da prova de Brown de que a teoria em questão era desnecessária.

Robert Dilts ainda usa a Teoria dos Tipos como base para grande parte de seu pensamento (2000, p. 671-672).

Assim também fez Paul Watzlawick em seu trabalho de 1978 (p. 6). Já em 1984 (p. 249-256), ele discutiu a prova de G. Spencer Brown, usando-a como exemplo de como construímos nossa realidade, contudo sem tirar outras conclusões.

Bradford Keeney discutiu todas essas questões e ressaltou que a eliminação da auto-referência e do paradoxo (que ele chamou de "*logical misty-*

ping"[1]) eliminaria a maior parte da "poesia, humor, aprendizagem e criatividade". Ele concluiu que a Teoria dos Tipos deveria ser compreendida não como uma regra ou imposição, mas como uma *descrição* capaz de chamar a atenção para diferentes níveis lógicos.

> [...] *padrões de logical mistyping caracterizam a poesia, o humor, a aprendizagem e a criatividade. Uma eliminação bem-sucedida do logical mistyping resultaria em um mundo experimental monótono e estagnado. Por outro lado, o uso do logical mistyping de maneira apenas descritiva leva a uma percepção e apreciação mais completa dos nossos padrões de conhecimento.*
>
> *Portanto, o logical mistyping pode ser considerado simplesmente uma maneira de fazer distinções. A partir dessa perspectiva, o logical mistyping serve para revelar, e não para ocultar a auto-referência e o paradoxo.* (1983, p. 30)

No decorrer dos anos houve muita discussão – e muita confusão – sobre a Teoria dos Tipos. Algumas vezes, essa confusão resultou do fato de que existem outros usos para a palavra "tipos" em matemática, e quero rapidamente mostrar que eles não são relevantes para a Teoria dos Tipos.

Uma dessas aplicações é o termo "tipos isomórficos", que indica conjuntos ou classes que têm estruturas *internas* isomórficas, baseadas em alguns critérios. Por exemplo, um conjunto com três membros (a, b e c) é isomórfico com outro conjunto de três membros (1, 2 e 3) *se* o relacionamento correspondente entre os membros for o mesmo. Isso é tão simples quanto "a é maior do que b, que é maior do que c" e "1 é maior do que 2, que é maior do que 3".

Outro exemplo de tipos isomórficos é o conjunto de relacionamentos entre os indivíduos inclusos na categoria "família", que engloba mãe, pai, filho, filha, avós, tias, tios etc. Nesse isomorfismo, a quantidade de membros é variável, mas por maior ou menor que seja a família, cada membro pode ser designado a uma subcategoria de relacionamento definida.

Esse tipo de isomorfismo é usado com freqüência na metáfora terapêutica (Gordon, 1978) para contar uma história na qual os *relacionamentos* entre coisas e eventos são isomórficos com aqueles que existem no

---

[1] "Mistyping" significa pensar em uma descrição no nível daquilo que é descrito e não somente no nível da descrição – pressupondo que ela não poderia existir em ambos os níveis. O que ele chama de "logical typing" é algo que só pode existir em um nível. (N. da T.)

problema de um cliente, embora o conteúdo seja muito diferente. Então, a história continua, mudando esses relacionamentos a fim de oferecer uma solução. A suposição é a de que o cliente notará o isomorfismo – de forma inconsciente, consciente ou um pouco de cada – e aplicará a história ao seu problema. St. Clair e Grinder descrevem esses "tipos isomórficos" (2001, p. 295-301), mas infelizmente eles utilizam o termo "tipos lógicos", aumentando ainda mais a confusão sobre "tipos".

Russell não estava descrevendo esses tipos isomórficos, pois "o conjunto de todos os conjuntos não são membros de si mesmos" não menciona a presença (ou ausência) de nenhuma estrutura interna dentro de um conjunto ou qualquer isomorfismo entre conjuntos.

Em matemática, "tipo lógico" refere-se a um tipo diferente de arranjo no qual os membros de um nível *não* são membros de um nível mais elevado. Por exemplo, um grupo de seres humanos que fosse membro de uma grande empresa. A empresa, por sua vez, seria membro de uma câmara de comércio, criando três diferentes níveis de grupos: grupo de pessoas, empresa e câmara de comércio. Entretanto, um membro da empresa não é membro da câmara de comércio como um "bloco branco pequeno" é membro da categoria "bloco branco" na inclusão de classe. O emprego do termo "tipo lógico" é na verdade um exemplo de sobreposição de *abrangência*, e não de inclusão de abrangência ou inclusão de classe. Sua utilização também é muito diferente do uso de Russell na Teoria dos Tipos, logo não é importante para nossa compreensão do paradoxo.

No capítulo 5, ressaltei que a espiral da auto-referência poderia ter qualquer número de elementos, desde que usasse afirmações absolutas que voltassem para o início. Usamos o dicionário como exemplo; como toda palavra é definida e descrita com *outras* palavras, isso pode criar uma espiral muito longa. Se essa espiral for composta de afirmações universais, ela se tornará paradoxal se também incluir a negação.

No entanto, se introduzirmos *duas* negações na espiral, não há paradoxo, uma vez que as duas negações se anulam. Então, se introduzirmos uma terceira negação, ela se tornará novamente paradoxal. Por exemplo, vamos pegar três pessoas que descrevem umas às outras em uma espiral fechada:

A: "B é um mentiroso".

B: "C diz a verdade".

C: "A diz a verdade".

Juntas, essas três afirmações criam uma espiral equivalente ao paradoxo de Epimênides "Eu sou mentiroso". Se acrescentarmos uma segunda negação à espiral, o paradoxo desaparece:

A: "B é um mentiroso".

B: "C diz a verdade".

C: "A é um mentiroso".

Duas negações são equivalentes a "Eu não sou um mentiroso", o mesmo que "Eu digo a verdade", que ainda é auto-referente, mas não paradoxal. Ao acrescentarmos uma terceira negação, a espiral volta a ser paradoxal:

A: "B é um mentiroso".

B: "C é um mentiroso".

C: "A é um mentiroso".

Como as frases com três negações são muito incomuns, é estranho colocar essa espiral numa única frase equivalente: "O que estou lhe dizendo não é uma mentira". ("Esta frase é não não não verdade.") Contudo, por ser tão raro encontrar três negações numa única frase, raramente você terá de detectar e processar o inevitável paradoxo. Dada a dificuldade de processar a negação, alguém que ouve uma frase como essa, com *três negações*, precisa entrar profundamente na experiência interna e se afastar da externa, tornando-a muito hipnótica. Se você usar uma frase com três negações e imediatamente depois utilizar outra, a segunda frase em geral não será ouvida conscientemente, e sim processada e compreendida inconscientemente.

Comecei este capítulo ressaltando que as "questões de identidade" são sempre auto-referentes, uma vez que o orador é tanto o sujeito quanto o objeto da descrição. Se as afirmações também forem *absolutas* e *negadas*, isso criará o paradoxo: "Sempre saboto a mim mesmo", "As pessoas são basicamente maldosas", "Toda minha vida é uma bagunça" são exemplos de afirmações de identidade paradoxais do dia-a-dia que aprisionam as pessoas em situações desagradáveis, das quais é impossível escapar. Como o paradoxo requer *todos* os três ingredientes essenciais, se conseguirmos eliminar qualquer um deles podemos escapar da armadilha.

A maneira mais simples de escapar desse tipo de paradoxo é eliciar contra-exemplos para a categorização absoluta *universal*. "Quando você *não* sabotou a si mesmo, apesar da crença de que sempre faz isso?" "O que você, ou outra pessoa, fez e que foi bom?" Isso resultará na utilização de palavras qualificativas como "alguns", "a maioria", "em geral" etc., em vez do universal "todos" ou "nunca".

Ou podemos evitar a *negação* insistindo em afirmações *positivas*, por exemplo, afirmações daquilo que alguém quer em lugar do que não quer, do que *está* acontecendo em vez do que não está etc. "Como você diria isso sem usar nenhuma negação?"

Ou podemos evitar a *auto-referência*. Embora isso nem sempre seja possível, com freqüência dá para transformar as afirmações auto-referentes em afirmações sobre outras coisas e eventos, e não sobre o *self*. Por exemplo, "Eu sou um fracasso" muda para uma afirmação como "Eu gostaria de aprender a lidar com a situação X". Ainda que essa frase seja auto-referente com relação aos desejos do orador, ela não é auto-referente no que concerne à situação X.

Como qualquer uma dessas intervenções evitará o paradoxo, temos três escolhas diferentes. Além disso, há uma quarta escolha: tornar o paradoxo totalmente evidente para que ele se dissolva.

Uso terapêutico do paradoxo lógico

É comum as pessoas usarem afirmações absolutas universais e também a negação, geralmente conscientes de ambas. Entretanto, elas estão muito menos conscientes da auto-referência. Assim, nem sempre alguém percebe quando faz uma afirmação paradoxal. Se tornarmos a auto-referência explícita, o paradoxo lógico fica evidente, criando o que é chamado de *paradoxo terapêutico*. Isso pode ser muito libertador, fazendo-nos "acordar" da tirania do pensamento categórico, absoluto e permitindo o retorno à experiência baseada nos sentidos no mundo real.

Por exemplo, há muitos anos, minha esposa Connirae e eu estávamos numa sessão de terapia para casais com Leslie Cameron-Bandler. Ela sugeriu que eu sempre concordava em fazer alguma coisa num determinado contexto. Não concordei e disse: "Eu não gosto de absolutos!" Leslie olhou para mim e perguntou: "Essa é uma afirmação absoluta?"

A pergunta de Leslie mostrou que minha afirmação era auto-referente, bem como absoluta e negada, criando o paradoxo lógico. Como a negação foi aplicada a si mesma, tive uma sensação rápida e perturbadora da cabeça literalmente girando e então me descobri sorrindo e relaxando um pouco, muito mais disposto a continuar a discussão.

Note que não importa se minha resposta para a pergunta de Leslie é "sim" ou "não". Se eu responder "sim", ela *é* um absoluto e, como não gosto de absolutos, terei de mudá-la para que *não* seja um absoluto. Se eu responder "não", a afirmação *não* é um absoluto e posso pensar em fazer o que Leslie sugeriu. De qualquer modo, como resultado *precisei* desistir de minha categorização absoluta e *precisei* me tornar mais razoável. Não havia saída.

Quando alguém está comprometido com uma afirmação absoluta negada e auto-referente, muitas vezes não percebe a auto-referência, como eu não percebi. Ao se apontar a recursão, cria-se um paradoxo lógico e a negação na afirmação torna-se aplicada a si mesma, anulando-se. No paradoxo terapêutico, o resultado não consiste apenas em confusão e perplexidade, mas em uma mudança proveitosa na experiência que liberta as pessoas do "endurecimento das categorias" e lhes permite a opção de retornar à experiência baseada nos sentidos.

Entretanto, quando Leslie me fez a pergunta, Connirae ficou confusa; isso *não* teria funcionado com ela se estivesse na minha posição, porque ela não costuma pensar em absolutos. Mesmo quando usa palavras como "todos" ou "tudo", ela realmente quer dizer "a maioria" ou "quase tudo", portanto falta um elemento essencial do paradoxo. Sempre precisamos lembrar que as palavras de uma pessoa são uma forma de *comunicar* experiência, e não a experiência em si mesma. As palavras constituem apenas uma indicação aproximada da experiência da pessoa, e é sempre a *experiência* dela que é importante. Se tivermos alguma dúvida a respeito da natureza absoluta da afirmação de alguém, sempre podemos perguntar "Isso é sempre verdade?" ou "Existe alguma exceção?", antes de tentar usar o paradoxo terapeuticamente.

Agora vamos examinar o exemplo de uma conversa comum. Muitos anos atrás, eu estava jantando com uma jovem e sua mãe. Em um determinado assunto, a mãe parecia dizer uma coisa e depois o oposto. Eu queria saber com clareza o que ela estava dizendo, por isso lhe pedi para se comprometer com uma ou com a outra e me dar uma resposta direta – sim ou não. Após algumas evasivas e meu questionamento repetido, a mãe me olhou nos olhos e disse enfaticamente: "*Não vou lhe dar nenhuma resposta direta sim ou não para coisa alguma!*" (A filha, que experimentou as inconsistências da mãe durante 25 anos, achou essa resposta *muito* esclarecedora.)

A afirmação da mãe foi ou não uma resposta direta sim ou não? Se a compararmos com os três critérios para um paradoxo apresentados anteriormente, descobrimos que:

1. Trata-se de uma afirmação *absoluta*, indicada pela palavra "*qualquer coisa*", bem como por sua ênfase não-verbal.

2. A afirmação é *auto-referente* porque é exemplo de uma "resposta" descrita pela minha frase.

3. O "não" *nega* a frase.

Embora a afirmação tenha a estrutura do paradoxo, o fato de ela ser ou não *realmente* paradoxal depende da experiência *dela* e de como *ela* categoriza. Sua afirmação *poderia* ter sido uma descrição que em sua mente *não* inclui a si mesma. Por exemplo, ela poderia estar falando sobre não dar uma resposta direta sim ou não a qualquer pergunta sobre eventos no mundo real, portanto, em sua mente, a afirmação era uma descrição apenas dessas situações e não incluía nem se referia a si mesma.

Se eu soubesse mais naquela época, teria perguntado "Essa afirmação é uma resposta direta sim ou não?", como fez Leslie, o que teria mostrado a possível auto-referência. A resposta da mãe me diria se ela experimentava sua afirmação como auto-referente ou não.

Minha mãe dava muito valor às pessoas *não* usando os valores e padrões dos outros. Assim como a maioria das crianças, aprendi isso com ela.

Agora, se aplico meus próprios valores e padrões, estou realmente fazendo isso ou apenas agradando a ela e utilizando os *seus* padrões – ou talvez ambos? Como a maior parte dos paradoxos, evita-se esse mais facilmente usando afirmações positivas, por exemplo, "Faça o que você quer fazer", em vez de "Não faça o que os outros querem que você faça". Fazer o que você quer fazer poderia contrariar aquilo que o outro quer, mas não necessariamente; e, mesmo que isso aconteça, não há paradoxo.

As pessoas costumam dizer "A vida não tem nenhum significado" com um tom de voz que indica que a frase certamente *tem* um significado – do qual elas não gostam nada! Uma maneira de mostrar isso é rebater: "Qual o significado de me dizer isso?" ou "Se a vida realmente não tem nenhum significado, fico imaginando por que você se incomodou em dizer isso".

Como a frase certamente é parte da vida, se esta não tem significado, a frase também não tem, portanto utilize o paradoxo dizendo: "Se a vida não tem significado, então essa frase também não deve ter nenhum significado". Seja qual for a resposta, responda algo como "Isso também não tem nenhum significado", até que a pessoa desista e admita: "Tudo bem, droga, a vida tem significado!" Mesmo assim, continue: "Bem, eu não sei, você disse antes que a vida não tinha significado. Acho que você precisa me *provar* que a vida tem significado para você". Será o início de uma troca interessante, mais específica a respeito do que exatamente ela não gosta na vida e bem mais proveitosa do que permanecer com a enorme abrangência e categoria descritas pela afirmação paradoxal "A vida não tem nenhum significado".

Em geral, uma pessoa deprimida pensa em categorias digitais absolutas muito grandes, ignorando todos os eventos que não se encaixam nelas. "Tudo é terrível" ignora qualquer evento neutro ou até mesmo agradável. O que ela realmente quer dizer é que gostaria de ter um significado mais positivo na vida, mas não consegue encontrá-lo e por isso não gosta do *significado* de não ter nenhum significado positivo.

O fato é que alguma *parte* importante de sua vida não deu certo. Então, ela ampliou a abrangência dessa decepção para *todo* o resto – e essa grande abrangência é categorizada como "desespero", "sem significado" etc. Isso a faz pensar que há pouca coisa que possa fazer para melhorar sua vida, e ela não gosta do significado disso.

Outra possível resposta para "Minha vida não tem nenhum significado" é: "Ótimo!... Como não há nenhum significado em sua vida, isso lhe dá *total* liberdade para criar qualquer significado que você *queira*, *completamente* independente de sua educação, das crenças limitadoras que você costumava ter e de todas as outras coisas que se colocam no caminho da maioria das pessoas!" Provavelmente, ela não concordará com você, mas *há* certa lógica no argumento. Sua discordância pode ser um bom ponto de partida para examinar melhor como ela categoriza os eventos de maneiras pouco proveitosas e explorar possíveis alternativas.

Após entender esses detalhes a respeito de como o paradoxo funciona, fiquei muito consciente do quanto utilizo afirmações absolutas e negações. Muitas vezes, paro para reformular o que digo em termos positivos, qualificados por palavras como "alguns", "a maioria" ou "muitos" em lugar de "tudo". Isso torna minha comunicação mais clara e evita qualquer possibilidade de paradoxo. Curiosamente, a auto-referência, que Russel tentou eliminar com sua Teoria dos Tipos, é o *único* elemento do paradoxo que nem sempre se pode evitar.

Existência e não-existência Quero terminar este capítulo com outro enigma que me intrigou por algum tempo. Todo o pensamento e a comunicação dizem respeito àquilo que *existe*: *declarações* sobre coisas, eventos, processos, sentimentos, pensamentos, ações, futuros temidos ou desejados. Trata-se de uma categoria muito geral que inclui *qualquer coisa* e *tudo* aquilo que podemos experimentar ou pensar. Embora o passado exista somente na memória e o futuro só exista em nossas especulações, ambos também existem apenas no presente.

A negação, por outro lado, descreve uma categoria composta do que *não* existe, pelo menos numa determinada abrangência, como em "Não há coletes salva-vidas neste barco".

À primeira vista, pode parecer que a existência e a não-existência são opostos digitais, como preto e branco ou para cima e para baixo, que dividem a experiência em duas abrangências ou categorias digitais, não sobrepostas.

Contudo, a situação é um pouco diferente, porque a negação é sempre *sobre* alguma coisa que *existe* – ou não seríamos capazes de falar nela! Como até mesmo a não-existência existe, a *existência* parece ser uma categoria mais geral que inclui a negação, colocando a existência em um nível lógico *mais elevado* do que a não-existência.

Por outro lado, a negação de uma coisa ou evento específicos os transforma, da existência para a não-existência, mudando um evento de uma categoria digital para uma categoria oposta. *Qualquer coisa* pode ser negada; negamos centenas de coisas e eventos todos os dias e podemos pensar até na não-existência do universo antes do Big Bang.

Vale pensar até mesmo na negação da negação: "Como seria se a negação não existisse?" Pelo fato de *qualquer coisa* e *tudo* podem ser negados, a negação cria uma categoria mais geral, em um nível lógico mais elevado do que aquilo que é negado.

Isso parece criar uma contradição: a negação está em um nível lógico inferior ou mais elevado ao da existência, dependendo de como pensamos nela. A existência e a não-existência parecem estar relacionadas paradoxalmente, alternando entre duas inclusões categóricas opostas. Voltando aos três critérios para uma afirmação paradoxal, descobrimos que o enigma da existência/não-existência satisfaz a todos:

1. *Uma afirmação universal, absoluta* "Toda existência pode ser negada" (ou "Toda negação existe").

2. *Auto-referência* "A negação só pode negar aquilo que existe, o que inclui a negação, que também existe."

3. *Negação* Como a negação é um dos membros do enigma, ela sempre estará presente. "A negação nega a existência" (ou "A existência nega a negação").

Esse paradoxo *parece* ser diferente dos paradoxos clássicos, como o de Epimênides "Eu sou um mentiroso" ou "Esta frase é falsa". Entretanto, acho que ele só é diferente na *abrangência* dos eventos descritos pela afirmação. A abrangência do paradoxo de Epimênides está restrita à verdade ou à falsidade de sua afirmação sobre os cretenses e "Esta frase é falsa" só descreve a frase em si mesma.

O paradoxo existência/não-existência inclui *toda* a existência e *toda* a não-existência, uma abrangência muito maior. A única utilização que encontrei para esse paradoxo é como uma forma de confundir alguém preso em categorias que não são proveitosas. Essa pode ser uma boa preparação para considerar outras formas de categorizar. Para experimentar o efeito total do parágrafo a seguir, peça que alguém o leia em voz alta enquanto você mantém os olhos fechados:

"Veja, tudo que existe pode ser negado, considerado como *não* existente. Mas "não existente" é em si mesmo algo que existe, ou não seríamos nem capazes de pensar nisso (portanto isso também pode ser negado), e "não não-existente" significa que algo existe. Desse modo, embora nada possa surgir do nada, alguma coisa pode surgir da negação do nada – na verdade, *qualquer coisa* e *tudo* podem surgir da negação do nada, porque o oposto de nada não é alguma coisa, mas *qualquer coisa...*"

> **Resumo** Qualquer afirmação *absoluta* que seja *auto-referente* e inclua a *negação* será paradoxal, alternando interminavelmente entre verdade e falsidade, para lá e para cá como um pêndulo, aparentemente sem sentido.

Paradoxo é uma descrição apropriada de qualquer sistema que oscila entre dois estados seqüencialmente no tempo, como a alternação entre a vigília e o sono. Entretanto, o paradoxo não é uma descrição apropriada de eventos estáveis e que não oscilam. Quando utilizado para esse tipo de evento, o paradoxo provoca confusão – e muitas vezes infelicidade, se aplicado a pessoas e seus relacionamentos.

O reconhecimento do paradoxo é o primeiro passo para sua resolução. Existem quatro possibilidades para escapar dele.

1. Descreva novamente o mesmo evento de uma maneira que não seja *universal* e absoluta, usando palavras qualificativas como "alguns", "a maioria" ou "algumas vezes" em vez de "tudo", "todos", "sempre" etc.

2. Descreva novamente o mesmo evento de um modo que não inclua a *auto-referência* – a descrição não descreve a si mesma.

3. Descreva novamente o mesmo evento só que de forma positiva, sem usar nenhuma *negação*.

4. Quando o paradoxo torna-se óbvio e explícito, a negação problemática passa a aplicar-se a si mesma, anulando-a e libertando-nos da confusão.

No próximo capítulo, exploraremos como o paradoxo pode ser usado terapeuticamente para reduzir a certeza absoluta que com freqüência prende as pessoas em crenças, atitudes e comportamentos nada proveitosos.

"Demais não é suficiente."

Richard Bandler

Prova de que a Teoria dos Tipos é desnecessária
G. Spencer Brown

Da maneira mais simples possível, a resolução é a seguinte: tudo que precisamos mostrar é que os paradoxos auto-referentes, descartados com a Teoria dos Tipos, não são piores do que os paradoxos auto-referentes similares, considerados bastante aceitáveis na teoria comum de equações.

O mais famoso desses paradoxos na lógica é a afirmação "Esta afirmação é falsa".

Suponha que aceitemos que determinada afirmação se encaixa em uma das três categorias – verdadeira, falsa ou sem sentido –, e que uma afirmação significativa que não é verdadeira deve ser falsa e uma que não é falsa deve ser verdadeira. A afirmação em questão não parece ser sem sentido (alguns filósofos afirmaram que é, mas é fácil refutar isso), portanto ela deve ser verdadeira ou falsa. Se ela é verdadeira, deve ser, como ela diz, falsa. Mas se é falsa, uma vez que é isso que ela diz, deve ser verdadeira.

Até agora, não se notou que temos um paradoxo igualmente vicioso na teoria das equações ordinárias, porque cuidadosamente evitamos expressá-la dessa forma. Vamos fazer isso agora.

Faremos suposições análogas às mencionadas anteriormente, presumindo que um número pode ser positivo, negativo ou zero. Presumiremos ainda que um número não igual a zero e que não seja positivo deve ser negativo e um que seja não negativo deve ser positivo. Consideremos a equação:

$$X^2 + 1 = 0$$

Transpondo, temos:

$$X^2 = -1$$

E dividindo os dois lados por x temos:
$$X = -1/x$$

Podemos ver que isso (como a afirmação análoga na lógica) é auto-referente: o valor-raiz de x que buscamos deve ser colocado de volta na expressão a partir da qual nós o buscamos.

A simples verificação nos mostra que x deve ser uma forma de unidade, ou a equação não se equilibraria numericamente. Presumimos apenas duas formas de unidade (+1 e −1), o que nos permite tentá-las agora uma de cada vez.

Estabelecendo que x = +1, temos:

$$+1 = -1/+1 = -1$$

o que é claramente paradoxal. Portanto, vamos estabelecer que $x = -1$. Dessa vez, temos:

$$-1 = -1/-1 = +1$$

que é igualmente paradoxal.

Naturalmente, como todos [na matemática] sabem, o paradoxo nesse caso é solucionado introduzindo uma quarta classe de número, chamado imaginário, para podermos dizer que as raízes da equação anterior são +/-i, em que i é um novo tipo de unidade que consiste de uma raiz quadrada de menos um. (Brown, 1973, p. VIII-X)

Comentários de Steve Andreas: Os números "imaginários" são usados em uma ampla variedade de importantes aplicações no mundo real, envolvendo cálculo diferencial, cálculo do comportamento de circuitos elétricos oscilantes em telefones celulares, câmeras digitais e outros aparelhos eletrônicos. Quando pensamos nisso, os números negativos também não são lá muito reais. Que imagem você consegue fazer de "cinco maçãs negativas"? Na verdade, *todos os números são imaginários – não* há números no mundo, a não ser aqueles que *nós* colocamos ali. Entretanto, os números e todos os outros conceitos e categorias imaginários são muito *úteis*, desde que lembremos que são imaginários e desde que os resultados que obtemos ao utilizá-los sejam cuidadosamente testados e verificados pela comparação de nossos resultados *imaginários* com os eventos do mundo *real*.

A FILOSOFIA É ESCRITA NESSE ESPLÊNDIDO LIVRO DO UNIVERSO, QUE PERMANECE CONTINUAMENTE ABERTO AO NOSSO OLHAR. MAS O LIVRO NÃO PODE SER COMPREENDIDO A MENOS QUE, PRIMEIRO, APRENDAMOS A COMPREENDER A LINGUAGEM E A LER O ALFABETO COM O QUAL ELE É COMPOSTO. ELE ESTÁ ESCRITO NA LINGUAGEM DA MATEMÁTICA E SUAS CARACTERÍSTICAS SÃO TRIÂNGULOS, CÍRCULOS E OUTRAS FIGURAS GEOMÉTRICAS, SEM AS QUAIS É HUMANAMENTE IMPOSSÍVEL COMPREENDER UMA ÚNICA PALAVRA; SEM ELAS, FICAMOS VAGANDO EM UM LABIRINTO ESCURO.

GALILEO GALILEI

8

Certeza
O cálice profano

"SE UM HOMEM COMEÇA COM CERTEZAS, TERMINARÁ COM DÚVIDAS; MAS SE ELE SE CONTENTAR EM COMEÇAR COM DÚVIDAS, TERMINARÁ COM CERTEZAS."

FRANCIS BACON

Uma das principais maneiras de categorizar inconscientemente toda experiência é avaliar sua probabilidade. De todos os pensamentos que tenho, alguns são muito improváveis, alguns razoavelmente certos e outros parecem muito certos. Posso pensar em castelos cor-de-rosa no ar e ter bastante certeza de que eles na verdade não existem. Posso planejar ir até o supermercado fazer compras, com uma certeza moderada de que é provável que isso aconteça a menos que alguma coisa mude meus planos. E há outras experiências sobre as quais posso estar muito, muito certo, como a inevitabilidade de minha própria morte – pelo menos nesse mundo material.

Alguém que tem fobia de voar e alguém que não tem podem criar imagens muito semelhantes de chamas causando morte e destruição. A diferença é que a pessoa fóbica responde como se a queda do avião estivesse realmente acontecendo *agora* – mesmo com o avião parado no solo! Elas estão *experimentalmente certas* de que *está* acontecendo agora, independentemente de sua posição "intelectual". Entretanto, a pessoa que não tem fobia de voar inclui alguma representação da probabilidade muito pequena da queda, bem como de sua possibilidade. Algo descrito como uma certeza de que isso não vai acontecer ou como uma grande incerteza com relação a acontecer.

Pelo fato de que podemos estar certos ou incertos acerca de *qualquer coisa* que experimentamos, a certeza é uma daquelas categorias *muito* gerais em que cabe literalmente *qualquer* experiência, seja baseada nos sentidos ou na categoria. A certeza *sobre* algo encontra-se em um nível lógico mais elevado e mais abstrato, e separada de qualquer coisa sobre a qual estou certo. Os níveis lógicos proporcionam uma maneira muito clara para diferenciar entre o *conteúdo* daquilo que alguém pensa ou acredita e sua *certeza* de que ele é verdadeiro. Quando percebemos que qualquer crença tem esses dois elementos, podemos separá-los, colocando o conteúdo da crença em um nível lógico e a certeza a seu respeito em um nível mais elevado.

Em geral, *presumimos* que nossas percepções baseadas nos sentidos estão certas, a não ser que haja pouca luz, o objeto esteja longe ou nossa visão ou audição não seja boa, situações em que talvez surja alguma incerteza ou dúvida. Por exemplo, sentado em minha escrivaninha, tenho bastante certeza de que aquele círculo vermelho do outro lado da sala é vermelho, quem sabe até de um determinado tom de vermelho. Provavelmente, porém, tenho um pouco menos de certeza de que é uma maçã. Quiçá seja apenas uma bola ou a figura de uma maçã.

Os psicólogos criaram situações experimentais engenhosas como a janela trapezoidal de Ames, ou a sala trapezoidal, e muitas outras ilusões óticas que lançam dúvidas perturbadoras a respeito de nossa habitual certeza de que aquilo que vemos é exato. Trata-se de demonstrações poderosas de que nossas percepções na verdade são apenas suposições muito boas, baseadas em algumas pistas que o cérebro processa de forma totalmente inconsciente para nos proporcionar tais percepções.

Apesar dessas limitações inerentes, nossas percepções funcionam muito bem na maior parte do tempo, a fim de nos dar um mundo perceptivo estável suficientemente preciso para nos permitir dirigir carros e chegar ao destino sem sair da estrada, fazer todas as outras coisas que satisfazem nossas necessidades e ter uma boa vida. A pequena, porém inevitável, incerteza em nossas percepções se multiplica quando juntamos essas percepções em categorias mais abstratas. Ainda assim, freqüentemente as pessoas tem bastante certeza com relação às suas categorias mais abstratas de níveis mais elevados.

Estratégia da realidade À exceção de algumas pessoas em hospitais psiquiátricos, todos têm *alguma* maneira para decidir o que é real e o que é apenas imaginação e não real, o que se chama de "estratégia da realidade". Até pacientes mentalmente muito perturbados raramente tentam atravessar paredes ou caminhar sobre a água!

É relativamente fácil determinar a "realidade" na experiência presente, em particular quando posso usar todos os sentidos para explorar alguma coisa estranha – vê-la, senti-la, ouvi-la, cheirá-la e prová-la. Ao manipular alguma coisa, posso obter ainda mais informações sobre seu peso, o barulho que ela faz, o que está dentro dela etc., a fim de categorizá-la e compreendê-la.

Avaliar a realidade de uma lembrança ou de um plano futuro já não é tão fácil, e às vezes me pergunto: "Isso realmente aconteceu, apenas imaginei isso acontecendo ou sonhei que aconteceu?" "Será que conseguirei mesmo fazer isso na próxima semana ou meu plano é apenas um sonho irreal?" A realidade de nossas lembranças, planos e outras experiências internas é principalmente o resultado das qualidades perceptivas de nossas imagens internas. Muitas pessoas estão apenas vagamente conscientes disso, uma vez que costuma ser algo inconsciente. Entretanto, você pode *ficar* consciente disso voltando-se para dentro e examinando sua experiência interna. Eu gostaria que você tentasse fazer uma pequena experiência a fim de experimentar o que estou querendo dizer.

Exercício das qualidades perceptivas

1. Animal real e irreal Pense em um animal que você tem muita certeza de que é real, como um cão, e em outro que está certo de que é *irreal*, como um dragão ou um unicórnio.

2. Diferenças perceptivas entre as duas imagens.

a. Comparando as imagens desses dois animais, você encontrará diversas diferenças entre elas – que, muitas vezes, só se tornam óbvias quando isso é feito diretamente. Agora pare para observar e anotar as várias diferenças observadas...

Meu cão é uma imagem próxima, em 3-D, em movimento, sobre um piso. Ouço-o latindo e rosnando e suas patas fazem barulho no chão quando ele pula e mexe a cabeça. Se imaginar que estou tocando-lhe o pêlo, posso sentir sua textura e também cheirá-lo.

Ao contrário, meu dragão está distante, uma figura imóvel, plana e sem som, flutuando alto no ar sem nenhuma superfície abaixo. A imagem tem listras um pouco borradas que parecem falhas, como a imagem de uma impressora cujo cartucho está quase vazio. Se me imaginar tocando-o, preciso esticar muito mais os braços e então meus dedos atravessam a imagem, sentindo apenas o ar. Não há cheiro. (Qual seria o cheiro de um dragão – de fumaça bolorenta?)

b. Agora volte às suas imagens e procure outras diferenças que não notou antes...

Pessoas diferentes usam qualidades diferentes para distinguir realidade de irrealidade, mas elas se assemelham muito nas imagens da realidade que têm bem *mais* diferenças perceptivas. Minha imagem de um cão apresenta várias das mesmas qualidades perceptivas que eu esperaria encontrar no mundo real, enquanto o dragão tem muito poucas. Sejam quais forem as diferenças que você notou, essas são algumas das maneiras que *você* usa para determinar o que é real e o que é irreal em seu mundo interno. Alguma coisa que você considera "um pouco real" pode estar em algum lugar entre esses dois extremos, com apenas algumas das características perceptivas de "realidade".

3. *Experimento* Quando você conhece as qualidades perceptivas que uma pessoa usa para determinar a realidade de imagens internas, pode usar isso com o intuito de tornar qualquer imagem mais ou menos real. Por exemplo, eu poderia *acrescentar* qualidades perceptivas à minha imagem de um dragão para deixá-la mais subjetivamente real, transformando-a num filme em 3-D, mais próxima, abaixando-a e colocando um piso debaixo dela etc. Ou então *subtrair* qualidades da minha imagem de cão a fim de torná-la menos real, fazendo-a plana, imóvel, mais afastada, mais elevada, retirando o piso etc.

Embora seja interessante brincar com essas qualidades de realidade, é bom ter cautela, porque isso às vezes resulta em mudanças nada úteis. Ao tentar fazê-lo, fique *muito* atento aos sentimentos ou vozes internas que se preocupam com o que você está fazendo. Se deseja experimentar livremente sem assustar partes de si mesmo, fazendo-as pensar que você poderia ficar louco, prometa a si mesmo que a experiência que está realizando é apenas *temporária* e que você fará tudo voltar ao que era quando ela acabar.

Os efeitos especiais atualmente usados nos filmes e na televisão são tão bons que podem fazer algo irreal, como guerras espaciais em outros planetas, parecer muito real. Isso tende a tornar indistintas as distinções que usamos na mente para determinar o que é real. Felizmente, temos outras maneiras para definir o que é real e os resultados desses testes também são representados nas qualidades perceptivas de nossas imagens.

Existem alguns outros modos para determinar o que é "real" ou pelo menos "confiável". Temos a opção de confiar na experiência pessoal de alguma coisa ou evento, confiar em uma autoridade externa, conferir informações para obter consistência interna ou pensar em como determinada informação se encaixa em todas as outras coisas que conhecemos.

A melhor evidência da "realidade" é a repetida *experiência pessoal baseada nos sentidos*. Apesar de sempre haver um pouco de incerteza nisso, em geral ela é mais certa do que as alternativas – um tipo de *categorização* da experiência baseada nos sentidos. Aquilo que você experimentou é inegavelmente aquilo que você experimentou, mesmo se mais tarde parecer ter sido uma ilusão. Qualquer conclusão sobre a experiência baseada nos sentidos obtida pela sua categorização tem muito menos chance de ser exata, pois pequenos erros se acumulam e o protótipo para qualquer categoria é sempre mais abstrato do que a experiência que ele representa, excluindo muitas informações.

Contudo, não temos o tempo ou a oportunidade para experimentar tudo pessoalmente e existem vários eventos que não *desejamos* experimentar diretamente, porque seria muito desagradável, caro ou perigoso. TV, filmes e fotos agora proporcionam pelo menos os aspectos visuais de algumas dessas experiências, oferecendo uma experiência detalhada de "segunda mão" com muitos dos elementos da experiência pessoal, porém sem as suas conseqüências.

Quando não dispomos de experiência pessoal em que confiar, precisamos contar com alguma autoridade externa e supor (ao menos temporariamente) que o que ela nos diz é verdade. Sempre que lemos um jornal, assistimos ao noticiário na televisão, lemos um artigo científico, consultamos a Bíblia ou escutamos conselhos profissionais, estamos confiando em algum tipo de autoridade externa. Determinadas pessoas consultam diversas autoridades, enquanto outras são mais seletivas, usando uma, ou algumas autoridades muito mais do que outras. Algumas consideram infalível uma determinada autoridade, ao passo que outras são mais céticas. Embora todos precisem usar autoridades de vez em quando, também é proveitoso periodicamente questionar a nossa base para decidir que uma determinada autoridade é fonte válida de informações ou não, ou consultar uma autoridade alternativa de tempos em tempos e verificar se obtemos a mesma resposta.

Mesmo quando confiamos em uma autoridade externa, podemos examinar a informação para averiguar a *consistência interna*. Existe alguma discrepância interna naquilo que a autoridade diz? Quando a barra na janela trapezoidal de Ames parece se movimentar suavemente na direção oposta à que a janela se movimenta e então parece "atravessá-la" sem nenhum barulho ou nada quebrado, essa *inconsistência* nos alerta de que algo não deve ser o que aparenta. Recentemente, li um artigo sobre ratazanas do campo. Na *primeira* página, afirmava-se que o peso delas nunca ultrapassava 28 gramas e em outro lugar, na *mesma* página, que elas pesavam de 56 a 85 gramas. Continuei lendo o artigo, mas com uma atitude bem mais cautelosa.

Também podemos comparar qualquer informação obtida de uma autoridade com nosso conhecimento a fim de buscar *discrepâncias*. Há pouco tempo, vi uma manchete num tablóide declarando que uma espécie de chihuahua de orelha longa fora descoberta em Marte. Como eu sei, de acordo com diversas outras autoridades respeitadas, que quase não existe atmosfera em Marte (do que existe, a maior parte é dióxido de carbono) e que a temperatura vai de 15 graus durante o dia para 105 graus negativos à noite, não parece muito provável que um pequeno cão sem pêlos conseguisse sobreviver ali.

Fica ainda a pergunta: "O que um chihuahua come em Marte?" Se supusermos que pode haver alguns outros pequenos animais naquele planeta, o que *eles* comem? Que eu saiba (novamente segundo outras autoridades), Marte não tem plantas para criar a base de uma cadeia alimentar para chihuahuas, mesmo se eles conseguissem sobreviver ao frio.

Todas essas maneiras de determinar a realidade contribuem para uma sensação de certeza acerca de nossas imagens internas, quer elas sejam lembranças do passado, quer sejam imagens que construímos a fim de compreender o que alguém disse ou previsões de eventos no futuro. O ideal, é claro, seria que os sentimentos de certeza sobre os eventos fossem relativamente precisos. Ficaríamos incertos ou céticos com relação aos eventos incertos ou questionáveis, como chihuahuas em Marte, e certos com relação a eventos que realmente aconteceram ou provavelmente acontecerão no futuro.

Naturalmente, todos nós cometemos erros no que se refere à certeza e reagimos com desapontamento (ou às vezes com agradável surpresa!) quando os eventos são diferentes de nossas lembranças ou expectativas. Com freqüência, nossa avaliação da certeza é distorcida por aquilo que *gostaríamos* que fosse verdade, mesmo que existam muitas evidências em contrário. Alguém que "perde o contato com a realidade" mistura o que é certo e o que é questionável. Ao basear suas decisões em avaliações inadequadas da certeza, tende a ficar desapontado, infeliz e confuso.

Problemas com a certeza Os problemas de muitas pessoas parecem resultar da *in*certeza: "Não sei o que fazer", "Minha vida não tem direção", "Não sei se quero ou não ter um relacionamento". Contudo, essa incerteza freqüentemente é *resultado* de alguma outra certeza. "*Sei* que ela me odeia." "*Sei* que sou estúpido." "*Sei* que ninguém jamais vai me amar" etc.

Embora os problemas às vezes derivem da incerteza com relação aos eventos, quero discutir os problemas resultantes da certeza excessiva. Consideremos um exemplo simples: quando alguém tem fobia de água porque quase se afogou, certamente age como se a sua categorização de que uma banheira cheia de água representa perigo mortal fosse *muito* certa!

A cura de fobias da PNL utiliza mudanças nas qualidades perceptivas de uma lembrança para torná-la menos real. O fóbico costuma ter uma lembrança associada a ela, como se aquilo estivesse acontecendo novamente, apresentando assim uma resposta emocional bastante intensa. Ao lhe pedir para mudar essa lembrança, transformando-a num filme dissociado em branco e preto, plano, distante, ele passa a vê-la como se acontecesse com outra pessoa e a lembrar do mesmo evento de maneira mais agradável.

Esse processo emprega diversas qualidades perceptivas de irrealidade para diminuir a certeza, ao mesmo tempo em que muda a abrangência da experiência a fim de eliminar essa forte resposta emocional (Andreas, 1984; Andreas e Andreas, 1993, capítulo 7). Depois de solucionar a fobia, ele pode olhar calmamente para a mesma banheira e ter bem menos certeza sobre sua periculosidade – sem deixar de perceber que existem determinadas circunstâncias em que ela *poderia* ser perigosa.

Algumas pessoas são consumidas pelo ciúme porque imaginam o companheiro tendo um caso com alguém, embora não haja nenhuma evidência de que isso seja verdade. Elas agem como se essas imagens fossem muito reais e exatas, como se estivessem no mesmo lugar vendo aquilo acontecer.

Ao contrário, se crio imagens da minha esposa tendo um caso com outra pessoa, elas me parecem tão improváveis que posso observá-las calmamente, deixá-las de lado com facilidade e seguir a minha vida. Sei que elas *poderiam* ser verdadeiras, porém tenho muito pouca certeza de que *são* verdadeiras. Aprendendo a fazer suas imagens como as minhas, um homem ciumento não sentirá mais ciúmes. Diversos outros padrões rápidos e úteis da PNL utilizam esse tipo de mudança nas qualidades perceptivas, chamadas de *submodalidades* porque são elementos menores dentro das cinco *modalidades* sensoriais (Andreas e Andreas, 1991; Bandler, 1988).

Seria *muito* mais fácil para alguém que está lamentando uma perda ou uma oportunidade perdida adaptar-se a ela se não estivesse tão certo de que é um desastre. Você consegue pensar em uma perda significativa sofrida no passado que, agora, olhando para trás, mostra-se na verdade uma "benção disfarçada" e que você está *muito* feliz por ter acontecido, pois lhe abriu novas possibilidades ou levou sua vida para uma nova e interessante direção? Se soubesse disso naquela época, você não teria lamentado. Teria festejado!

Todo problema tem sempre duas partes. Um aspecto é o *conteúdo*, a maneira como alguém percebe ou compreende os eventos que o perturbam, como o medo da água, ciúme ou perda. O segundo é a *certeza* de que essa compreensão é real. Em vez de perceber que as compreensões são sempre "mapas" limitados e simplificados da realidade, ele acredita que seu mapa *é* a realidade.

Uma característica adicional da certeza é o fato de que os *outros* podem sofrer muito com ela, mais do que a pessoa que a tem. Pense em todas as mortes, perseguições, miséria e destruição ao redor do mundo que resultaram da certeza de líderes (ditadores, líderes e instituições religiosas, revolucionários e políticos) totalmente convencidos de que estavam certos. As dúvidas de São Tomé, Tomás de Aquino e outros santos foram registradas, mas Hitler, Stalin e a maioria dos outros comandantes mundiais não parecem ter sido perturbados pela incerteza.

Quando as pessoas estão muito certas de que suas percepções e/ou compreensões *são* a realidade, é demasiado difícil para elas considerar alternativas, quanto mais aceitá-las. Nesses casos, é proveitoso e vale a pena diminuir essa certeza para abrir pelo menos a *possibilidade* de aqueles eventos serem compreendidos de maneira diferente.

Diminuindo a certeza

Desafio direto Embora pareça simples demais para ser mencionado, uma interrupção e um desafio direto, como "Você realmente acredita nisso?" ou "Não acredito nisso", costumam ser bastante eficazes, *se* houver *rapport* suficiente. Virginia Satir (Andreas, 1991b) utilizava esse tipo de desafio direto e seus clientes com freqüência recuavam ("Não, não acredito") ou qualificavam sua crença de algum modo ("Bem, o que quero dizer na verdade é que..."). E quando eles mantinham sua certeza, muitas vezes proporcionavam mais informações sobre as evidências para isso, seus critérios. Então, Satir aproveitava esses dados na próxima tentativa de ajudá-los a diminuir a certeza, como um primeiro passo que lhes permitisse considerar outras possibilidades.

"Modelo do mundo" No capítulo 1, explorei como esse tipo de implicação serve para delicadamente fazer uma separação entre a maneira como alguém enxerga ou compreende o mundo e a maneira como o mundo realmente "é". A

compreensão de que pode haver outras maneiras para categorizar e compreender um evento é um importante primeiro passo na diminuição da certeza.

Paradoxo No capítulo anterior, mostrei a aplicação terapêutica do paradoxo no intuito de anular uma afirmação problemática. A mesma estrutura paradoxal pode ser usada com o excesso de certeza, independentemente do conteúdo sobre o qual alguém está certo. Por exemplo, leia a interessante troca entre Richard Bandler, um dos criadores da PNL, e o participante de um seminário que tem muita certeza a respeito de alguma coisa que lhe está atrapalhando a vida.

1. *Bandler: Você está* certo *disso?*
   Participante: Sim.
2. *Bandler: Você tem* certeza *de que está certo?*
   Participante: Sim.
3. *Bandler: Você está certo o* suficiente *para ficar INcerto?*
   Participante: Sim.
   Bandler: OK, vamos conversar.

Antes de continuar a leitura e de discutir sua estrutura, eu gostaria que você tivesse uma *experiência* pessoal do impacto dessa série de perguntas. Primeiro, pense em uma afirmação que você tem *muita* certeza de que *não* é baseada nos sentidos, e sim uma categorização mais geral. Serve qualquer afirmação sobre a qual você esteja muito certo, como "Sou inteligente", "O mundo é formado totalmente de matéria e energia" etc. Entretanto, essa experiência deve ser ainda *mais* interessante e proveitosa com uma afirmação que também seja um *problema* porque o limita de algum modo, como "Não sou atraente", "Não consigo ter sucesso", "Não se pode confiar nas pessoas", "Levarei comigo por toda a vida as cicatrizes do abuso".

Então, feche os olhos e pense na experiência acerca da qual você tem certeza e imagine que uma pessoa lhe faz as perguntas de Bandler, uma de cada vez. Se houver alguém disponível para lhe ajudar, melhor ainda. Pare após cada uma e note cuidadosamente sua resposta à pergunta realizada para sentir seu efeito em você...

Agora que você tem uma experiência disso, descreverei a estrutura desse padrão e sua utilização prática. Isso requer um pequeno passeio pelos níveis lógicos.

Nível lógico 1 Existem alguns eventos que poderiam ser mais ou menos baseados nos sentidos, mas em geral são membros de uma categoria no primeiro nível de categorização, o que Watzlawick chamou de "realidade de primeira classe" (1984, p. 141). Uma pessoa está em determinado evento baseado nos sentidos, que ela *categoriza* juntamente com outros similares, naquilo que arbitrariamente chamamos de nível lógico 1. Esse evento poderia ser quase qualquer coisa e é algo com que a maioria das pessoas provavelmente concordaria, como "entrevista de trabalho", "comentário crítico", "desapontamento" etc.

Nível lógico 2 A pessoa então categoriza a "entrevista de trabalho" de determinada maneira, por exemplo, "Uma entrevista de trabalho é assustadora". Isso é o que Watzlawick denominou "realidade de segunda classe" e é nela que as pessoas podem diferir bastante, particularmente se vierem de culturas ou educações distintas ou tiverem histórias pessoais muito diferentes.

Por exemplo, alguém também poderia categorizar uma entrevista de trabalho como "agradável", "excitante", "aborrecida", "desafiadora", "uma oportunidade para aprender mais sobre a sua natureza" etc. Como se trata de uma *categorização de uma categoria de experiência*, ela está no nível lógico 2. Muitos conflitos e problemas aparecem nesse nível, bem como muitas soluções.

Nível lógico 3 A pessoa tem alguma *certeza* sobre sua categorização no nível 2. "Eu *sei* que uma entrevista de trabalho é assustadora." Chamamos isso de "realidade de terceira classe", pois está ainda mais distante da experiência baseada nos sentidos do que a realidade de segunda classe. Muitos problemas (e algumas soluções) também ocorrem nesse nível. A categorização da pessoa no nível 2 às vezes é um problema em si mesmo. Contudo, isso poderia ser explorado e talvez modificado se ela não estivesse tão *certa* a seu respeito no nível 3.

Por exemplo, o que torna difícil a comunicação com uma pessoa paranóica não é apenas o fato de ela pensar que os outros conspiram contra ela.

O problema é que ela tem *certeza* de que isso está acontecendo, portanto não se dispõe a questionar e considerar outras possibilidades. Como essa certeza dificultará a consideração de outras compreensões no nível 2, costuma ser bastante benéfico diminuir sua certeza.

Toda categorização feita por uma pessoa em qualquer nível de experiência terá algum grau de certeza/incerteza num nível mais elevado, em um *continuum* que vai de nenhuma certeza até a certeza total. Convenientemente, dividimos essa certeza em três possibilidades:

Nenhuma certeza Se alguém não tem nenhuma certeza, também não chega a nenhuma conclusão sobre como categorizar um evento, portanto está completamente aberto à consideração de outras categorizações quando elas são oferecidas. "Ah, sim, isso poderia ser verdade." "Acho que há outra maneira de se ver isso." Sua compreensão de um evento é muito fluida e ele tem pouca certeza a respeito de sua categorização para mantê-la e dificultar a mudança.

Certeza parcial Se a certeza de alguém acerca de um evento está em algum lugar entre nenhuma certeza e certeza total, ele estará pelo menos *um pouco* aberto à idéia de considerar outras possíveis categorizações de um evento. Quanto mais certo ele estiver, mais difícil será considerar outras compreensões, mas pelo menos será *possível*.

Certeza total Se alguém está *absolutamente* certo a respeito de sua compreensão, estará totalmente fechado até mesmo para considerar outras. O padrão de Bandler ajuda a levar alguém da certeza absoluta para a certeza parcial, que permite considerar compreensões alternativas e possibilita o diálogo. Acho muito significativo que, no final da troca, Bandler diga: "OK, vamos conversar". Esse padrão não soluciona um problema; ele torna *possível* mudar uma compreensão problemática no nível 2 diminuindo a certeza no nível 3.

Compreendendo o padrão

1. *"Você está certo?"* pergunta se a pessoa se encontra num estado de certeza (nível 3). Embora peça uma resposta digital sim ou não, ela permite respostas que são qualificadas de algum modo.

Se a pessoa disser "Não, na verdade não" ou "Bem, um pouco", ela já está em algum lugar na extensão intermediária da certeza parcial, ficando um pouco receptiva para considerar outras compreensões, outras categorizações. Nesse caso, o restante desse padrão é desnecessário.

A resposta "Sim" indica que ela tem certeza. Como sempre, as mensagens *não-verbais* no tom de voz, postura, hesitações, velocidade da resposta etc. serão muito mais úteis do que as palavras na avaliação do grau de certeza que a pessoa *experimenta*.

2. *"Você tem certeza de que está certo?"* aplica a certeza a si mesma *recursivamente*, basicamente perguntando se ela está absolutamente certa. Essa pergunta exige que a pessoa vá para um *quarto* nível lógico, uma vez que precisa aplicar a certeza no nível 3 a si mesma, auto-referencialmente. Embora requisite uma resposta digital sim ou não, ela também permite uma resposta qualificada.

Se a pessoa disser "Bem, estou razoavelmente certa", ou qualificá-la de outra maneira, verbal ou não-verbalmente, então ela está em algum lugar na extensão da certeza parcial. É possível falar com ela de maneira proveitosa e continuar explorando compreensões e categorizações alternativas. Novamente, o restante desse padrão é desnecessário.

Já um "sim" não qualificado significa que ela está absolutamente certa de que está certa. Novamente, o comportamento *não-verbal* lhe dirá mais a respeito da totalidade de sua certeza do que apenas as palavras.

Uma resposta "sim" não só estabelece a certeza absoluta como confirma que a pessoa está disposta e é capaz de aplicar a certeza a si mesma recursivamente. A certeza e a auto-referência são pré-condições para a terceira pergunta, que também pede à pessoa para aplicar a certeza a si mesma, porém de maneira diferente.

Uma forma de descrever esse processo é dizer que as duas primeiras perguntas são usadas *tanto* para juntar informações sobre o grau de certeza da pessoa *quanto* para começar a reunir peças de uma estrutura que será criada no terceiro passo, se a resposta às duas primeiras perguntas for um "sim" não qualificado.

3. *"Você está certo o suficiente para ficar INcerto?"* aplica a certeza à sua *negação*, criando um paradoxo lógico, conforme descrito no capítulo anterior. Como um lembrete, os três ingredientes essenciais de um paradoxo lógico são: 1. uma afirmação absoluta, 2. auto-referência e 3. negação.

Além disso, há dois elementos muito importantes na palavra "suficiente". Primeiro, "suficiente" *pressupõe* algum ponto num *continuum análogo*. Até aqui, a pessoa vem usando categorias absolutas ou/ou (certeza *ou* incerteza) que não reconhecem o meio termo. Se ela aceitar a pressuposição na palavra "suficiente", seja qual for sua resposta, concordará que a certeza se encontra num *continuum* análogo e não é um digital absoluto. A menos que ela desafie a pressuposição na palavra "suficiente", *qualquer* resposta a essa última pergunta a levará para uma experiência de certeza parcial, permitindo-lhe considerar alternativas.

O outro importante elemento na palavra "suficiente" é o fato de que ela pressupõe que se *atinge* um limite – nesse caso, um limite de certeza. Se a pessoa responder "não", isso significa que sua certeza é um pouco menos do que o limite de estar "suficientemente certa". Se ela responder "sim", quer dizer que sua certeza alcançou (ou excedeu) o limite e é suficiente para estar "incerta".

"Você está certo o suficiente para ficar INcerto?" é a forma interrogativa da afirmação "Se você está certo o suficiente, ficará incerto", uma afirmação de causa–efeito que se torna pressuposta quando aparece na forma de uma pergunta. Essa pressuposição afirma que uma grande certeza inclui nela a habilidade de ficar incerto, usando dois opostos polares no mesmo nível lógico e encaixando um *dentro* do outro, criando uma hierarquia lógica entre os dois.

Para a maioria das pessoas, é muito difícil acompanhar conscientemente os níveis lógicos, os paradoxos e as pressuposições. Ao ouvirem esse paradoxo declarado como pergunta, com a pressuposição "suficiente" inserida nela, respondem simplesmente "sim" ou "não".

Se a pessoa responder "sim", concorda com um estado de incerteza "incerta" e, se ela responder "não", faz o mesmo com um estado de incerteza, "não suficientemente certa". Seja qual for a resposta, ela concorda com um grau de incerteza e, conseqüentemente, com a disposição em considerar compreensões e categorizações alternativas. Trata-se de uma forma de duplo vínculo, uma vez que as duas respostas resultam na mesma experiência, algo que exploraremos no próximo capítulo.

Esse paradoxo da certeza é bastante útil em situações nas quais alguém está muito certo a respeito de como compreende alguma coisa, que resulta na falta de disposição para considerar compreensões alternativas *e* provoca dificuldade para ele (ou para outra pessoa). Esse padrão permite fazê-lo considerar outras maneiras de compreender e de categorizar sua experiência.

Embora não tão poderoso, utilizar o contrário do paradoxo da certeza também é interessante. Quando alguém afirmar "Não tenho certeza se essa é a melhor coisa a fazer", diga "Você está certo de que está incerto?" ou "Você parece muito certo disso". Se ele responder "sim", use o paradoxo da certeza nessa certeza para criar uma experiência de estar incerto com relação à sua incerteza.

Ao compreendermos a estrutura de um padrão, com freqüência ele demonstra ainda mais utilizações. O paradoxo da certeza aplica a certeza à sua própria negação. Quando isso acontece, os *critérios* da pessoa para ter certeza aplicam-se à sua negação, o que pode ser usado em muitas outras situações além da certeza.

Por exemplo, há cem anos, quando o duelo fazia parte da cultura americana, era considerado covardia recusar-se a duelar, embate que muitas vezes resultava em ferimentos sérios ou morte. Desafiado para um duelo, um homem recusou-se, declarando: "Não tenho a menor vontade de matar você... e não estou consciente de ter feito coisa alguma que lhe dê o direito de me matar. Não quero seu sangue em minhas mãos e não quero meu sangue nas mãos de ninguém... Não sou tão covarde a ponto de temer alguma imputação à minha coragem." Basicamente, ele disse: "Sou corajoso o suficiente para aceitar ser chamado de covarde por me recusar a lutar".

Uma das formas preferidas de Virginia Satir para fazer as pessoas falarem sobre aspectos de sua experiência sobre os quais se mostravam relutantes era perguntar "Você é forte o suficiente para mostrar sua vulnerabilidade?", como exemplo de força, encaixando "vulnerabilidade" dentro de "força". Essa recategorização funcionava com a maioria dos clientes.

Como a forma geral disso consiste de *Você é X o suficiente para não ser/fazer X*", é muito fácil usar esse padrão de comunicação simplesmente substituindo uma qualidade por "X" e seu oposto para "não X".

"Você é flexível o suficiente para ser inflexível?" (ou "Você é inflexível o suficiente para ser flexível?")

"Você é corajoso o suficiente para admitir seu medo?" (ou "Você está amedrontado o suficiente para não ficar amedrontado?")

"Você é homem o suficiente para mostrar seu lado feminino?" (ou "Você é mulher o suficiente para afirmar-se como um homem?")

E, naturalmente, você também pode usar isso consigo mesmo sempre que ficar preso num extremo de qualquer par de categorias opostas. Empregue esse padrão com *qualquer* conjunto de categorias opostas quando estiver preso na armadilha de se dispor apenas a expressar ou a se identificar com uma delas.

Aprender como classificar os níveis lógicos de categorização numa experiência problemática é uma habilidade muito útil que nos ajuda a compreender a estrutura dos problemas e decidir que nível de categorização poderia precisar de alguma modificação. Assim, fica bem mais fácil andar pelos corredores sinuosos da mente de outra pessoa, auxiliando-a a encontrar o caminho para sair daquela situação difícil. Isso também nos impede de desperdiçar nosso tempo tentando solucionar problemas inerentemente insolúveis ou de tentar solucionar um problema que ela *não* tem!

Não podemos evitar os níveis lógicos, a auto-referência ou a negação e não desejamos isso, pois nos impediria de pensar sobre pensar e de ter sentimentos a respeito de sentimentos, pensar sobre não pensar e *muitos* outros aspectos únicos e valiosos de nossa capacidade para categorizar e recategorizar.

No entanto, sempre que possível, cabe a nós aprender a usar afirmações positivas em lugar das negativas e a ser *muito* cuidadosos no emprego da negação, conforme discutimos anteriormente no capítulo 2. A ênfase da PNL nos objetivos positivos é apenas um exemplo do valor das afirmações positivas e dos benefícios resultantes desse tipo de cuidado com o pensamento.

Finalmente, também devemos aprender a ser bastante cautelosos em fazer afirmações absolutas, percebendo que todo conhecimento é relativo, contextual e baseado em nossa experiência e compreensão *muito* limitadas. Paradoxalmente, trata-se de algo sobre o qual podemos ter muita certeza, como demonstrado por Plínio, o Velho, há aproximadamente mil anos: "A única certeza é que nada é certo" – o que é recursivo.

A incerteza inerente no conhecimento não é apenas resultado do descuido de linguagem ou do pensamento negligente. Isso foi provado rigorosamente, usando a matemática de modo auto-referencial para examinar a si mesma e à sua habilidade para chegar a conclusões corretas. A seguir, um resumo de alguns desses resultados. (Essa citação também foi usada no volume 1 e a repito aqui por considerá-la muito importante.)

O primeiro teorema de Godel sustenta que qualquer sistema lógico que não seja excessivamente simples (isto é, que inclua pelo menos a aritmética comum) pode expressar afirmações verdadeiras que, no entanto, não podem ser deduzidas de seus axiomas. E o segundo teorema afirma que não é possível mostrar antecipadamente que os axiomas nesse sistema, com ou sem verdades adicionais, estão livres de contradições ocultas. Resumindo, um sistema lógico que não tenha nenhuma riqueza jamais poderá ser completo, embora não se possa garantir que ele seja consistente. [...]

A. M. Turing, na Inglaterra, e Alonzo Church, nos Estados Unidos, mostraram que não é possível conceber um procedimento mecânico capaz de testar cada afirmação em um sistema lógico e demonstrar em um número finito de passos se é verdadeiro ou falso. [...] Alfred Tarski, na Polônia, comprovou uma limitação ainda mais profunda da lógica. Tarski mostrou que não pode haver uma linguagem precisa universal; toda linguagem formal que seja pelo menos tão rica quanto a aritmética contém frases significativas que não podem ser consideradas verdadeiras ou falsas. [...]

Tal sistema de axiomas sempre foi considerado o modelo ideal pelo qual a ciência luta. Na realidade, poderíamos dizer que a ciência teórica é a tentativa de revelar um conjunto de axiomas abrangente e decisivo (incluindo regras matemáticas) com base no qual demonstraríamos que todos os fenômenos do mundo podem ser acompanhados por dedução. Mas os resultados que mencionei, especificamente os teoremas de Godel e Tarski, tornam evidente que esse ideal é inatingível, pois mostram que todo sistema axiomático de qualquer abundância matemática está sujeito a limitações severas, cuja incidência não pode ser prevista nem evitada. Em primeiro lugar, nem todas as afirmações racionais na linguagem do sistema podem ser deduzidas (ou refutadas) de acordo com os axiomas: nenhum conjunto de axiomas pode ser completo. E, em segundo lugar, não é possível garantir que um sistema axiomático seja consistente: a qualquer momento pode surgir nele uma contradição flagrante e irreconciliável. Um sistema axiomático não é capaz de gerar uma descrição do mundo que combine totalmente com ele, ponto por ponto; em alguns lugares haverá lacunas que não podem ser preenchidas pela dedução e em outros talvez surjam duas deduções opostas.

Portanto, afirmo que os teoremas lógicos penetram decisivamente a sistematização da ciência empírica. Assim, em minha opinião, o propósito verbal, estabelecido pelas ciências físicas desde a época de Isaac Newton, é inalcançável. As leis da natureza não podem ser formuladas como um sistema axiomático, dedutivo, formal e claro, que também é completo. E, se em qualquer estágio da descoberta científica as leis da natureza realmente pareciam formar um sistema completo, então deveríamos concluir que nós não as entendemos direito.

(BRONOWSKI, 1966, P. 14)

Mesmo em um sistema lógico consistente, uma única premissa errada permite que você prove *qualquer coisa*, e isso é ilustrado por uma história sobre Bertrand Russel – que também já foi atribuída ao matemático inglês G. H. Hardy.

Bertrand Russell estava [...] declarando que uma afirmação falsa inclui qualquer coisa e todas as coisas. Um filósofo cético o questionou. "Você quer dizer que se 2 + 2 = 5, então você é o Papa?" Russell respondeu afirmativamente e ofereceu a seguinte "prova" divertida.

"Se estamos presumindo que 2 + 2 = 5, então certamente você concordará que subtrair 2 de cada lado da equação nos dá 2 = 3. Transpondo, temos 3 = 2 e, subtraindo 1 de cada lado da equação, nos dá que 2 = 1. Assim, como o Papa e eu somos duas pessoas e 2 = 1, então o Papa e eu somos um. Portanto, eu sou o Papa."

(PAULOS, 2000, P. 17-18)

Eu acho realmente surpreendente que com quase 1,5 quilo de geléia entre as orelhas sejamos capazes de imaginar e pensar em um universo infinito na maior parte de sua complexidade, mas seria interessante ter um pouco de humildade com relação a nosso conhecimento e certeza.

No caso de alguns leitores ainda insistirem que a certeza absoluta existe, ofereço a citação um tanto técnica de Warren S. McCulloch, um dos primeiros a aplicar a lógica e a análise matemática ao funcionamento do sistema nervoso humano.

> *Conseqüentemente, para aumentar a certeza, toda hipótese deveria ter uma probabilidade lógica mínima, ou a priori, de modo que, se confirmada por experiência, deverá ser porque o mundo é formado dessa maneira. Infelizmente para aqueles que buscam a certeza absoluta, uma hipótese com probabilidade lógica zero é uma contradição, e assim nunca poderá ser confirmada. Seu equivalente neurológico seria um neurônio que necessitasse de uma coincidência infinita para sua ativação. Isso, em um mundo finito, é como se ele não tivesse aferentes. Ele nunca dispara. (1965)*

A certeza absoluta é absolutamente impossível e, portanto, absolutamente incorreta, uma falácia lógica. Como disse Nietzsche, "Tudo que é absoluto pertence à patologia". Mesmo o conhecimento científico minuciosamente pesquisado e testado sempre possui um grau de incerteza. Trata-se de uma conseqüência inevitável da natureza do sistema nervoso e do modo como adquirimos e criamos conhecimento.

Resumo Cada um de nós tem maneiras para determinar o quanto estamos certos a respeito daquilo que sabemos, qual a probabilidade de alguma coisa ser verdade, o que é chamado de "estratégia da realidade". Usamos as qualidades perceptivas de uma imagem interna para representar nossa certeza. As imagens internas com muitas das qualidades que percebemos numa experiência no mundo real são experimentadas como reais ou verdadeiras, enquanto as imagens que possuem apenas algumas dessas qualidades são experimentadas como improváveis ou não verdadeiras.

Quando não temos a experiência direta de um evento, recorremos a autoridades externas. O ideal é verificar periodicamente o que elas dizem em busca de consistência interna ou comparar com aquilo que sabemos diretamente pela experiência pessoal, ou de outras autoridades, para notar discrepâncias que nos alertem sobre informações imprecisas.

A certeza a respeito de uma experiência está num nível lógico mais elevado do que a experiência em si mesma. Muitas pessoas sofrem de excesso de certeza, causando uma série de problemas para si mesmas e para os outros, por isso é importante saber como reduzi-la. Às vezes, um desafio simples do tipo "Você realmente acredita nisso?" consegue fazer isso, e as implicações dos padrões do "modelo do mundo" discutidos no capítulo 1 também são muito úteis.

Ainda mais proveitoso é o paradoxo terapêutico. Quando se aplica a certeza à sua própria negação, perguntando-se "Você está certo o suficiente para ficar incerto?", isso gera um paradoxo inevitável. A única saída é diminuir a certeza, criando pelo menos um pouco de receptividade para considerar outras possíveis opiniões ou compreensões.

O mesmo processo pode ser usado com qualquer conjunto de opostos quando alguém se identifica com um deles e rejeita o outro. "Você é forte o suficiente para mostrar sua fraqueza?"

A impossibilidade da certeza absoluta não é somente resultado do pensamento negligente na vida cotidiana. Os matemáticos provaram que ela é uma parte inevitável da maneira como pensamos e conhecemos o mundo.

A seguir, aplicaremos tudo que discutimos sobre abrangência e categoria no intuito de explorar o "duplo vínculo", conceito que foi usado de diversas maneiras para descrever uma ampla variedade de padrões de comunicação muito diferentes.

> *"QUANDO AS LEIS DA MATEMÁTICA SE REFEREM À REALIDADE,*
> *ELAS NÃO ESTÃO CERTAS.*
> *NA MEDIDA EM QUE ESTÃO CERTAS,*
> *ELAS NÃO SE REFEREM À REALIDADE."*
> **ALBERT EINSTEIN**

9

Duplos vínculos
Estreitando a escolha

"A MATURIDADE ESTÁ FAZENDO AQUILO QUE VOCÊ QUER FAZER,
MESMO QUANDO A SUA MÃE ACHA QUE É UMA BOA IDÉIA."
PAUL WATZLAWICK

Duplos vínculos perturbadores

O termo "duplo vínculo" foi introduzido há mais de meio século, num artigo intitulado "A caminho de uma teoria da esquizofrenia", de Gregory Bateson e outros autores (1956). Contudo, ao que parece, esse termo já tinha sido usado algum tempo antes por Milton Erickson (1975). A partir daí, provavelmente nenhum conceito em psicologia ou psicoterapia foi descrito de tantas maneiras diferentes, usando tantos exemplos diferentes e com tantas diferentes conclusões. Isso provocou uma considerável confusão a respeito do que, exatamente, é um duplo vínculo e como ele funciona.

Essa situação oferece uma oportunidade única para usarmos a distinção entre abrangência e categoria a fim de descrever os muitos diferentes padrões de comunicação trazidos pela utilização do termo "duplo vínculo".

Começo com um rápido resumo e continuo com um exame do artigo original sobre duplo vínculo, que alguns leitores talvez achem um tanto acadêmico. Se você achar as próximas páginas cansativas, pule para "Uma definição mais simples" e a caracterização das estruturas da grande variedade de comunicações chamadas de vínculos duplos.

Para conhecer uma revisão recente, excepcionalmente clara e de fácil leitura da literatura sobre a pesquisa, veja Koopmans (1997). Esse trabalho conclui que a descrição original do duplo vínculo era uma proposta complexa, não uma teoria ou hipótese específica, e que, por isso, foi muito difícil operacionalizá-la num projeto de pesquisa específico. Os protocolos das pesquisas variam bastante e muitos exploraram apenas os aspectos limitados da proposta do duplo vínculo em vez de todo o "pacote". Enquanto determinadas pesquisas confirmaram alguns aspectos do duplo vínculo, outras foram inconclusivas e nenhuma confirmou uma ligação causal entre o duplo vínculo e a esquizofrenia, conforme proposto no artigo original.

O termo duplo vínculo tem sido usado para indicar uma variedade *muito* ampla de situações nas quais alguém se sente confuso e impotente porque, independentemente do que faça, será punido. Erickson empregou o termo para diversos padrões de comunicação bem antes do artigo de Bateson, conforme relatado pelo próprio Erickson em vários trabalhos (1992, p. 225-250; 1986; 1985; 1983) e num texto em conjunto com Rossi (1975).

Em 1975, Bateson fez a seguinte observação:

> Acredito que o primeiro artigo sobre "duplo vínculo" foi certamente publicado dois ou três anos antes do momento adequado. Ele é demasiado concretista e diversas pessoas gastaram muito tempo tentando enumerar duplos vínculos.

Paul Watzlawick, um dos escritores que se expressam mais claramente, igualou o duplo vínculo ao paradoxo lógico:

> *O que um duplo vínculo e os exemplos anteriores têm em comum é o fato de que todos eles são estruturados como paradoxos ou antinomias na lógica formal.* (1976, p. 18)

Entretanto, apenas dois dos cinco "exemplos anteriores" de Watzlawick têm a estrutura do paradoxo na lógica formal; dois outros são contradições lógicas e um deles é uma divertida história auto-referente. Watzlawick descreve quatro diferentes "variações básicas do tema paradoxal" (1976, p. 18-20), mas todas elas apresentam a estrutura da contradição lógica, não do paradoxo lógico, num exemplo de como o termo "duplo vínculo" foi mal definido.

Alguns outros padrões de comunicação descritos como duplos vínculos são simples conflitos evitação–evitação, pressuposições limitadoras, implicações, recategorização em um nível menor ou maior, hierarquia de critérios, comandos negativos e comunicações que só permitem uma escolha na resposta.

O artigo *"Varieties of double bind"* ["Variedades do duplo vínculo"], de Erickson e Rossi (1975), incluía cinco desses padrões: pressuposição, escolha aversiva e sua utilização, categorização em um nível menor, hierarquia de critérios e comandos negativos, com apenas uma rápida menção à descrição de Bateson.

A seguir, o primeiro exemplo de um duplo vínculo apresentado no artigo original sobre este assunto:

> *A análise de um incidente ocorrendo entre um paciente esquizofrênico e sua mãe ilustra uma situação de duplo vínculo. Um jovem que se recuperara bem de um episódio agudo esquizofrênico recebeu a visita da mãe no hospital. Ele estava feliz em vê-la e impulsivamente colocou-lhe o braço em volta dos ombros e sentiu-a enrijecer. O rapaz retirou o braço e ela perguntou: "Você não me ama mais?" Ele ficou ruborizado e a mãe disse: "Querido, você não deve ficar constrangido com tanta facilidade nem ter medo de seus sentimentos". O paciente só conseguiu ficar com ela mais alguns minutos e, depois de sua partida, agrediu um ajudante e foi colocado na banheira.*
>
> **(BATESON, 1972, P. 217)**

Quando o filho ofereceu à mãe um gesto de afeto não-verbal e ela enrijeceu não-verbalmente, o rapaz retirou o braço em resposta. Até esse momento, a comunicação não-verbal é clara: o filho ofereceu um gesto de afeto, percebeu o desconforto da mãe e retirou o braço, respondendo respeitosamente. Todos nós já experimentamos esse tipo de intercâmbio em algum momento da vida, oferecendo um gesto físico afetuoso que não foi totalmente bem recebido por alguém ou nos afastando de um gesto de outra pessoa de quem não gostamos muito.

O enrijecimento da mãe também poderia ser considerado uma injunção não-verbal, como "Não me abrace". Então, ela julga e culpa o filho por seu afastamento, aparentemente sem perceber que ele estava respondendo ao seu enrijecimento não-verbal. Em vez de focalizar o comportamento específico do filho de retirar o braço, ela responde mencionando uma categoria mais geral, "amor". "Você não me ama mais?" é um modo de dizer "Você devia me amar", um exemplo da contradição "Seja espontâneo" tão bem descrita por Watzlawick (1976, p. 19-21) e discutida no capítulo 6. "Você devia ter uma resposta espontânea que não está tendo."

Quando ele fica ruborizado, a mãe primeiro lhe diz que "não deve ficar constrangido com tanta facilidade", exemplo da contradição *Não seja espontâneo*". Esse é o oposto de sua afirmação anterior indicando que ele *devia* mostrar seus sentimentos de amor por ela e congruente com a mensagem em seu enrijecimento não-verbal.

Depois, na mesma frase, ela diz ao filho para não "ter medo de seus sentimentos", o que só pode significar que ele *devia* expressar os sentimentos de constrangimento sem medo. Resumindo, a mãe primeiro comunica que ele não devia expressar sentimentos, então que ele devia, na seqüência que ele não devia e finalmente que ele devia, uma contradição repetida. Bateson descreve a situação do filho deste modo:

> *Assim, o dilema impossível torna-se: "Para manter meu vínculo com mamãe, não devo demonstrar que a amo, mas se eu não demonstrar que a amo, então a perderei".* (1972, p. 218)

Essa descrição é um exemplo das espirais categóricas que discuti no final do capítulo 5. Também se assemelha bastante a muitos dos dilemas descritos por Ronald Laing em seu livro *Knots* (1970).

Como Bateson descreveu esse incidente em duas afirmações seqüenciais, divididas e separadas pela palavra "mas", é muito mais difícil perceber a contradição fundamental na comunicação da mãe. Unindo as duas em uma única afirmação, fica bem mais fácil compreender. "Mamãe está seqüencialmente exigindo que eu não demonstre sentimentos e então que eu devia demonstrar sentimentos, portanto não consigo agradá-la. Se eu não demonstrar sentimentos, serei punido; se eu demonstrar sentimentos, serei punido."

O artigo original descrevendo o duplo vínculo (1972, p. 201-227) apresentou seis características para este e formulou a hipótese de que eram causa da esquizofrenia. Contudo, elas não foram explicitamente identificadas nos exemplos apresentados. Após um exame minucioso, não fica claro que qualquer um dos exemplos tem todas as seis características.

A seguir, examinarei as características do duplo vínculo apresentadas por Bateson e outros autores no artigo original (1956) e então tentarei aplicá-las ao primeiro exemplo apresentado pelo mesmo autor. (Alguns leitores podem considerar as próximas páginas de discussão excessivamente detalhadas e talvez prefiram começar a ler direto o subtítulo "Uma definição mais simples".)

Descrição do duplo vínculo

Os ingredientes necessários para uma situação de duplo vínculo, como nós a vemos, são:

(1) *Duas ou mais pessoas.* Dessas, vamos designar uma, para os propósitos de nossa definição, como a "vítima". Não supomos que o duplo vínculo é infligido apenas pela mãe, mas que ele pode ser feito apenas pela mãe ou por alguma combinação de mãe, pai e/ou irmãos.

(2) *Experiência repetida.* Supomos que o duplo vínculo é um tema recorrente na experiência da vítima. Nossa hipótese não invoca uma única experiência traumática, mas uma experiência tão repetida que a estrutura do duplo vínculo torna-se uma expectativa habitual.

(3) *Uma injunção negativa primária.* Ela pode ter uma de duas formas: *(a)* "Não faça isso e aquilo ou eu o punirei" ou *(b)* "Se você não fizer isso e aquilo, eu o punirei".

[Note que ambas as injunções são mais facilmente compreendidas quando simplificadas, reformuladas sem a negação. "Não faça isso e aquilo ou eu o punirei" fica mais clara como "Se você fizer isso e aquilo, eu o punirei"; e "Se você não fizer isso e aquilo, eu o punirei" torna-se mais simples como "Faça isso e aquilo ou eu o punirei". Não está claro por que os autores usaram a forma mais complexa com a negação em vez da mais simples e fácil de entender. Como salientamos no capítulo 2, a negação dificulta a compreensão de uma comunicação.]

Aqui, selecionamos um contexto de aprendizagem baseado na evitação da punição em lugar de um contexto de busca de recompensa. Talvez não haja nenhuma razão formal para essa seleção.

Supomos que a punição pode ser a retirada do amor ou a expressão de ódio ou raiva, ou – mais devastador – o tipo de abandono que resulta da expressão parental de extrema impotência.

(4) *Uma injunção secundária conflitante com a primeira em um nível mais abstrato e, como a primeira, reforçada por punições ou sinais que ameaçam a sobrevivência.* Essa injunção secundária é mais difícil de descrever do que a primária, por dois motivos. Primeiro, a injunção secundária é habitualmente comunicada para a criança por meios não-verbais. Postura, gestos, tom de voz, ação significativa e implicações ocultas no comentário verbal são usadas para transmitir essa mensagem mais abstrata.

[A palavra "abstrata" na frase anterior poderia ser substituída por "*ambígua*", na medida em que uma comunicação não-verbal é *sempre* específica e baseada nos sentidos: um franzir de sobrancelhas, um tom de voz, um gesto ou um toque etc., em vez de uma generalização abstrata. As implicações não são bem definidas; elas podem ser específicas ou abstratas, mas ambas serão *ambíguas*.]

Segundo, a injunção secundária pode violar qualquer elemento da proibição principal. Assim, a verbalização da injunção secundária inclui uma ampla variedade de formas. Por exemplo: "Não veja isso como punição"; "Não me veja como um agente punitivo"; "Não se submeta às minhas proibições"; "Não pense no que você não deve fazer"; "Não questione meu amor, do qual a proibição principal é (ou não) um exemplo"; e assim por diante.

[Note que *todas* as injunções nos dois parágrafos anteriores são comandos negativos, portanto eliciarão uma representação daquilo que se ordena que *não* seja feito – "veja isso como punição" etc.

Além disso, a injunção "Não se submeta às minhas proibições" *é* uma proibição, portanto se refere a si mesma e é paradoxal; se ela é verdadeira, então é falsa e, se é falsa, então é verdadeira. "Não pense no que você não deve fazer" é autocontraditória, uma vez que o ouvinte *precisa* "pensar no que não deve fazer" para agir de acordo com a injunção. Diversos padrões de comunicação muito diferentes são proporcionados nessa descrição, mas eles não foram identificados ou descritos por Bateson.]

Outros exemplos tornam-se possíveis quando o duplo vínculo é infligido não por um indivíduo, mas por dois. Por exemplo, um dos pais que negue as injunções do outro em um nível mais abstrato.

[Novamente, poderíamos questionar o uso de "abstrato" na frase anterior. Será que Bateson realmente quer dizer isso no sentido de uma categorização num nível lógico mais geral ou o significado seria uma negação *ambígua* do outro pai?]

(5) *Uma injunção negativa terciária proibindo a vítima de escapar do campo.* Em um sentido formal, talvez seja desnecessário relacionar essa injunção como um item separado, na medida em que o reforço nos outros dois níveis envolve uma ameaça à sobrevivência e, se os duplos vínculos são impostos durante a infância, naturalmente é impossível escapar. Entretanto, parece que em alguns casos a fuga do campo torna-se impossível devido a artifícios que não são totalmente negativos, por exemplo, promessas inconstantes de amor e coisas do gênero.

(6) Finalmente, o conjunto completo de ingredientes não é mais necessário quando a vítima aprendeu a perceber seu universo em padrões de duplo vínculo. Quase qualquer parte de uma seqüência de duplo vínculo pode então ser suficiente para provocar pânico ou raiva. O padrão de injunções conflitantes pode até mesmo ser dominado por vozes alucinatórias. (Bateson, 1972, p. 206-208)

Aplicação da descrição ao exemplo

Seria bom se o artigo original tivesse aplicado explícita e detalhadamente esses seis critérios ao exemplo apresentado, mas isso não aconteceu. Tentaremos fazê-lo com o exemplo do filho esquizofrênico e sua mãe, para descobrir como se encaixam esses critérios. Eis o exemplo novamente:

A análise de um incidente ocorrendo entre um paciente esquizofrênico e sua mãe ilustra uma situação de duplo vínculo. Um jovem que se recuperara bem de um episódio agudo esquizofrênico recebeu a visita da mãe no hospital. Ele estava feliz em vê-la e impulsivamente colocou-lhe o braço em volta dos ombros e sentiu-a enrijecer. O rapaz retirou o braço e ela perguntou: "Você não me ama mais?" Ele ficou ruborizado e a mãe disse: "Querido, você não deve ficar constrangido com tanta facilidade nem ter medo de seus sentimentos". O paciente só conseguiu ficar com ela mais alguns minutos e, depois de sua partida, agrediu um ajudante e foi colocado na banheira.

(BATESON, 1972, P. 217)

Simplificada, a seqüência de comunicações é:

a. O filho coloca o braço em volta dos ombros da mãe.

b. Em resposta, a mãe enrijece.

c. O filho retira o braço.

d. A mãe pergunta: "Você não me ama mais?"

e. O filho fica ruborizado.

f. A mãe diz: "Querido, você não deve ficar constrangido com tanta facilidade nem ter medo de seus sentimentos".

Os números a seguir se referem às seções numeradas da descrição geral de Bateson sobre o duplo vínculo citada anteriormente.

(1) Como *toda* comunicação se dá entre duas ou mais pessoas, o primeiro critério é um tanto redundante. A "vítima", nesse caso, é o filho, recipiente de um duplo vínculo oferecido pela mãe.

(2) Embora a repetição de uma comunicação confusa e perturbadora certamente a torne muito mais difícil para a vítima, isso não é relevante para o nosso objetivo de compreender a *estrutura* de uma comunicação individual.

(3) O enrijecimento da mãe é uma comunicação *não-verbal*, que pode ser considerada uma injunção da forma "a" de Bateson ("Não faça isso e aquilo ou eu o punirei"): "Não mostre amor ou eu o punirei".

Sua primeira comunicação *verbal* é a da forma "b" ("Se você não fizer isso e aquilo, eu o punirei"): "Se você não demonstrar amor, eu o punirei".

"Amor" é uma categoria maior e mais abstrata do que o comportamento específico baseado nos sentidos ao qual ele se refere – a retirada do braço pelo filho – e também uma categoria maior e mais abstrata do que a anterior resposta não-verbal de enrijecimento da mãe.

A segunda comunicação verbal da mãe é uma autocontradição. A primeira parte ("Querido, você não deve ficar constrangido com tanta facilidade") novamente é um exemplo da forma "a", "Não fique constrangido ou eu o punirei". A segunda parte de sua comunicação ("Você não deve ter medo de seus sentimentos") diz o oposto, novamente um exemplo da forma "b" ("Se você não demonstrar sentimentos, eu o punirei").

"Sentimentos" constitui uma categoria mais geral e abstrata do que as categorias mais específicas "amor" e "constrangimento", uma vez que "sentimentos" incluem tanto o amor quanto o constrangimento. A última injunção está em um nível lógico mais geral.

Embora os autores (Bateson, Jackson, Haley e Weakland) não identifiquem especificamente a "punição" nessa troca, podemos presumir que ela está nas diversas mensagens contraditórias que expressam "Você devia ser diferente". "Punição" é definida no condicionamento operante como qualquer estímulo aversivo. Isso desvia da questão de sabermos se a mãe *pensa* ou não em sua comunicação como "punição", por mais confusa e perturbadora que seja para ele. Sua resposta a ela, porém, é certamente aversiva, portanto ele a qualifica como punição pela definição usada no condicionamento operante.

O enrijecimento da mãe e a segunda injunção verbal exigem que ele *não* demonstre amor e constrangimento (ambos sentimentos); a primeira e a terceira injunções verbais ordenam que ele *demonstre* amor e sentimentos (ambos sentimentos). Conforme discutimos no capítulo 6, essa comunicação contraditória cria uma armadilha muito perturbadora da qual é difícil escapar e é suficiente em si mesma para provocar a confusão e a perturbação do filho (quer ela ocorra ou não no mesmo nível de categorização e abstração). Como a autocontradição é uma maneira simples e adequada para descrever a comunicação nesse exemplo, descrevê-la como um duplo vínculo não parece aumentar a compreensão.

Nesse exemplo, a mãe expressa *quatro* injunções (e não as duas especificadas pela proposta do duplo vínculo) e podemos pensar nelas como pares, de duas maneiras:

a. Um "Não faça" não-verbal (enrijecimento baseado nos sentidos) negado por um "Faça" verbal (demonstrar amor, uma categoria num nível lógico mais elevado) e

b. Um "Não faça" verbal (ficar constrangido, uma categoria) negado por um "Faça" verbal (demonstrar sentimentos, uma categoria mais geral num nível lógico mais elevado).

OU

c. Um "Não faça" não-verbal e verbal em diferentes níveis lógicos; o "enrijecimento" baseia-se nos sentidos, enquanto "constrangido" é uma categoria, contestados por

d. Dois "Faça" verbais em diferentes níveis lógicos de categorização, "amor" e "sentimentos".

Nenhum desses pares se encaixa na definição das injunções primárias e secundárias de Bateson.

Embora não seja diretamente relevante para a discussão do duplo vínculo, eu gostaria de salientar que o rubor do filho é uma comunicação incongruente. Apesar de uma pessoa constrangida geralmente estar mais consciente do *não* desejar ser vista, rubor e constrangimento sempre expressam *tanto* querer quanto não querer ser vista em diversos graus. Para verificar isso, pense num momento no qual ficou ruborizado ou estava constrangido e note como você *também* queria ser visto.

(4) Os autores não especificam qual é a injunção secundária, descrevendo-a como "habitualmente não-verbal" e "mais abstrata". Essa descrição é contraditória, posto que uma comunicação não-verbal é sempre específica, não abstrata. Talvez a injunção secundária fosse membro dos possíveis pares conflitantes citados anteriormente, mas isso não se encaixaria exatamente na descrição.

Ou talvez a injunção secundária fosse principalmente não-verbal e não inclusa na descrição da interação. Como precisamos adivinhar qual poderia ser a injunção secundária, tentaremos usar a primeira possibilidade geral apresentada, "Não veja isso como punição". Trata-se de uma comunicação sobre as comunicações anteriores da mãe, portanto as categorizaria em um nível lógico mais geral. Como o filho nitidamente experimenta as comunicações da mãe como aversivas, "Não veja isso como punição" contestaria sua experiência.

(5) Nenhuma injunção terciária – verbal ou não-verbal – é especificada na descrição. Certamente o filho é *incapaz* de escapar do campo, a não ser "representando". Conforme os autores observam, "se os duplos vínculos são impostos durante a infância, naturalmente é impossível escapar". Talvez o filho seja simplesmente incapaz de reconhecer a contradição na comunicação da mãe. Ou talvez ele tenha tentado anteriormente comunicar sua confusão e foi interrompido ou impedido de fazê-lo, por exemplo, por uma resposta parental como "Não me responda!"

O importante parece ser que a fuga do campo é impossível, seja por incapacidade para reconhecer a contradição, incapacidade física ou uma injunção terciária – que, aparentemente, não é necessária para um duplo vínculo.

(6) Como no item 2, a repetição de uma comunicação perturbadora certamente a tornará muito mais difícil para a "vítima", sensibilizando-a a responder a qualquer uma de suas partes. Contudo, essa repetição é irrelevante para determinar a *estrutura* do padrão perturbador. Embora não seja diretamente relevante para a estrutura do duplo vínculo, vozes introjetadas costumam repetir os padrões de comunicação dos pais ou de outras autoridades; portanto, se os pais utilizam duplos vínculos com freqüência, quaisquer vozes imaginadas ou alucinadas provavelmente contêm esses mesmos padrões.

Uma definição mais simples

Bateson e os demais autores também apresentaram no mesmo artigo uma descrição alternativa muito mais simples do duplo vínculo:

As características gerais dessa situação [duplo vínculo] são as seguintes:

(1) Quando o indivíduo está envolvido em um relacionamento intenso, isto é, um relacionamento no qual ele considera vitalmente importante diferenciar com precisão que tipo de mensagem é comunicada para que possa responder adequadamente.

(2) E o indivíduo está preso em uma situação na qual a outra pessoa no relacionamento expressa dois tipos de mensagem e uma delas nega a outra.

(3) E o indivíduo é incapaz de comentar as mensagens expressadas para corrigir sua diferenciação do tipo de mensagem à qual responder, *isto é*, ele não consegue fazer uma afirmação metacomunicativa. (1970, p. 208)

Resumindo, a pessoa está em um relacionamento importante, recebe mensagens confusas e é incapaz de discuti-las para mostrar a contradição e determinar à qual mensagem responder.

Essa descrição muito mais simples aplica-se facilmente ao exemplo do filho esquizofrênico. Ele recebe mensagens contraditórias da mãe: "Você não devia/devia/não devia/devia expressar amor/sentimentos" e é incapaz de comentar essa contradição (ou a ambivalência da mãe, que é a fonte da contradição). Ele não consegue escapar de sua confusão e, independentemente de sua resposta, ele será punido. Se isso envolve ou não dois "tipos de mensagem" conflitantes, depende do significado das "ordens" que eu acredito que sejam "níveis de abstração" ou níveis lógicos. Isso também depende do par de mensagens consideradas. A primeira e a segunda são "ordens" diferentes (enriquecimento e "amor"), enquanto a terceira e a quarta estão em níveis de categorização diferentes ("constrangimento" e "sentimentos").

Essa descrição mais simples do duplo vínculo também se encaixa em um exemplo fictício apresentado por Bateson:

Mary Poppins, uma babá inglesa, levou seus pequenos pupilos, Jane e Michael, a uma doceria de propriedade da senhora Corry, uma senhora miúda, feia, com duas filhas tristes e gordas, Fannie e Annie. A conversa segue assim:

"Eu suponho, minha querida", ela falou para Mary Poppins, que parecia conhecer muito bem. "Eu suponho que você veio comprar um pão de mel, acertei?"

"Está certa, senhora Corry", disse Mary Poppins educadamente.

"Bom. Fannie e Annie já lhes deram um?" Ela olhou para Jane e Michael enquanto dizia isso.

"Não, mamãe", disse a senhorita Fannie docilmente.

"Íamos fazer isso agora, mamãe", começou a dizer a senhorita Annie num sussurro amedrontado.

Ao ouvir isso, a senhora Corry assumiu uma postura ereta e olhou as gigantescas filhas furiosamente. Então, ela disse em uma voz baixa, feroz, aterrorizante:

"'Iam fazer isso agora?' Ah, realmente! Isso é muito interessante. E posso saber, Annie, quem lhe deu permissão para dar o meu pão de mel?"

"Ninguém, mamãe. E eu não o dei. Eu só pensei..."

"'Você só pensou!' Isso é muito gentil da sua parte. Mas agradeço se você não pensar. Eu posso ter todos os pensamentos necessários aqui!", disse a senhora Corry em sua voz baixa, terrível. Então ela explodiu em uma gargalhada: "Olhem para ela! Olhem para ela! Medrosa! Bebê chorão!" Ela gargalhou, apontando o dedo nodoso para a filha.

Jane e Michael se viraram e viram uma grande lágrima descendo pelo rosto triste, enorme da senhorita Annie e não disseram nada, pois, apesar da baixa estatura, a senhora Corry os fez se sentir pequenos e assustados.

Em meio minuto, a senhora Corry conseguiu bloquear a pobre Annie em todas as três áreas do funcionamento humano: ação, pensamento e sentimento. Primeiro, ela sugere que dar um pão de mel para as crianças teria sido a coisa certa a fazer. Quando as filhas vão se desculpar por não ter feito isso ainda, de repente ela nega seu direito de executar aquela ação. Annie tenta se defender dizendo que ela realmente não fizera aquilo, mas só pensara em fazer. Rapidamente, a senhora Corry a deixa saber que não se espera que ela pense. A maneira como a mãe expressa seu desagrado não deixa dúvidas de que esse é um assunto importante e que seria melhor as filhas se desculparem pelo que aconteceu. Com isso, ela consegue levar Annie às lágrimas e então, imediatamente, ridiculariza seus sentimentos.

(BATESON, 1963)

A senhora Corry envia uma seqüência de mensagens ambíguas e contraditórias e *qualquer* resposta das filhas é categorizada como contrária aos seus desejos, criticada e punida.

Compreendido dessa forma mais geral, um duplo vínculo é qualquer situação em que se oferecem mensagens contraditórias ou ambíguas e a "vítima" é julgada e punida por responder a *qualquer* mensagem – e também punida se não responder.

Bateson e os demais autores oferecem outro exemplo que também se encaixa bem na definição mais simples:

> A mãe de um de nossos pacientes culpava o marido por ter se recusado durante quinze anos a lhe entregar o controle das finanças da família. O pai do paciente disse: "Admito que foi um grande erro não deixá-la controlar as finanças, admito isso. Corrigi isso. Meus motivos para achar que foi um erro são totalmente diferentes dos seus, mas admito que foi um erro muito sério da minha parte".
>
> *Mãe: Agora, você está sendo engraçadinho.*
>
> *Pai: Não, eu não estou sendo engraçadinho.*
>
> *Mãe: Bem, de qualquer forma, não me importo porque, quando se pensa no assunto, as dívidas já foram contraídas, apesar de não haver motivo para que a pessoa não tenha conhecimento delas. Eu acho que a mulher deve saber.*
>
> *Pai: Talvez pelo mesmo motivo Joe (o filho psicótico deles) não lhe conte que teve problemas na escola.*
>
> *Mãe: Bem, esse é um bom subterfúgio.*
>
> *O padrão dessa seqüência é simplesmente a desqualificação sucessiva de cada uma das contribuições do pai ao relacionamento. Continuamente, ele é informado que suas mensagens não são válidas. Elas são recebidas como se fossem de algum modo diferentes daquilo que ele achava que pretendia.*
>
> *Podemos dizer que ele é penalizado por estar certo a respeito de suas opiniões sobre as próprias intenções ou é penalizado sempre que sua resposta é adequada ao que ela disse.* (1972, p. 236-237)

Nesse exemplo, Bateson escreve que "O padrão dessa seqüência é simplesmente a desqualificação" da comunicação de alguém que "continuamente é informado de que suas mensagens não são válidas. Elas são recebidas como se fossem de algum modo diferentes daquilo que ele achava que pretendia".

Esse é um padrão jocosamente chamado de "reculpar", repetidamente encontrar uma maneira de culpar alguém, não importa *o que* ele faça. Mesmo quando uma exigência é clara e alguém a satisfaz, *sempre* é possível encontrar falhas nela – devia ter sido feito antes ou depois, em um contexto diferente, com uma atitude, intenção ou objetivos diferentes, com palavras diferentes ou um tom de voz, ritmo, gesto, postura diferentes etc.

Pode ser particularmente difícil escapar desse tipo de desqualificação quando qualquer tentativa para contrariar uma desqualificação é usada como exemplo adicional do que é desqualificado. Por exemplo, se alguém o acusa de sempre se queixar, então qualquer tentativa de sua parte para se defender corre o risco de também ser descrita como mais queixas. Se você é acusado de "responder", então qualquer resposta sua pode ser descrita como mais um exemplo disso. "Lá vai você de novo!"

Com muita freqüência, o tipo de crítica ou desqualificação muda constantemente, para que o alvo da crítica continue tentando se opor à última delas, numa espécie de "perseguição inútil". Por exemplo, em um cartum de Scott Adams, Dilbert diz ao patrão: "Posso lhe mostrar uma coisa da qual sinto orgulho? Automatizei uma tarefa que costumava demorar três horas". O patrão responde: "Bem, bem, bem. Isso não é a sua cara?" Dilbert pergunta "Cheio de recursos?", ao que o patrão rebate: "Preguiçoso". Dilbert então indaga "Você acaba de transformar minha brilhante façanha em uma falha de caráter?" e o patrão responde "Reclamão". E quando Dilbert diz "Vamos esquecer tudo isso", o patrão sentencia: "Covarde".

Quando a comunicação é ambígua ou autocontraditória, é ainda mais fácil condenar e punir *qualquer coisa* que alguém faça. Por exemplo, uma ambigüidade comum é criticar alguém de maneira "brincalhona". Se a "vítima" fica em silêncio, ela precisa suportar a crítica; se comentar a crítica ou se queixar dela, pode ser acusada de não ter senso de humor, de não ter compreendido ou de "não ser capaz de ouvir uma piada". De qualquer modo, ela está em uma posição na qual é criticada, sem meios para se opor.

A punição também pode ser indireta, por exemplo, induzindo culpa ao comunicar como algo que a pessoa fez feriu alguém. Dan Greenberg deixou isso claro numa simples instrução em seu livro *How to be a Jewish mother* [Como ser uma mãe judia]:

Dê ao seu filho Marvin duas camisetas de presente. A primeira vez que ele vestir uma delas, olhe tristemente para ele e diga em seu tom de voz básico: "Você não gostou da outra?" (1965, p. 16)

O "tom de voz básico" da mãe é aquele de resignação sofrida. Se o filho não usar nenhuma das camisetas, talvez explicando que elas eram tão bonitas que ele não queria sujá-las, a mãe pode dizer o quanto ela tentou lhe ensinar que os presentes servem para ser usados ou que não vesti-las significa que ele não gosta de nenhuma.

Se ele usar ambas as camisetas, ela dirá alguma coisa a respeito de como ela se preocupa quando ele age como louco.

Depois de experimentar um pouco disso, o filho talvez percebesse o que provavelmente aconteceria, dizendo para a mãe: "Uau, essas camisetas são lindas, muito obrigado! Qual delas você gostaria que eu usasse primeiro?"

Infelizmente, a mãe também poderia responder: "Se eu fosse uma mãe melhor, você saberia como escolher". Não importa *o que* alguém diga ou faça, *sempre* é possível encontrar alguma coisa errada.

Greenberg oferece outro conselho retorcido para induzir a culpa: "Não deixe ele saber que você desmaiou de cansaço duas vezes no supermercado. (Mas certifique-se de que ele saiba que você não está deixando que ele saiba.)"

Greenberg também descreve "o suspiro básico da mãe" (de desaprovação e suplício). "Mesmo se *você* não souber o que ele fez para merecer esse suspiro, *ele* saberá." Um comportamento não-verbal – como um suspiro ou um revirar de olhos – será muito eficiente para isso justamente porque não está claro exatamente em resposta a que ele ocorre.

Esse tipo de desaprovação e desqualificação é mais genérico e abrangente quando dirigido à *pessoa*, não importa o que ela tenha (ou não tenha) *feito*. Como é dirigido ao *self*, e não a um comportamento específico – "*Você* é ruim", em vez de "O que você *fez* é ruim" –, torna-se muito mais difícil para a vítima.

Certa vez, trabalhei como garçom em um restaurante no qual, naturalmente, havia diversas regras a respeito de como lidar com a comida e servi-la. Demorei um pouco para perceber que, quando a gerente estava de bom humor, nenhuma das normas era imposta, mas se ela estava de mau humor, de repente as regras se tornavam a base para uma enxurrada de críticas e acusações. Como resultado, fiquei muito bom em observá-la para saber qual o seu humor do dia. Se ela fosse minha mãe, eu teria aprendido que as *regras* realmente não importavam; o que importava era o seu *estado emocional*. A mesma coisa acontece bastante nas famílias com um pai alcoólico. A esposa e os filhos tornam-se muito habilidosos para notar quando o pai está embriagado, porque esse é um aviso de que a acusação e a punição – talvez até a violência – estão a caminho.

No livro *Catch 22*, de Joseph Heller, o protagonista é um piloto que participa de missões perigosas, e a única maneira para escapar delas é ser dispensado por motivos psiquiátricos. Se alguém está disposto a continuar voando nessas missões muito perigosas, essa é uma evidência clara de insanidade. Contudo, se alguém pede para ser dispensado de missões perigosas, essa é a prova positiva de que ele é são, portanto a dispensa será negada. Se ele é insano, precisa continuar nas missões e, se ele não é insano, ainda assim tem de permanecer nelas.

A única maneira de escapar dessa situação é *agir não-verbalmente como insano*, enquanto verbalmente concorda com as missões. Por exemplo, ele poderia voar em círculos malucos, bombardear o próprio campo de aviação, derramar café no painel de instrumentos etc. Uma vez que seu comportamento não servisse mais aos objetivos dos militares, ele seria transferido.

Embora possa não haver nenhuma evidência de que os duplos vínculos são uma das causas da psicose, Bateson e outros mostraram como esse tipo de atitude maluca às vezes é adequada, além de ser uma resposta muito útil para esse tipo de situação impossível em que a pessoa é punida, não importa o que ela faça.

A definição mais simples de Bateson sobre o duplo vínculo é muito clara e proveitosa ao descrever a essência desse tipo de padrão de comunicação, no qual alguém é "condenado se fizer e condenado se não fizer". Portanto, não está clara que utilidade teria uma descrição mais complicada, por isso talvez seja adequado deixá-la de lado e seguir em frente. Como disse Paul A. Samuelson, "De funeral em funeral, a teoria avança".

Duplos vínculos terapêuticos

Como qualquer outro padrão de comunicação, um "duplo vínculo" também pode ser usado para atingir um objetivo mais generoso – deixar alguém *são*, em vez de louco. Os mesmos padrões de comunicação que resultam em "condenado se fizer e condenado se não fizer" servem para criar uma situação na qual alguém é "abençoado se fizer e abençoado se não fizer".

Por exemplo, vamos considerar a descrição mais simples de um duplo vínculo em que alguém é criticado, invalidado ou punido não importa o que faça. Isso seria *revertido* para que, independentemente do que a pessoa fizesse, ela fosse elogiada, validada e recompensada – por seu esforço determinado, por sua intenção positiva, sua honestidade, integridade, pela disposição para falar, pela consideração pelos outros ou uma série de outras descrições positivas. Se ela tentar rejeitar ou descartar o que você diz, você também pode descrever isso de maneira positiva, categorizando essa atitude como mais uma evidência de sua humildade, honestidade, integridade ou alguma outra qualidade ou intenção positiva.

Grande parte do trabalho de Milton Erickson consistia na validação e aprovação do comportamento problemático da pessoa como um primeiro passo para modificá-lo. Esse também é um importante passo inicial na terapia descrita como "focalizada na solução" ou "baseada nas forças". Direcionar a atenção para os aspectos valiosos de um comportamento ou situação problemáticos é a base para uma aliança positiva entre o terapeuta e a parte da pessoa que gera o problema, diminuindo os julgamentos negativos e os sentimentos ruins a seu respeito em um nível lógico mais geral que, muitas vezes, interfere com o pensamento e a solução de problemas e redireciona a atenção para o problema em si mesmo num nível lógico mais específico.

Para tanto, oferece-se ao cliente uma escolha entre duas ou mais validações positivas. "Diga-me, estou realmente curioso, quando você fica zangado com sua esposa, é porque você a ama tanto, porque você realmente valoriza seu relacionamento com ela ou porque ela fez alguma coisa que não se encaixa em sua visão de um futuro satisfatório para vocês?" Todas essas alternativas vão redirecionar sua atenção e, seja qual for a alternativa escolhida, ela proporcionará uma base positiva e benéfica para a solução de problemas.

Como vimos, grande parte da "experiência" não se baseia nos sentidos, mas consiste de descrições ou *categorias* de experiência, o que Watzlawick descreveu como "realidade de segunda classe" (1978, p. 42). Quando o pensamento categórico resulta em becos sem saída, um duplo vínculo ajuda a forçar alguém a abandonar o pensamento categórico – pelo menos temporariamente – e voltar à experiência baseada nos sentidos, na qual a solução de problemas costuma ser mais efetiva.

A seguir, quero usar as compreensões sobre abrangência e categoria que desenvolvemos para caracterizar os diferentes padrões de comunicação descritos como um duplo vínculo. Recorrerei a um exemplo a fim de apresentar cada diferente tipo de duplo vínculo, sempre que possível empregando termos comuns que foram utilizados para descrevê-los.

Quando não houver um termo comum disponível, criarei um apenas com o propósito de fazer uma distinção entre padrões diferentes.

Evitação/evitação

> *Eds: Em outra versão dessa mesma história, que Erickson contou mais tarde, seu pai ainda estava tentando puxar o bezerro para o estábulo, com Milton puxando o rabo do animal. O bezerro então pisou no pai enquanto puxava Milton para o estábulo. Nessa versão, a situação apresenta um duplo vínculo para o bezerro, que escolhe o menor de dois males (preferindo entrar no estábulo a ter o rabo puxado), o que, naturalmente, era o pretendido por Erickson.*

> **(ERICKSON, 1985, P. 34)**

Com muita freqüência, enfrentamos escolhas entre duas alternativas desagradáveis, como pagar impostos ou ir para a prisão, ganhar a vida ou passar necessidade etc. – o que se costuma descrever como "estar entre a cruz e a espada" e o que os psicólogos chamam de conflitos "evitação–evitação". Muitas vezes, essas escolhas são bastante claras e não envolvem nenhuma comunicação. O bezerro no exemplo de Erickson estava simplesmente experimentando duas *sensações* desagradáveis simultaneamente – a corda lhe puxando o pescoço e Erickson puxando seu rabo –, o que talvez chamássemos de "único vínculo". Esse tipo de vínculo geralmente não resulta em confusão, por mais desagradáveis ou horríveis que sejam as conseqüências.

Por exemplo, no filme "A escolha de Sofia" dizem para uma mulher num campo de concentração que ela deve escolher qual dos dois filhos será morto e também que, se ela não optar por um deles, *ambos* serão mortos. Embora se trate de uma escolha *horrível*, não há ambigüidade nem confusão. O mesmo tipo de situação muito difícil também ocorre em circunstâncias puramente físicas que não envolvem nenhuma comunicação. O pai dentro de um rio pode ser capaz de nadar para um local seguro com uma criança pequena, mas não com duas ou três, precisando fazer uma escolha semelhante e bastante difícil.

Pressuposição

E você não sabe que vai entrar em transe, sabe?

Eds: Essa é uma pergunta de duplo vínculo. Se o paciente responder sim, está reconhecendo que não sabe que entrará em transe. Isto é, ele entrará em transe sem ter consciência disso. Se o paciente responder não, isso literalmente quer dizer que ele não sabe que vai entrar em transe – o que, novamente, sugere que ele está, na verdade, entrando em transe.

(**ERICKSON**, 1985, P. 57)

Esse exemplo se refere a uma pressuposição criada por um predicado de consciência – "consciente de", "perceber", "reconhecer" etc. A pergunta direciona a atenção para a consciência, *pressupondo* a existência do objeto da consciência (por exemplo, "Você viu as flores na mesa?").

Uma pergunta de duplo vínculo para confirmar o transe.

E: "Se você sabe que está em transe, incline a cabeça desse jeito. Se você não sabe, balance a cabeça desse jeito."

(**ERICKSON**, 1985, P. 43)

Novamente, as duas frases pressupõem que a pessoa está em transe, quer ela *saiba* disso ou não. A instrução para inclinar ou balançar a cabeça é mais uma distração daquilo que é pressuposto.

Eds: Erickson usa um par de perguntas de duplo vínculo nessa indução de levantar as mãos. Quando ele pergunta "Qual delas vai levantar primeiro?", está introduzindo um duplo vínculo: o transe ficará evidente seja qual for a mão levantada.

(**ERICKSON**, 1986, P. 72)

A pergunta "Qual delas vai levantar *primeiro*?" pressupõe que ambas vão levantar e é apenas uma questão de saber qual delas fará isso *primeiro*, uma categoria de pressuposição baseada em "ordinais" – "primeiro", "segundo", "terceiro", "último" etc. Por exemplo, "Essa foi a primeira vez que você entrou em transe".

> *Imediatamente, ele desvia a atenção de Paul com a pergunta, "Você sabe?" Quando Paul responde "Eu não sei", isso indica que sua mente consciente deixou de lado a tarefa de decidir qual mão vai levantar: agora ele a está deixando por conta de seu inconsciente.*
>
> **(ERICKSON 1985, P. 72)**

O "Eu não sei" qual mão vai levantar primeiro é outro exemplo de direcionar a atenção para a consciência, pressupondo o processo do qual alguém está consciente.

> *Então, Erickson introduz uma outra pergunta de duplo vínculo: "Sua mão vai levantar antes de seus olhos fecharem?" Essa pergunta focaliza possibilidades e permite ao sistema de Paul a liberdade para decidir. Mesmo assim, a pergunta é um duplo vínculo porque, novamente, o transe será facilitado, não importa a possibilidade escolhida.*
>
> **(ERICKSON, 1985, P. 72)**

Trata-se de um exemplo de uma pressuposição criada pelo que se chama de "cláusula de tempo subordinada" – "depois", "enquanto", "durante" etc. Quer a mão levante antes ou depois dos olhos fecharem, *ambos*, o levantar da mão e o fechar dos olhos, estão pressupostos.

Ilusão de escolha

O duplo vínculo: escolha ilusória para abranger todas as possibilidades com exceção do fracasso: a cama seca de Joe.

> *Outro exemplo que desejo mencionar mostra [uma ferramenta lingüística] o que é muito importante para facilitar a hipnose: isto é, a utilização do duplo vínculo. Por duplo vínculo, quero dizer fazer uma afirmação de tal modo que a pessoa pense que tem uma escolha quando na realidade não tem. Por exemplo, nunca pedi aos meus filhos para que fossem dormir às oito horas da noite. Em*

vez disso, eu lhes perguntava: "Vocês querem ir para a cama às oito horas ou às quinze para as oito?" Eles é que diziam: "Às oito horas!" Eu não precisava dizer.

(ERICKSON, 1983, P. 175)

Embora as duas escolhas pressuponham que eles irão para a cama entre 19h45 e 20 horas, a atenção é direcionada para a escolha "ilusória" entre elas. Observe que se trata de uma escolha *real*; ela é chamada de "ilusória" porque restringe a escolha ao objetivo de ir para a cama mais ou menos às 20 horas. As crianças nessa situação *realmente* experimentam uma capacidade ativa e positiva para escolher, por mais limitada que a opção pareça a um observador externo.

Os exemplos apresentados anteriormente mostram apenas algumas das 29 diferentes formas lingüísticas de expressar pressuposições (Bandler e Grinder, 1975a, p. 257-261), e todas podem ser consideradas duplos vínculos da mesma forma que os exemplos apresentados. Praticar cada uma dessas 29 diferentes formas de pressuposições lhe ajudará muito a atingir seu objetivo. Ainda que as pressuposições sejam úteis, nenhuma delas é um duplo vínculo conforme descrito por Bateson.

Implicação

Como discutimos no capítulo 1, as implicações são ainda mais sutis e mais difíceis de reconhecer e desafiar do que as pressuposições, embora funcionem da mesma maneira para presumir que alguém mudará de determinada maneira. Na citação a seguir, Erickson descreve o trabalho com uma mulher extremamente tímida e modesta, além de inibida no que se referia ao sexo, a ponto de engasgar e sufocar mais ou menos uma hora antes de ir para a cama.

E: Então lhe pedi: "Pense na coisa mais horrível que você possa fazer. Pense nela. Não me conte. Apenas pense nela, porque acho que isso vai abrir uma visão totalmente nova a respeito de qual é o seu problema. Mas não tenho certeza. Mas não me conte, pois quero que você fique livre para pensar na coisa mais horrível que poderia fazer com relação a se preparar para ir para a cama." Ela sentou e pensou, ficou ruborizada, ficou pálida. Quando ela estava ruborizada, perguntei: "Você realmente não me contaria, contaria?"

W [John Weakland]: Quando você diz pense, mas fala "não me conte", na verdade está dizendo "vá fundo, mas ainda fique inibida".

E: Sim. E quando lhe digo "Você realmente não me contaria, contaria?", ela precisa ter certeza de que de fato não desejaria me contar, o que é literalmente nada mais do que uma instrução. "Elabore essa fantasia, seja ela qual for. Enfeite-a e acrescente detalhes porque realmente você não desejaria me contar." Finalmente, ela caiu na gargalhada e disse: "É tão terrivelmente ridículo que eu quase gostaria de lhe contar". Eu respondi: "Bem, esteja certa de que você gostaria mesmo de me contar, mas se é tão engraçado assim, eu gostaria de saber". Ela prosseguiu: "Joe cairia morto se eu entrasse no quarto nua e dançando". (Riso) Eu disse: "Nós não devemos lhe dar um ataque cardíaco." Você vê o que isso faz? Nós vamos dar alguma coisa a Joe, mas não vamos lhe dar um ataque cardíaco.

E aí está minha base lançada muito rapidamente, muito efetivamente. Disse-lhe que ela ia fazer alguma coisa. Então ponderei: "Naturalmente, você sabe, Joe na verdade não cairia morto com um ataque cardíaco se você entrasse no quarto nua e dançando. Você pode pensar em muitas outras coisas que ele faria". Ela respondeu "Sim" e eu disse que é claro que ela poderia fantasiar entrar no quarto dessa forma. "Você sabe o que realmente pode fazer? Despir-se no escuro e ficar nua – seu marido em geral está com as luzes apagadas, certo? No quarto, para você? Porque ele é um homem atencioso, não é? Você pode entrar no quarto dançando nua e ele nem mesmo saberia."[...]

Agora, ao levantar essa questão sobre dançar nua no quarto escuro, eu literalmente estava lhe dizendo: "Você pode entrar no quarto nua. Você pode realizar essa fantasia ridícula. Você pode achá-la divertida. Você pode experimentar muitos sentimentos dentro de si, com muita, muita segurança". Portanto, coloquei-a no processo de realmente lidar com a própria realidade, os próprios sentimentos. Então, naturalmente, o duplo vínculo. Não achei que ela deveria fazer aquilo logo [...]

Ela de fato executou aquela dança nua. Ela gostou. Ela me contou. Ela disse que foi a primeira vez na vida que ela realmente gostou de entrar no quarto, que foi dormir dando risadinhas e que o marido queria saber do que ela estava rindo. Como se sente uma criança pequena quando fez alguma coisa que considera ridícula e ousada? Ela fica dando risadinhas. Especialmente quando é algo que ela não pode contar às pessoas. Ela dá risadinhas sem parar. Ela foi dormir dando risadinhas e não contou ao marido, e não foi dormir engasgando e sufocando.

(HALEY, 1985A, P. 136-140)

"*Nós não devemos lhe dar um ataque cardíaco.*" Sugere que "nós devemos lhe dar uma outra coisa". "Não achei que ela deveria fazer aquilo logo" pressupõe que ela fará, e dar risadinhas em resposta a dançar nua no escuro sugere *não* engasgar e sufocar porque esses dois comportamentos são incompatíveis.

Comandos negativos

Um menino, Lal, declarou firmemente "que ele não precisava fazer nada que o pai lhe dissesse para fazer".

Novamente, ele foi lembrado (pelo pai) que tinha de fazer o que lhe mandavam fazer com o leite e isso foi seguido por um aviso severo: "Não levante seu copo de leite". Após um momento, ele desafiadoramente ergueu o copo. Imediatamente foi dada a ordem: "Não largue seu copo". Houve uma série dessas duas ordens, eliciando sistematicamente uma ação desafiadora apropriada.

Dirigindo-se ao quadro-negro, o pai escreveu "Levante seu copo de leite" de um lado e, do outro, "Largue seu copo de leite". Então, ele explicou que, cada vez que Lal fizesse alguma coisa que lhe mandassem fazer, isso seria registrado. Ele o lembrou que já lhe havia dito para fazer as duas coisas repetidamente, mas que a marca agora seria feita com giz toda vez que ele fizesse uma dessas duas coisas que fora instruído a fazer anteriormente.

Lal ouviu isso com uma atenção desesperada.

O pai continuou "Lal, não levante seu copo" e pôs uma marca debaixo de "Levante seu copo", o que Lal fez em desafio. Então, "Não largue seu copo" e uma marca colocada debaixo de "Largue seu copo" quando isso foi feito. Após algumas repetições, enquanto Lal observava o aumento do placar para cada tarefa, seu pai escreveu no quadro-negro, "Beba seu leite" e "Não beba seu leite", explicando que haveria um novo placar para esses dois itens.

Lal ouviu atentamente, mas com uma expressão de impotência começando a surgir.

Suavemente, o pai disse: "Não beba seu leite agora". Lentamente, ele levou o copo aos lábios, mas antes que desse um gole, o pai falou: "Beba seu leite". Com alívio, ele largou o copo. Foram feitas duas marcas, uma embaixo de "Largue seu copo" e outra de "Não beba seu leite".

Após algumas rodadas, ele disse a Lal para não segurar o copo de leite acima da cabeça, mas para derramá-lo no chão. Lentamente, com cuidado, ele ergueu os braços acima da cabeça, e foi imediatamente avisado para não mantê-lo ali. Em seguida, o pai foi para o outro quarto, voltou com um livro e outro copo de leite e observou: "Acho tudo isso muito ridículo. Não largue seu copo de leite".

Com um suspiro de alívio, Lal colocou o copo de leite sobre a mesa, olhou para os placares no quadro-negro, suspirou novamente e disse: "Vamos desistir, papai". "Certamente, Lal. É um jogo bobo e nada divertido e, da próxima vez que discutirmos, vamos transformar isso em alguma coisa importante sobre a qual nós dois possamos pensar e conversar a respeito."

(ERICKSON, 1975, P. 418-419)

No capítulo 2, sobre negação, exploramos o impacto dos comandos negativos. A utilização de dois comandos negativos opostos transformou-os em um duplo vínculo, que também poderia ser descrito como um conflito evitação–evitação.

Autocontradição

Um duplo vínculo sutil para ser "totalmente não cooperativo"

E [Erickson agora se dirige a outro membro da platéia]: "Agora, Bernice, pode vir até aqui? Diga-me, Bernice, você vai ser uma paciente totalmente não cooperativa?"

Eds: Embora Erickson não tenha classificado essa atitude, aqui ele atrai a atenção para a forma como "conseguiu controlar essa situação de maneira simples" com um duplo vínculo sutil. Ao dizer a Bernice para não ser cooperativa, na verdade ele está controlando seu comportamento: quando ela age de modo não cooperativo às ordens de Erickson, na realidade está cooperando com ele. Ela coopera mesmo agindo como se não estivesse. Assim, ela se encontra em um duplo vínculo.

(ERICKSON, 1985, P. 83-84)

"Não coopere comigo" é um exemplo da contradição "Não seja espontâneo", descrita anteriormente no capítulo 6, que não pode ser obedecida sem ser desobedecida. Se ela não for cooperativa, está fazendo o que Erickson pediu, portanto cooperando com ele; se ela cooperar com ele, não estará cooperando com seu pedido para não cooperar, novamente fazendo o que ele solicitou. Das duas formas ela coopera com seu pedido para não cooperar.

Recategorização em um nível lógico mais específico

Uma mulher procurou Erickson porque pesava 122 quilos e queria perder peso. Após descrever todos os médicos que consultara e todas as dietas em que fracassara, ela disse: "Não tenho certeza se vou colaborar com você porque sempre abandono minha dieta e sempre como demais".

> *Minha afirmação foi muito simples: "Tudo bem. Você pesa 122 quilos (ela estava em transe). E quero que você entenda muito bem que espero que você faça exatamente o que digo. Tendo em mente que agora você pesa 122 quilos, quero que você coma demais durante a semana, o suficiente para manter 117 quilos." Um duplo vínculo: ela precisava perder peso e precisava comer demais.*
>
> *Ela voltou depois de uma semana alegre, rindo e pesando cerca de 117 quilos. Ela disse que comera demais de maneira corajosa! Então, disse-lhe que ela devia comer muito, o suficiente para manter 116 quilos durante a semana seguinte. Em pouco mais de quarenta dias, ela perdeu 18 quilos e continuava perdendo. Esse é um exemplo do duplo vínculo.*
>
> **(ERICKSON, 1985, P. 190)**

Como ela disse que *"sempre* come demais", Erickson aceita essa categorização e a *inclui* dentro da categoria "o suficiente para manter 117 quilos". Isso permite que ela "coma demais" como deseja, desde que resulte na manutenção de um peso de 117 quilos.

Interrupção do padrão

Erickson tinha diversas maneiras para responder a uma situação comum de maneira extraordinária, interrompendo as expectativas de alguém com uma resposta surpreendente, bizarra, que causava confusão, fazendo o ouvinte se esforçar para encontrar significado onde não havia nenhum. Isso resultava em uma abertura e receptividade maior a qualquer significado subseqüente que Erickson oferecesse. Eis um exemplo:

> *Eu estava indo para a aula em um dia de vento e tinha muita pressa. Corri por um corredor e trombei com alguém. Essa pessoa exclamou "Seu idiota desajeitado!". Mostrei meu relógio, disse "Duas e quinze" e continuei. Ele ficou lá olhando e pensando "Duas e quinze", e me chamou de "idiota desajeitado" [...]*

O que o sujeito podia fazer? Ele levaria muito tempo para dizer que não estava me perguntando as horas. Ele não podia mais me repreender. Ele estava completamente impotente.

(HALEY, 1985A, P. 40)

Contudo, não podemos dizer com freqüência que gatos em volta da casa – mas nem sempre!

Observe o que aconteceu quando você leu a frase anterior. Provavelmente, você leu de novo para descobrir o que deixou passar, pois ela está totalmente fora de lugar neste livro e gramaticalmente incorreta e incompleta. Ao voltar para tentar compreendê-la, sua atenção ocupou-se totalmente com a busca de um significado. Se alguém lhe dissesse alguma coisa nesse momento, você a processaria inconscientemente e sem críticas. Se a frase tivesse sido falada, você precisaria revê-la na mente, imaginando se ouviu corretamente, o que a tornaria ainda mais intrigante.

Vale a pena planejar-se antecipadamente e ter diversas diferentes respostas desse tipo ensaiadas e à mão quando necessário. "Sim, absolutamente – a não ser pela escada", ou "Muito verdadeiro, mas por outro lado, ela tinha uma verruga". Enquanto o ouvinte tenta processar essa comunicação incomum, ele estará muito receptivo a qualquer coisa que você disser a seguir. Provavelmente ele também esquecerá o que você disser em seguida, uma oportunidade para fazer sugestões úteis às quais ele poderia resistir. Sugestões gerais como "É tão proveitoso ver os problemas de uma maneira diferente", ou mais específicas como "Você precisa lhe dar o crédito por tentar com vontade". Se o ouvinte desafiar abertamente sua comunicação bizarra ("Que *diabo* foi isso?"), você pode apenas ignorá-lo com um abanar de mão e dizer "Não importa" ou rir "Não sei por que eu disse isso; acho que a minha mente racional precisa de um descanso", ou ainda animadamente "Eu também não sei! O que você acha que isso *poderia* significar?", e então voltar ao que estava tentando conseguir.

Quase todos sabiam que Erickson era daltônico e preferia a cor roxa, por ser a única cor que conseguia ver bem. Um dia, uma nova mulher entrou na sua sessão em grupo literalmente vestida de roxo da cabeça aos pés – do laço no cabelo, estola, vestido, meias, aos brilhantes sapatos roxos

– e sentou à esquerda de Erickson. Ficou bastante óbvio que ela era uma pessoa que gostava de "agradar as pessoas" e que precisava de um pouco mais de orientação interna.

Em determinado momento, Erickson mencionou para o grupo que era daltônico e não conseguia ver a maioria das cores, mas que às vezes era capaz de *adivinhá-las*. Então começou a andar por sua direita passando pelo círculo de pessoas, descrevendo com precisão as cores das roupas de todas – incluindo as listras estreitas de uma camiseta. Quando chegou à mulher de roxo, ele parou, olhou em seus olhos e disse: "Mas *não tenho idéia* de que cor é o seu vestido; você poderia me dizer?" Ela parecia ter levado uma marretada na cabeça. De acordo com suas suposições e pelo fato de Erickson ter acabado de reconhecer tantas cores que ele "não podia" ver, ela *não* tinha como processar o que ele disse. O pedido "Você poderia me dizer" aumentou sua confusão, prendendo-a entre sua enorme falta de compreensão e a pergunta que ele lhe pediu para responder.

> *De vez em quando, algum residente, enfermeiro ou atendente rebelde entrava no consultório para me criticar. Alguns deles usavam xingamentos. "Acho que você é um maldito filho-da-mãe sujo e fedorento." Ele esperava minha explosão, só que eu dizia: "Mas você omitiu algumas palavras aí. Você queria dizer 'Você é um maldito filho-da-mãe bastardo terrivelmente sujo e fedorento'". E aí? Ele não podia dizer "não" e não podia dizer "sim". Se dissesse "sim", teria de admitir que fora incompleto. Se dissesse "não", precisaria contrariar a si mesmo.*

> **(HALEY, 1985A, P. 41-42)**

Um elemento adicional nesse exemplo é o fato de que, ao responder com uma repetição "Você é um maldito filho-da-mãe bastardo terrivelmente sujo e fedorento", Erickson deixou o residente na extremidade *receptora* do próprio xingamento – *melhorado!*

Ambigüidade

Certa vez, assisti a um vídeo em que Erickson perguntava a uma cliente "Você pode fazer *não* com a cabeça?" Ela balançou a cabeça para cima e para baixo, e ele disse "Isso não é *não*".

Então, a mulher balançou a cabeça de um lado para o outro. Quando Erickson indagou "Você não pode?", ela pareceu muito confusa.

Agora, vamos examinar a estrutura do que Erickson fez. A pergunta comum "Você pode me dizer as horas?" tem a opção de ser respondida de duas maneiras. Uma é *fazer* o que o comando embutido "Diga-me as horas" solicita, olhando para o relógio e dizendo o horário – algo que muitas pessoas fazem diversas vezes por dia.

A outra maneira é concordar com a cabeça ou dizer "sim", indicando que você tem a *habilidade* para fazer isso (ou balançar a cabeça e dizer "não" se você não tem a habilidade porque não possui um relógio e não sabe que horas são). Como a pergunta pode ser respondida de duas maneiras muito diferentes, ela é ambígua. E isso vale para *qualquer* pergunta da forma geral "Você pode ___?", que os lingüistas chamam de "postulado conversacional" ou "implicação conversacional" e que em geral é aceito como uma forma educada de pedir a alguém para fazer alguma coisa.

O que torna a pergunta de Erickson muito interessante é o fato de que uma resposta "sim" significando "Sim, eu tenho a *habilidade*" é o *oposto* da resposta "sim" do *fazer* e vice-versa. Não importa como ela responda, Erickson pode interpretar a ambigüidade da *outra* maneira e mostrar que ela está errada.

Se Erickson tivesse perguntado "Você pode fazer *sim* com a cabeça?", uma resposta "sim" significando *habilidade* seria congruente com o *fazer* e uma resposta "não" também seria congruente com ambos os significados, portanto não haveria ambigüidade e nenhum vínculo.

Observe como é difícil entender essa armadilha da comunicação, mesmo quando ela aparece escrita, permitindo-lhe lê-la devagar e revê-la. No fluxo normal da conversa, é *muito* mais difícil. Somente um lingüista ou um lógico bastante habilidoso seria capaz de decifrá-la rapidamente, reconhecer a armadilha, rir e dizer "Você me pegou", e então comentar sua estrutura: "Não importa como eu responda, você pode interpretar de uma maneira que me faz estar errado".

Seria preciso um lingüista ainda mais habilidoso para responder com o mesmo padrão, colocando Erickson na extremidade receptora. "Bela armadilha. Você pode indicar sua concordância comigo fazendo *não* com a cabeça?"

Em uma outra ocasião na qual eu estava presente, Erickson perguntou ao grupo: "Vocês podem me dizer quando alguém está hipnotizado?" Esse é o mesmo padrão de comunicação, ambíguo e que é possível responder, seja *descrevendo* o conhecimento ou habilidade, seja *demonstrando-o*. Diversas pessoas no grupo entenderam isso como uma pergunta intelectual e descreveram uma série de diferentes sinais não-verbais de transe.

Após escutar com atenção a todas essas respostas, Erickson virou para uma mulher sentada algumas cadeiras à sua direita no círculo e disse: "Mary, onde nós estamos?" Ela respondeu em uma voz jovem e alta: "Em cima da macieira". Então, Erickson perguntou: "E qual é o meu nome?" Novamente, ela respondeu: "Tommy". Obviamente ela estava em um transe muito profundo, mas ninguém notara. Erickson tentava repetidamente ensinar as pessoas a serem observadoras e a não confiar no pensamento intelectual abstrato, e ele estava bastante disposto a "esfregar nossos narizes" em nossa incompetência para chegar onde queria.

Intenção paradoxal

No capítulo 5, sobre auto-referência, descrevi a estrutura de problemas *recursivos* como ansiedade ou medo do palco, que funcionam como o conhecido "guincho" que ocorre quando um microfone recebe a saída de um amplificador e de um alto-falante aos quais está conectado – um pequeno som inicial que rapidamente aumenta de volume até atingir os limites do sistema.

Se a tentativa de controlar um sintoma problemático involuntário o faz ficar pior, é porque o sintoma é o *resultado* e também a *causa* do distúrbio crescente – um círculo vicioso. Esses tipos de problemas foram bem descritos por Watzlawick como "Quando a solução tentada *é* o problema" (1978, p. 102-103).

Se, ao contrário, alguém deliberadamente tenta *aumentar* esse sintoma – tremendo mais de propósito ou criando imagens mentais catastróficas ainda mais assustadoras que eliciam o sintoma –, em geral o sintoma *diminui*, uma vez que o aumento recursivo é *revertido*.

Quando alguém *voluntariamente* tenta aumentar ou duplicar um sintoma *involuntário*, isso recategoriza o sintoma como voluntário, criando uma curiosa ambigüidade e um vínculo. "O sintoma é ou não voluntário?" Quer o sintoma diminua ou aumente, ele parece ser voluntário. Se o sintoma diminui – em freqüência, intensidade ou extensão –, atinge-se voluntariamente o objetivo de reduzi-lo. Se o sintoma aumenta, isso também significa que ele está sob o controle voluntário, sugerindo que este também serve para reduzi-lo.

Erickson costumava começar a tratar a perda de peso desse modo, ordenando, em primeiro lugar, ao cliente para *ganhar* cinco quilos, antes de lhe dizer para perder peso. A maioria das pessoas tenta perder peso com muito esforço voluntário, só para recuperá-lo involuntariamente. Ao reverter a seqüência, elas enfrentam a tarefa de ganhar peso voluntariamente e a *implicação* é de que isso será seguido pela perda de peso involuntária e sem esforço.

Esse processo também funciona nas relações interpessoais quando há uma espiral entre duas (ou mais) pessoas. Em um dos exemplos de Watzlawick (1978, p. 103-104), uma esposa pedia continuamente ao marido uma reafirmação de que ele a amava, e expressava o medo de ser abandonada por ele. As repetidas reafirmações do marido eram apenas parcialmente eficazes durante um curto período de tempo. Ele foi instruído, em particular, a responder de maneira diferente, dizendo: "É claro, não amo você e com certeza vou abandoná-la em breve". Watzlawick relata: "O resto é riso", e o problema desapareceu.

Outra maneira de pensar na resposta da esposa é observar que as reafirmações anteriores do marido *desconfirmavam* a preocupação dela – por um tom de voz exasperado, cínico ou "sofrido" –, enquanto a nova resposta combinava totalmente com sua preocupação, afirmando-a e validando-a. Como ela não sentia necessidade de se opor ao que ele dizia, era mais fácil simplesmente examinar a resposta a partir de uma posição neutra e perceber que seus temores eram infundados.

Por outro lado, talvez a esposa sentisse que estava em algum tipo de disputa com o marido, opondo-se a qualquer coisa que ele dissesse ou fizesse. Nesse caso, a concordância dele eliciaria uma resposta oposta. Infelizmente, as descrições escritas dos clientes e as intervenções inevitavelmente omitem a maior parte do comportamento não-verbal. Como freqüentemente é aí que se encontram as informações importantes, não podemos ter certeza do que realmente aconteceu no evento descrito.

Muitas vezes, as pessoas fracassam em algo por se preocuparem com sua *expectativa* de fracasso – exemplo daquilo que se chama de "profecia auto-realizadora". Se alguém se queixa de que sempre fracassa quando tenta fazer alguma coisa, pode ser instruído a deliberada e repetidamente fracassar naquela tarefa. Se ele realmente falhar, terá sido *bem-sucedido* na tarefa de fracassar, um contra-exemplo para sua afirmação de que sempre fracassa.

Se ele alcançar sucesso na tarefa, apesar de sua expectativa, terá *alcançado sucesso* naquilo que queria fazer. Isso transforma uma alternativa ou/ou – ter sucesso *ou* fracassar – em uma situação ambos/e na qual, independentemente do objetivo, o cliente precisa ser bem-sucedido em uma tarefa e ao mesmo tempo fracassar em outra.

Muitos dos casos de impotência de Erickson foram tratados assim: o cliente recebia a tarefa de *não* ter uma ereção, transformando o fracasso em sucesso.

Apesar do nome dado a esse método, ele é paradoxal somente no sentido mais livre de fazer o que é incomum, inesperado ou contra-intuitivo, não um paradoxo *lógico*.

Duplo vínculo lógico

Devido à sua estrutura, algumas comunicações são logicamente inescapáveis e têm apenas uma resposta possível. Por exemplo, em resposta a uma fala do pai, a adolescente devolveu enfaticamente: "Isso é *estúpido!*"

O pai disse: "Bem, posso entender que você diga isso; você é adolescente. E, como uma adolescente, não pode não discordar, pode?" Ela olhou para ele muito confusa e então caiu num transe rápido. O pai aproveitou a oportunidade para fazer algumas sugestões positivas acerca de seu comportamento na casa.

Esse exemplo precisa ser explicado para que possa ser compreendido com clareza.

"Isso é estúpido" é uma afirmação enfática de discordância com relação ao que o pai disse.

O pai categoriza sua afirmação como "discordância" e então diz que, por ser adolescente, ela *precisa* discordar. "Você não pode não" é uma maneira complexa de dizer "Você precisa". A dupla negação dificulta o processamento e a compreensão do significado da afirmação.

A pergunta "pode?" acrescenta um pouco de complexidade. Ela dificulta a compreensão do significado da frase e também introduz uma ambigüidade. Se ela responder "Sim" (ou "Não"), está respondendo à afirmação de que ela "não pode não discordar" ou à pergunta oposta "pode?", no final?

Se a filha discordar, isso confirma sua afirmação de que precisa discordar.

Se ela concordar, também confirmará sua afirmação de que precisa discordar.

E, se ela permanecer em silêncio, está deixando a afirmação se firmar, concordando com ela por desistência.

Deparei com uma versão mais curta desse padrão em um cartum. O marido se dirige à esposa: "Seja o que for que eu diga, você sempre discorda de mim".

Se ela discordar, essa é uma confirmação de sua afirmação.

Se ela concordar, então afirma que sempre discorda.

E, se ela permanecer em silêncio e deixar a afirmação se firmar, isso também será entendido como uma concordância com a afirmação de que ela discorda.

Esse padrão é particularmente proveitoso com qualquer pessoa que está sempre em "oposição" e provavelmente discordará de qualquer coisa que se diga, como um "adolescente típico" ou um "cliente resistente". Quando você perceber que eles vão discordar e eles tentarem se opor a *isso*, descobrirão que não há saída – eles *precisam* discordar conforme você previu, o que significa concordar com você em um nível lógico mais geral.

Seria necessário um lingüista ou um lógico para processar isso, reconhecer a armadilha, rir e dizer "Eu *preciso* discordar". Seria necessário um grau de agilidade mental adicional para usar o mesmo padrão em resposta, dizendo: "E você não pode não discordar disso, pode?"

O que talvez não esteja claro nesse exemplo é o fato de que esse padrão se aplica a *qualquer* conteúdo – não apenas discordância. "Acho que você é um grande garoto, mas naturalmente você discordará." "Amo você profundamente, mas você não pode não discordar disso, pode?" No esforço para compreender a comunicação e descobrir que *não pode* concordar, e *precisa* discordar, a atenção se desvia do conteúdo, que provavelmente é aceito inconscientemente de forma muito parecida com uma pressuposição ou implicação.

Bandler e Grinder certa vez tiveram uma cliente num grupo de Gestalt-terapia que não conseguia dizer "não", o que a deixava exposta a todos os tipos de exploração. Quando era menina, o pai lhe pedira para ficar com ele uma noite, mas ela saiu. Ao voltar para casa, descobriu que ele havia morrido. Na aflição daquele momento traumático, ela desenvolveu uma crença causa–efeito de que se dissesse "não" para alguém essa pessoa morreria e a partir daí foi controlada por isso.

Nesse caso, o terapeuta decidiu usar uma técnica terapêutica de duplo vínculo. Ele disse à cliente para andar pela sala, ir até cada uma das pessoas no grupo e dizer *NÃO* sobre alguma coisa a cada uma delas. A cliente reagiu intensamente, recusando-se a realizar a tarefa, fazendo mais afirmações como

NÃO! É impossível eu dizer NÃO para as pessoas!

Você não pode esperar que eu faça isso só porque você me pediu.

A cliente continuou assim por alguns minutos, recusando-se a realizar a tarefa determinada pelo terapeuta, até que este lhe mostrou que, na verdade, ela estivera dizendo *NÃO* a ele durante esse tempo! E também que ele não estava magoado e que certamente não morrera – o contrário de sua generalização. Essa experiência foi tão poderosa que ela imediatamente pôde andar pela sala e dizer *NÃO* para os outros membros do grupo.

Pense na posição em que o terapeuta colocou a cliente ao mandá-la dizer *NÃO* aos membros do grupo:

1. A cliente afirmou sua generalização

Não posso dizer NÃO para ninguém...

2. O terapeuta estruturou um duplo vínculo terapêutico com a ordem para a paciente

Dizer NÃO a cada uma das pessoas nesse grupo.

3. Note as escolhas à disposição da cliente; ela pode

(a) Dizer *NÃO* a cada membro do grupo,

ou

(b) Dizer *NÃO* ao terapeuta.

4. Seja qual for a escolha da cliente, ela gera uma experiência que contradiz sua generalização original.

(Bandler e Grinder, 1975b, p. 170-171)

Sempre que você puder criar uma situação na qual alguém não percebe que já conseguiu realizar uma tarefa que considerava impossível, os resultantes contra-exemplos comportamentais são muito mais convincentes do que combater verbalmente suas crenças. Infelizmente, essa intervenção tem uma aplicação muito limitada àquelas poucas situações em que alguém não pode dizer "não" ou não pode recusar um pedido.

Don Jackson, um dos fundadores do Mental Research Institute em Palo Alto, concordou em demonstrar como fazer contato com um paciente muito distante e indiferente que acreditava ser Deus.

> Quando o paciente foi trazido, ofereceram-lhe uma cadeira perto de Jackson. Ele pegou a cadeira, afastou-a e então se sentou com a postura de um rei, olhando silenciosamente para o grupo com um ar de imensa superioridade e desdém.
>
> *Após observá-lo durante alguns minutos, Jackson se aproxima, ajoelha com deferência diante dele, inclina a cabeça e diz "Obviamente você é Deus. Como você é Deus, só você merece as chaves deste hospital", colocando gentilmente as chaves no colo do paciente. Ele pára e depois continua lentamente: "Mas, como você é Deus, não precisa destas chaves". Jackson se levanta, volta para sua cadeira e senta. O paciente fica sentado durante alguns minutos, muito agitado e então pula, puxa sua cadeira para perto de Jackson, olha intensamente em seus olhos e diz: "Cara, um de nós é louco!"*

(Andreas e Andreas, 1991, p. 143-144)

A comunicação de Don Jackson, tanto verbal quanto não-verbal, acompanhou o mundo do paciente para só aí mostrar uma contradição lógica nele. O paciente poderia ter respondido "Embora eu não precise das chaves, uma vez que sou Deus, ficarei com elas assim mesmo", contudo ele *não fez isso*. Os paranóides são conhecidos pela lógica, mas não pela criatividade.

Paradoxo lógico

Finalmente, temos o paradoxo lógico (descrito extensivamente nos capítulos 7 e 8), em que uma afirmação e sua contradição oscilam infinitamente – padrão que também foi descrito como um duplo vínculo. O paradoxo da incerteza "Você está certo o suficiente para ficar *incerto*?" é um duplo vínculo terapêutico particularmente vantajoso, na medida em que enfraquece a certeza rígida que muitas vezes impede qualquer possibilidade de mudança. Também é amplamente útil, pois se aplica com certeza sobre *qualquer conteúdo*. Ele cria uma situação na qual alguém *precisa* mudar de maneira proveitosa, não importa o que faça.

Provavelmente existem outros padrões de comunicação descritos com o termo duplo vínculo; nesse caso, eles também podem ser compreendidos empregando-se as distinções que estivemos explorando.

> Resumo Uma enorme variedade de diferentes padrões de comunicação foi descrita usando o termo "duplo vínculo" desde que este apareceu pela primeira vez, há quase cinqüenta anos. Os duplos vínculos perturbadores colocam a "vítima" na posição de estar errada, independentemente de como ela responda – "Condenado se fizer e condenado se não fizer". No entanto, os mesmos padrões podem ser usados de maneira generosa, de modo que a "vítima" esteja certa não importa o que faça – "Abençoado se fizer e abençoado se não fizer".

Compreender as estruturas dos diferentes padrões específicos de comunicação descritos pelo termo "duplo vínculo" nos permite reconhecê-los, resolvendo-os ao comentar sua estrutura e praticando-os com persistência a fim de utilizá-los deliberadamente de maneira proveitosa.

A seguir, abordaremos a metáfora, um conjunto de padrões de comunicação poderosos usados há séculos, explorando como ela funciona no que se refere a abrangências, categorias e os protótipos que geralmente empregamos para compreender o significado das categorias.

"Você é inteligente demais para ser afetado pela bajulação."

10

Metáfora
Sobrepondo grupos

"UM AMIGO É ALGUÉM QUE CONHECE A CANÇÃO NO SEU CORAÇÃO,
E PODE CANTÁ-LA PARA VOCÊ
QUANDO VOCÊ TIVER ESQUECIDO AS PALAVRAS."
DONNA ROBERTS

O coração pode realmente cantar? Na verdade, não. Mas há algo muito evocativo e significativo na idéia de o coração cantar – e poder esquecer sua canção e precisar ser lembrado. A palavra "coração" é uma metáfora para a vida emocional, embrulhada com todas as imagens culturais compartilhadas de amor, vida, corações partidos, Dia dos Namorados etc. Se o coração pudesse cantar, ele cantaria todos os sentimentos, esperanças, objetivos, amores e satisfações. Esquecer a canção de seu coração significaria perder todas as razões para viver. Ter alguém para lhe cantar as palavras significaria trazê-lo de volta do mundo dos mortos.

Essas poucas frases apenas começam a descrever os múltiplos significados nessa afirmação curta, um resumo claro dos significados complexos que elas evocam. Quando respondemos a uma metáfora, a maior parte desses muitos significados geralmente permanece inconsciente; só nos tornamos conscientes de nossa resposta emocional, um aspecto da sutileza e do poder da metáfora.

Muitas descrições da metáfora terapêutica utilizam histórias mais ou menos longas. Entretanto, quero focalizar palavras simples e frases curtas para esclarecer nossa compreensão de como exatamente funciona a metáfora. As metáforas mais longas são apenas exemplos mais extensos e complexos do mesmo processo fundamental.

Como a metáfora é comunicada pelo uso de uma palavra ou grupo de palavras, ela pode substituir qualquer palavra, de qualquer parte de uma frase. Uma das distinções mais fundamentais que fazemos é entre coisas (substantivos) e processos (verbos), e as metáforas são aplicadas a estes últimos com maior freqüência. "Ele tem um grande coração" emprega "coração" como substantivo, mas em "Ela canta com o coração" a mesma palavra é utilizada como advérbio, para modificar um processo. Além disso, muitos processos são descritos como se fossem coisas. Por exemplo, uma "canção" soa como uma coisa que se pudesse colocar num contêiner chamado "coração", embora se trate de um processo, uma abrangência de eventos auditivos no tempo. Uma canção escrita no papel é uma coisa, porém essas notas são realmente apenas as *instruções* para uma canção, não a canção em si.

"Coração cantante", por exemplo, é uma metáfora de muitos níveis. "Coração" é uma metáfora para a vida emocional de uma pessoa e, por não ser algo de fato capaz de cantar, "coração cantante" aplica uma metáfora a outra. Como há tantas diferentes maneiras de se usar as metáforas e como elas são freqüentemente colocadas no lugar de coisas ou objetos, vamos começar examinando-os.

Metáfora direta: "X é Y"

O tipo mais fundamental de metáfora ocorre em afirmações como "Ele é uma rocha" ou "Ela é um dínamo", que categorizam alguém como um objeto pelo uso do verbo "é", criando *equivalência*, uma das três estruturas do significado.

Ele não é *realmente* uma rocha que se poderia usar para construir uma parede e ela não é *realmente* uma máquina que se usaria para gerar eletricidade. No entanto, ele tem algumas características de uma rocha (sólido e confiável) e ela, algumas características de um dínamo (ativa e poderosa). A utilização da descrição metafórica proporciona um *protótipo* vívido e memorável de como são essas pessoas.

Ao empregar uma metáfora como essa, descrevemos uma coisa ou evento como membro de determinada categoria, mas de forma diferente de como normalmente faríamos. Já "Ele é engenheiro" ou "Ela é corredora" seriam descrições literais, não metafóricas, utilizando critérios e categorizações geralmente aceitos.

Uma metáfora descreve uma coisa em relação à outra de maneiras que *violam* os critérios habituais. "Ele é uma rocha" categoriza o comportamento de alguém como uma coisa estática e inanimada, violando a maioria dos critérios para um ser humano vivo. Compreendemos que esse tipo de descrição não é literal, mas metafórico: de certa forma, ele é *como* uma rocha e ela, *como* um dínamo.

Existem também alguns casos ambíguos. Por exemplo, nos casos de "Ele é um tirano" ou "Ela é uma princesa", temos de considerar o contexto mais amplo para saber se o significado é literal ou metafórico.

Ainda que uma metáfora viole vários dos critérios habituais que usamos para a categorização, ela precisa satisfazer pelo menos alguns deles. Como pessoa tem muitos mais critérios do que rocha, é mais fácil encontrar critérios "parecidos com rochas" em uma pessoa do que fazer o contrário – é difícil encontrar *qualquer um* dos critérios para pessoa numa rocha.

Unidirecionalidade Curiosamente, embora a metáfora se baseie na equivalência, ela é um "processo de mão única". É fácil pensar numa pessoa como uma rocha, mas muito difícil pensar numa rocha como uma pessoa. "A rocha é um Fred" soa muito estranho, fazendo-nos desejar inverter a seqüência de palavras para compreendê-las.

Há diversos aspectos na unidirecionalidade e é interessante explorálos. Primeiro, "Fred é uma rocha" categoriza um indivíduo como membro da categoria "rocha", que é o modo como normalmente categorizamos. O contrário sustenta que a categoria "rocha" é membro de uma pessoa, violando a forma como em geral categorizamos coisas ou eventos como membros de categorias.

Mas esse não é o único fator. Se transformarmos "pessoa" e "rocha" em categorias explícitas ("pessoas" e "rochas"), então teoricamente cada categoria poderia ser uma subcategoria da outra. Mesmo assim, "Pessoas são rochas" (na estrutura da sociedade, por exemplo) faz mais sentido do que "Rochas são pessoas". Exploremos isso melhor.

Pense em alguém que você sabe que é sólido e confiável... então pense numa rocha... e compare as imagens de cada um...

Sua imagem de uma rocha provavelmente é bem clara e específica, porque a maioria das qualidades de uma rocha é nitidamente observável na rocha em si. Uma rocha tem apenas algumas qualidades: ela é sólida, pesada, forte, retangular – e não muito mais do que isso.

A imagem do seu amigo deve ser bem diferente, mesmo que você possa visualizá-lo claramente. Pensar em alguém geralmente significa *muito* mais do que pensar em seu corpo físico, que seria bem parecido quer estivesse vivo ou morto. Uma "pessoa" é realmente uma categoria mais geral que inclui todos os seus diferentes humores, comportamentos, habilidades, cacoetes, história, respostas em diferentes contextos etc. Você precisaria de uma grande quantidade de filmes para representar todas as diferentes experiências que viveu com alguém que conhece, pois esse conhecimento se baseia na *abrangência categórica deduzida*, seu *conhecimento* mais abstrato dele.

Mesmo que você não tenha esse conhecimento pessoal, os critérios para a categoria "pessoa" são bem mais numerosos e complexos do que os para uma rocha. A maior parte das diversas qualidades de uma pessoa *não* é diretamente observável ao olharmos para sua imagem; alguém que não a conhece não seria capaz de observar grande parte do que ela é vendo apenas uma foto. Uma metáfora costuma usar uma única coisa ou evento específico para representar uma categoria mais abstrata e complexa, com o propósito de nos ajudar a atingir uma compreensão simplificada de algo que do contrário seria difícil entender. Conforme nota Lakoff: "Geralmente, conceituamos o não-físico como físico – isto é, conceituamos o menos nitidamente delineado com relação ao mais nitidamente delineado" (1980, p. 59).

Para explorar como você representa isso, compare suas imagens de "Fred é uma rocha" e a imagem de "A rocha é um Fred". ...

Minha imagem de "Fred é uma rocha" alterna entre a visão de uma rocha transparente em algum lugar dentro do peito ou da barriga de Fred e a visão de uma rocha transparente maior sobreposta em seu torso, uma forma de representar que Fred tem uma qualidade semelhante a uma rocha. Minha imagem de "A rocha é um Fred" é muito diferente – nada de sua humanidade escapa dos limites da rocha. Fred pode incluir algumas das qualidades de uma rocha, mas uma rocha não pode incluir as qualidades de Fred. Suas imagens talvez sejam um pouco diferentes, mas elas também representarão essa unidirecionalidade.

Categorização inversa Normalmente, categorizamos uma coisa ou evento específico baseado nos sentidos (ou uma categoria específica) como membro de uma categoria mais geral. A metáfora *inverte* isso, categorizando uma categoria mais geral como membro de uma coisa mais específica. Embora "Fred" seja uma única pessoa, pensar nele indica a categoria muito mais geral que inclui todas suas diferentes qualidades e comportamentos numa variedade de contextos.

Sinédoque (parte/todo) Indica uma metáfora que cria equivalência entre uma parte e um todo. Algumas denotam inclusão de abrangência e outras, inclusão categórica.

Um tipo usa uma parte de algo para representar o todo, mudando para uma abrangência *menor*. "Gostaria de uma mão nesse trabalho" realmente quer dizer que eu gostaria que você *inteiro* me ajudasse, não apenas a sua mão. "Comprei um novo conjunto de rodas" ou "Não posso esperar para ver a minha porta da frente" criam o mesmo tipo de equivalência simplificada entre uma parte e um todo. Trata-se de uma "abreviatura" que apaga a maior parte daquilo sobre o qual estou falando. Uma pessoa é muito mais do que uma mão, um carro é mais do que suas rodas e o lar é mais do que a porta da frente. Outro tipo de sinédoque faz o inverso. Em "Fui parado pela lei", utilizo uma abrangência *maior* para representar uma menor, o policial que de fato me parou.

Outros exemplos representam uma mudança de *categoria*, e não de abrangência. Um membro de uma categoria é usado para indicar uma categoria que o inclui. Por exemplo, "pão" indica alimento e "armas", poder militar.

Contudo, um outro tipo de sinédoque (por que não temos nomes diferentes para esses tipos tão diferentes de metáfora?) usa o *material* de que alguma coisa é feita para indicar a coisa em si. Por exemplo, "aço" denotando armas e espadas, a base do poder militar; ou "carne e sangue" indicando seres humanos, particularmente parentes próximos.

A metonímia é semelhante, mas emprega a mudança para uma abrangência de coisas ou eventos *associados* que não são parte de um todo. Por exemplo, "prato saboroso" indica o alimento que está *no* prato, e "suor" significa o esforço que provocou o suor. "A caneta é mais forte do que a espada" significa que inteligência e informação – apesar de sua insubstancialidade – são mais poderosas do que a violência. A metonímia sempre usa palavras que indicam obliquamente aquilo sobre o qual realmente estamos falando. "Guarde isso debaixo de seu chapéu."

As metáforas distorcem a experiência Como qualquer outra categorização, pensar numa pessoa como uma rocha atrai a atenção para aspectos do caráter que são como uma rocha. Ao mesmo tempo, ignora aspectos que *não* são como uma rocha. Descrever a mesma pessoa com uma metáfora diferente enfatizará outros aspectos e ignorará o restante. Referir-se a ela como um "tapete", um "tubarão", uma "lesma" ou um "vale-refeição" proporcionam significados muito diferentes simplificados e distorcidos.

Quando um relacionamento termina, a maioria das pessoas descreve isso como um "rompimento", que as deixou de "coração partido" ou mesmo que toda sua vida está "despedaçada". Como as palavras "romper" e "despedaçar" são usadas para coisas rígidas violentamente quebradas, essas metáforas dificultam a adaptação a uma mudança no relacionamento. Coisas que rompem ou despedaçam raramente podem ser restauradas à sua condição original, portanto há a pressuposição de que ela jamais se recuperará totalmente. Um vaso despedaçado algumas vezes pode até ser consertado, mas os cacos nunca o serão completamente.

Se, ao contrário, as pessoas descrevessem seus sentimentos a respeito do término de um relacionamento como ficar com o coração "machucado", "arranhado" ou "amassado", ou "desfazendo" ou "ajustando" um relacionamento, isso pressuporia uma transição bem mais fácil e suave, e uma recuperação mais rápida e completa.

Toda metáfora enfatizará determinados aspectos de uma coisa ou evento e desenfatizará outros, como faz qualquer outra categorização de experiência. Uma vez que toda metáfora categoriza ou recategoriza a experiência, todos os aspectos da categorização que exploramos anteriormente também se aplicam à metáfora.

Metáforas enganadoras Apesar de *toda* metáfora ser um pouco enganadora, algumas são seriamente enganadoras, proporcionando uma compreensão *oposta* ao que realmente está acontecendo.

Um exemplo simples é a experiência de "um frio que percorre o corpo". Trata-se de uma descrição precisa da experiência sentida, devido à curiosa forma como o corpo percebe a temperatura e a categoriza. Mas com um pouco de conhecimento de física, sabemos que quando sentimos frio, na verdade, é o calor (vibração molecular) que está *deixando* o corpo. A compreensão inversa dificulta o entendimento da física da temperatura para estudantes iniciantes.

John McWhirter mostrou uma metáfora comum particularmente importante para a compreensão de como processamos informações: a idéia de que as percepções são "filtradas" pelas tendências, aprendizagens, experiências passadas e expectativas futuras. Certamente, *notamos* alguns aspectos do ambiente e ignoramos outros, e isso resulta em distorção. Mas um filtro é uma metáfora adequada?

Pense em qualquer filtro simples, como um filtro para coar café ou um filtro de óleo no carro. Eles permitem que o líquido os atravesse, bloqueando os sólidos. Um filtro colorido bloqueia algumas cores de luz, embora permita a passagem de outras. Se os sentidos realmente funcionassem como filtros, notaríamos o que passa através deles e ignoraríamos o que fica bloqueado. Como conseqüência dessa metáfora, muitas pessoas acreditam que *bloqueamos* ativamente aquilo que não notamos ou ao qual não prestamos atenção.

Entretanto, as ondas de rádio e os sinais dos celulares passam diretamente *através* do corpo sem que os percebamos, assim como a luz atravessa o vidro de uma janela. Eles não são "bloqueados", nem detectados. Em um filtro, o que é *detectado* passa através dele, enquanto na percepção o que é *ignorado* atravessa, e não é detectado – exatamente o *contrário* da metáfora do filtro.

Na verdade, os sentidos funcionam de maneira *oposta* à de um filtro. Por exemplo, os bastonetes da retina são extremamente sensíveis à luz visível; um bastonete adaptado ao escuro responde a um *único* fóton de luz, um evento muito pequeno. Isso equivale a enxergar uma vela na escuridão total a uma distância de dezesseis quilômetros! Outros comprimentos de onda de luz – ultravioleta, ondas de rádio, raios X – passam *através* do olho (e do corpo) sem serem detectados ou são absorvidos sem desencadear nenhuma resposta. Os bastonetes são bastante insensíveis a outros eventos como calor, pressão, som ou odores químicos. Embora detectem a luz, eles não conseguem detectar cores diferentes de luz, como fazem os cones.

Todos os sentidos são estruturas sensíveis a determinados eventos no ambiente. O mesmo acontece com as sensibilidades aprendidas que dependem do sistema nervoso como um todo. Antes de aprendermos a detectar e a reconhecer as palavras de nosso idioma nativo, a fala de nossos pais era apenas sons, sem nenhum significado. O significado não estava "bloqueado", nós é que não tínhamos como detectá-lo e processá-lo.

Uma maneira bem mais precisa de descrever nosso funcionamento é dizer que aprendemos *sensibilidades perceptivas* (e ignoramos qualquer informação que não se encaixe nessas sensibilidades). A informação ignorada não é "filtrada" ou "bloqueada"; ela simplesmente *não é detectada* e/ou *ignorada*.

Metáforas alternativas Podemos usar metáforas muito diferentes para descrever o *mesmo* evento. Observe o que as expressões comuns a seguir indicam metaforicamente sobre a natureza do amor e como cada uma delas evoca uma imagem diferente com um significado diferente.

"Sou louco por ela."

"Caí de amores."

"Ele estava enfeitiçado."

"Ela recuou diante de seus avanços."

"Ela está brincando com minhas emoções."

"Nosso relacionamento está nas últimas."

"Ambos sentimos uma atração magnética."

"Ele é muito 'quente'."

Nestes exemplos, o amor é metaforicamente categorizado como: insanidade, um acidente, mágica/hipnose, guerra, um jogo, um corpo, magnetismo e calor.

Como *toda* metáfora distorce o significado de um evento, se você tem apenas uma metáfora, tem somente um significado. Isso inevitavelmente limita sua resposta, o que, em inglês, costuma ser descrito (metaforicamente) como "pensar dentro da caixa". Uma vez que *toda* maneira de pensar e categorizar o coloca "dentro da caixa", você na verdade não pode "pensar fora da caixa", como muitas pessoas aconselham. Entretanto, você *pode* mudar a abrangência tornando a caixa *maior* ou *menor*, ou mudando para uma caixa *diferente*, a fim de pensar dentro de uma *variedade* de caixas seqüencialmente. A habilidade para pensar numa coisa ou evento usando uma variedade de diferentes metáforas impedirá que você fique limitado por qualquer uma delas, formando uma base para a flexibilidade, o equilíbrio e a escolha.

Um exemplo clássico da física é a utilização de duas metáforas bem diferentes, "partícula" e "onda", para o comportamento de átomos, elétrons, luz e outras partículas subatômicas. Diversos aspectos da luz são facilmente compreendidos pela metáfora de uma partícula e isso leva a previsões bastante precisas e detalhadas em contextos específicos. Em outros contextos, a metáfora de uma onda tem sido muito mais proveitosa, apesar da aparente e intrigante contradição – que indica que provavelmente *ambas* as metáforas são inadequadas.

Recentemente, tem-se explorado também a metáfora de uma "corda" muito pequena. Uma "corda" apresenta os aspectos tanto da partícula quanto da onda, portanto ela ajuda a integrar a compreensão adquirida pela utilização das metáforas da partícula e da onda. A eletrodinâmica quântica emprega a metáfora de uma flecha giratória de determinado comprimento. Mas trata-se de algo um tanto insatisfatório, porque é difícil imaginar como o mundo que experimentamos diretamente poderia resultar dela – embora provoque previsões matemáticas consistentes em todos os contextos nos quais as metáforas da onda e da partícula são úteis.

O importante ao escolher ou utilizar uma metáfora é saber até onde ela colabora com nossos objetivos. "Essa metáfora chama a atenção para aspectos num evento de uma forma que atende aos meus objetivos? Ela me oferece compreensões úteis para a vida, a solução de problemas ou minha aprendizagem?"

Metáforas eliciam respostas Como uma metáfora categoriza a experiência e a principal função da categorização é indicar que tipo de resposta é adequada, ela também elicia e orienta seletivamente nossas respostas.

Por exemplo, "O que ela me disse foi um tapa na cara". O significado é muito claro e direto e, pelo princípio da unidirecionalidade, teremos uma imagem vívida de ser "esbofeteado no rosto", ainda que "o que ela me disse" tenha sido uma frase muito inócua como "Bem, eu prefiro cortinas *azuis*".

Se você *realmente* levasse um tapa na cara, que respostas isso eliciaria? Esquivar-se, inclinar a cabeça ou bloquear o tapa para se proteger seria um bom começo e então, talvez, revidar ou coisa pior. É muito improvável que você pensasse em responder: "Você pode me falar mais sobre o que quis dizer com isso?"

Esse é um exemplo de como a categorização metafórica da experiência pode nos levar para *longe* da experiência baseada nos sentidos que a metáfora descreve e limitar as possíveis respostas. Mesmo se a frase sobre as cortinas azuis fosse dita em uma voz crítica e arrogante, isso ainda seria muito diferente de um verdadeiro "tapa na cara".

O mesmo conjunto de palavras (e tom de voz) "Bem, eu prefiro cortinas *azuis*" também poderia ser descrito metaforicamente como "um presente precioso", proporcionando uma imagem e um significado *muito* diferentes, com uma variedade bem distinta de respostas. Se você realmente recebeu um presente precioso, isso indicaria um relacionamento positivo entre amigos. Provavelmente, sua primeira resposta seria agradecer à pessoa e, então, abrir o presente (em vez de se esquivar ou revidar). No contexto de um comentário sobre cortinas azuis que você não compreendeu totalmente, "abrir o presente precioso" incluiria facilmente um pedido de esclarecimento de significado. Ainda que você não tenha gostado do presente, pode apreciar a intenção positiva de quem o ofereceu.

Algumas pessoas fazem uma distinção entre metáfora "viva", que é original ou desconhecida, e metáfora "morta", tão conhecida que ficou pouco evocativa ("afiado como uma faca" ou "parede de pedra"). O estudo da história de uma palavra costuma mostrar que ela era originalmente uma metáfora, cujo significado metafórico original se perdeu pelos anos de uso comum, tornando a palavra descritiva. O mesmo aconteceu com a palavra grega "metáfora", que combina os dois termos "meta" e "fora". "Meta" significa "mudança de lugar, ordem ou condição" e "fora" é o verbo para "transportar". Na Grécia moderna, a palavra "metáfora" aparece nas laterais de caminhões e outros meios de transporte de objetos. A metáfora recategoriza um evento transportando critérios e significados de uma experiência para outra.

Quando uma palavra ou frase é usada metaforicamente durante algum tempo, sua utilização às vezes fica no meio do caminho entre metafórica e descritiva, evocando um significado metafórico para algumas pessoas, mas somente um significado descritivo para outras: "ovelha negra", "filho pródigo".

Como ocorre com qualquer outro tipo de recategorização, uma nova metáfora pode evocar uma nova compreensão. As metáforas vêm embrulhadas com os critérios e os significados, cuja maioria não emerge para a consciência. Por isso, elas constituem fontes de novas compreensões sempre que as mais antigas ficam batidas ou perdem sua utilidade.

Uma metáfora é particularmente fértil para dar vida nova a categorias muito gerais, como "vida", "amor", "casamento", "relacionamentos" etc., que com freqüência se tornam abstrações estéreis, demasiado afastadas dos eventos reais baseados nos sentidos que elas incluem e descrevem. O exercício a seguir é uma forma agradável de descobrir novos significados para antigas categorias.

Descobrindo novas metáforas

(pares, 5 minutos cada, mais 5 minutos de discussão)

(de David Gordon)

1. *Categoria geral* Uma pessoa ("A") pensa em uma categoria ampla, como "vida", "amor", "casamento", "trabalho", "lar", "saúde", "velhice", "juventude", "brincar", "infância" etc., e então diz em voz alta: "A vida é _____", olhando e gesticulando para cima e para a direita. (A maioria das

pessoas acha mais fácil imaginar criativamente quando olha para cima e para a direita, mas cerca de 5% preferem olhar para cima e para a esquerda. Se para você esta última opção é mais fácil, faça isso – e gesticule com a mão *esquerda* em lugar da direita.)

2. Objeto comum Tão *rapidamente* quanto possível (e com o *mínimo* de pensamento possível), a segunda pessoa ("B") diz o nome de qualquer objeto comum como "pomar", "lápis", "árvore", "maçã", "banheira" etc.

3. Frase completa, seguida por alguma coisa sobre o objeto comum Continuando a olhar para cima e gesticulando para a direita, "A" diz a frase completa, "A vida é um pomar", e continua falando o mais rápida e espontaneamente possível a primeira coisa que lhe vier à mente sobre o objeto comum, como:

"Você precisa plantar sementes se espera colher frutos."

"Preparar o solo fará que ela se desenvolva."

"Alguns dos melhores estão visíveis, alguns estão ocultos."

"Se você plantar cebolas, não espere colher rosas."

"Algumas das melhores colheitas vêm depois do frio."

4. Significados Pare e considere esta metáfora. Que significados são transferidos do objeto comum para a categoria mais ampla? Isso lhe dá uma visão diferente, interessante ou proveitosa do que a "vida" é?

(Continue por 5 minutos usando uma categoria grande diferente e/ou objeto comum de cada vez, antes de trocar de papel para outros 5 minutos e então discutir.)

Este exercício é muito bom para desenvolver sua criatividade pensando em coisas ou eventos familiares de novas maneiras metafóricas. Amplie-o incluindo "coisas" que são de fato processos mutáveis, como "rio", "jornada", "corrida de cavalo" etc. Algumas dessas metáforas se mostrarão bem mais interessantes ou significativas do que outras e muitas delas serão acompanhadas por risos, afinal você está recategorizando alguma coisa de maneira bastante diferente – a essência do humor.

Algumas metáforas terão quase o mesmo significado para quase todos; outras serão muito mais significativas para uns do que para outros. Para mim, aos 70 anos, com cabelos brancos, "Algumas das melhores colheitas vêm depois do frio" trouxe lágrimas de verdade e prazer, mas essa metáfora provavelmente seria bem menos significativa para um jovem, com a maior parte da vida à sua frente e não atrás de si.

Utilizando metáforas Por serem tão comuns, é quase impossível dizer qualquer coisa sem usar pelo menos algumas delas. E, uma vez que as metáforas categorizam a experiência, responder *dentro* da metáfora de outra pessoa é um excelente modo de obter *rapport*, pois você está categorizando como ela.

Responder dentro da metáfora de alguém também pode ser uma forma de alterar sua experiência e sua reposta em qualquer uma das maneiras descritas nos capítulos anteriores. Por exemplo, se alguém diz algo que talvez não seja verdade, como "É direto da boca do cavalo", você pode perguntar "Você olhou dentro da boca desse cavalo?" ou "Você tem certeza de que não é da outra extremidade do cavalo?"

Digamos que alguém está para fazer uma coisa que não fez durante algum tempo e afirme "Conheço bem essa estrada". Se você acha que ele deveria ser cauteloso, pergunte algo como: "Há quanto tempo você está nessa estrada?" Se quer ter certeza de que ele está bem preparado, questione: "Você tem um par de bons tênis de corrida?" ou "Do que você precisa para ficar em forma?" Se você acha que ele ou a natureza do que ele precisa fazer pode ter mudado muito com o passar dos anos, diga: "Sabe, as estradas não são mais como costumavam ser. Você verificou alguma estrada recentemente?"

Quando alguém usa repetidamente determinada metáfora, ou com uma ênfase significativa, convém planejar sua comunicação para utilizá-la. Certa vez, trabalhei com um homem que freqüentemente repetia (com um sotaque "rural" que o destacava não-verbalmente): "Isso não vai funcionar, cara". Em uma sessão, eu havia pedido que ele praticasse diversas tarefas, o que ele não fez. Na sessão seguinte, ele explicou: "É que pensei que poderia aprender por 'osmose'." Em resposta, eu disse: "Isso é um pouco como ficar perto de um cortador de grama e esperar que a grama seja cortada, não é?" Enquanto eu esperava, ele imediatamente concordou: "Isso não vai funcionar, cara". Levar *outra* pessoa a recategorizar alguma coisa é muito melhor do que fazer isso por ela.

Muitas metáforas fazem parte de uma cultura a ponto de seu significado ser amplamente reconhecido, aceito e já estabelecido. Se você modificar uma delas, em geral o significado é muito claro e facilmente lembrado. Por exemplo, se alguém é excessivamente cauteloso e ansioso com relação a situações que na verdade são bastante seguras, comente como ele está "patinando em gelo fino". Para alguém que parece impedir sistematicamente o próprio sucesso, mencione a expressão "Não queime as pontes à sua frente".

O título deste livro utiliza a conhecida metáfora dos seis homens sábios sentindo um elefante para descobrir como ele é; cada um deles sente uma parte diferente e chega a uma conclusão diferente. Inverti a história de duas maneiras. Os elefantes sentem o homem sábio e todos chegam à mesma conclusão – e não a conclusões diferentes –, devido à maneira como eles o sentem. Essa é uma forma bem humorada e fácil de lembrar para introduzir elementos essenciais no assunto do livro.

Anteriormente, descrevi uma mulher que fazia terapia com Leslie Cameron-Bandler, preocupada com suas respostas de ciúme com relação a outras mulheres. Quando ela diz que está com o marido há cinco anos, Leslie responde: "Portanto, ele a conhece em todas as suas estações". Pare por um instante e imagine que você é essa cliente ciumenta cujo relacionamento acaba de ser descrito dessa forma...

Isso é *muito* mais do que um simples reconhecimento de que ela está casada há cinco anos. Pensar em todas as suas diferentes respostas ao marido no decorrer de cinco anos como membros da categoria "estações" aplica todos os critérios para "estações" à sua preocupação com o ciúme. Um critério para "estações" é uma abrangência *muito* maior tanto no tempo quanto no espaço – pelo período de todos os meses do ano. Ao aplicar "todas as suas estações" às respostas dela, a abrangência de sua experiência se amplia para *todos* os diferentes sentimentos que ela teve pelo marido durante esses anos, não apenas o ciúme que ela sente ocasionalmente.

"Estações" implica ainda que, com o passar do tempo, a variação é natural (nominalização): ela tem sua primavera, verão, outono e inverno, e as diferentes estações evoluem e se transformam naturalmente. Nas estações, também há todas as variações menores de tempo que ocorrem durante períodos de tempo mais curtos; dias frios e nebulosos dão lugar a dias ensolarados e quentes.

Essa mensagem também pede ao cliente para reconhecer que, uma vez que o marido "a conhece em todas as suas estações" e ainda está com ela, devem ter ocorrido muitas experiências positivas nessas diferentes estações e é improvável que ele esteja pensando em deixá-la.

No início da sessão, essa mulher não somente estava perturbada pelo ciúme como também julgava e criticava a si mesma por ser ciumenta, pois sabia que o marido não havia feito nada inadequado. A simples menção a "estações" lhe permitiu pensar em seu ciúme como natural e normal, sob uma perspectiva muito mais ampla de *todas* as suas respostas ao marido, incluindo as amorosas e alegres. Isso constituiu apenas um pequeno passo inicial para ajudá-la a ter uma nova resposta, mas foi essencial, obtido com uma única frase.

Embora a equivalência metafórica "Você tem suas estações" seja explícita e consciente, os múltiplos significados evocados pela metáfora são em grande parte inconscientes. No fluxo da conversa normal, não há tempo para processar conscientemente todos esses significados paralelos. Contudo, as emoções em *resposta* ao significado metafórico com freqüência emergem para a consciência, o que se costuma chamar de "mudança sentida" ou "mudança de coração".

Metáforas de identidade Muitas metáforas expressam identidade ou o relacionamento entre o *self* e o mundo. "É um mundo cão" ou "Estou sempre por baixo" difere bastante de "O mundo é minha concha" ou "Estou por cima". Uma visão religiosa do *self* pode variar desde ser um pecador julgado por um pai rígido até uma união extática e mística com um amante.

As metáforas sobre o *self* são particularmente impactantes porque a identidade é auto-referente e recursiva. A pessoa *sendo* descrita também é a pessoa *fazendo* a descrição, portanto uma alteração no autoconceito cria mudanças imediatas numa ampla variedade de comportamentos e atitudes.

Que metáforas você usa ao pensar em si mesmo? Você é um explorador? Fazendeiro? Ermitão? Professor? Soldado? Você "viaja leve" ou com "muita bagagem"? Você arruma tempo para "sentir o aroma das flores" ou pisa nelas em sua pressa?

Sua história pessoal constitui grande parte de sua identidade, trata-se de uma história ou narrativa pessoal sobre suas origens e caminho na vida, uma história que pode ser recontada de diferentes maneiras para proporcionar diferentes significados – a base daquilo a que se denomina Terapia Narrativa.

Um amigo meu sempre falava em generalizações vagas e indiretas, acompanhadas por diversas expressões não-verbais de hesitação e indecisão. Os outros se queixavam muito de que ele nunca assumia de fato uma posição nas discussões, mas o *feedback* verbal comum a esse respeito provocava pouca mudança em seu comportamento. Quando alguém lhe disse "Não seja uma bolha; seja uma *bala*", isso realmente o atingiu e ele ficou bem mais direto, conciso e decidido. Um exercício simples pode tornar sua exploração um pouco mais sistemática.

Primeiro, faça a si mesmo a pergunta: "Se eu fosse um animal, que animal eu seria?" Talvez determinado animal lhe venha imediatamente à mente, particularmente se você já pensou nisso antes. Ou talvez se pegue pensando em diversos animais sucessivamente, rejeitando-os porque algum aspecto de cada um deles não se encaixa na sua idéia de quem você é. Talvez algum animal se ajuste se você modificar um ou dois aspectos de seu comportamento. Ou, quem sabe, uma combinação imaginativa de dois diferentes animais se encaixe melhor à maneira como você pensa em si. Há muito tempo, descobri que sou uma águia, voando livre, muito alto, fazendo distinções precisas, sempre enxergando mais longe e mais amplamente.

Na seqüência, examine o animal escolhido e note se há alguma coisa nele que você considera inadequada ou insatisfatória e que gostaria de ajustar. Por exemplo, as águias são relativamente anti-sociais, encontrando-se ocasionalmente, mas tendo pouco que ver com outras de sua espécie, a não ser com seus parceiros e filhotes. Sou um pouco mais sociável do que isso e gostaria de ser mais, contudo pensar em mim como uma águia não se encaixa. Portanto, imagino ser uma águia que exploraria mais e conversaria com outras águias, partilhando informações sobre outros territórios mais afastados que eu não vi.

Naturalmente, esse tipo de abordagem se aplica a *qualquer* outra categoria de criatura ou coisa. "Se você fosse uma canção, uma flor, uma paisagem, um carro, um rio etc., que tipo você seria?" Sempre que você encontrar uma metáfora de algum modo insatisfatória, modifique-a ou mude tudo até ela se encaixar melhor.

Uma prática mística muito antiga ensina a importância de nos identificarmos com *qualquer* coisa ao nosso redor para nos descobrirmos mais totalmente. "Sou uma escrivaninha. Sirvo para guardar, organizar e comunicar informações e também de apoio para esculturas e outros itens de beleza antiga, bem como coisas curiosas e simples como pedras bonitas e imagens daqueles com quem me sinto profundamente ligado." Muitas pessoas vertem lágrimas pela afirmação da verdade profunda que emerge desse exercício simples.

Essa identificação com os eventos ou pessoas que detestamos ou desprezamos pode ser mais desafiadora – e também mais proveitosa. "Sim, com freqüência também sou intolerante, desinteressado e crítico com as pessoas com quem não concordo, pensando nelas (e algumas vezes tratando-as) como se fossem animais estúpidos, incapazes de pensar." Perceber esse tipo de características em comum é um grande passo na direção da compaixão e de uma resposta mais compassiva e benéfica àquilo de que não gosto, tanto em mim quanto nos outros. Um místico faz isso completamente, tornando-se um com *tudo*, de modo que não haja separação entre o *self* e os outros, ou entre o *self* e o mundo, aceitando alegremente tudo que a vida traz.

Processos metafóricos e relacionamentos Anteriormente, mencionei que, por se tratar de maneiras de comunicar experiência, as metáforas podem substituir qualquer categoria de palavra, qualquer "parte do discurso". Para simplificar, focalizei metáforas usadas para categorizar coisas, pois são as mais comuns e porque é mais fácil escrever sobre elas.

Contudo, "estação", que soa como se fosse uma coisa, na verdade é um *processo* longo que passa por muitas mudanças – e freqüentemente empregamos metáforas a processos. "Ele está sempre nadando contra a maré", "Ela segue o fluxo" ou "Eles estão voando alto". Falamos de alguém "nadando em dinheiro", "plantando idéias" ou "virando a mesa".

Às vezes, usamos *coisas* metafóricas para descrever o que na realidade são *processos*. "Ele tem pedras na cabeça" significa que ele não consegue pensar direito e "Ele tem formigas debaixo do chapéu" descreve uma distração agitada.

As metáforas também são utilizadas como adjetivos. Um passado "sombrio", um futuro "brilhante", um relacionamento "áspero" ou uma amizade "florescente" são apenas alguns exemplos.

Habitualmente, recorremos a metáforas para indicar múltiplos eventos, como em "um mar de dificuldades", "uma inundação de oportunidades" ou "uma avalanche de idéias". Com menos freqüência, expressamos a singularidade com uma metáfora: "Fizeram você e quebraram o molde".

Mesmo preposições, que habitualmente ignoramos, são metafóricas. Considere uma das menores palavras, aparentemente comum, como "em", que não é considerada de maneira alguma uma metáfora. "Em" expressa a metáfora de um "contêiner", que tem um lado de dentro e um lado de fora, indicando inclusão de abrangência no espaço e no tempo, ou também que estamos em alguma coisa muito abstrata: "em um relacionamento", "em coma" etc. Esses exemplos aplicam a mesma metáfora do contêiner a uma ampla variedade de experiências bastante diferentes porém similares, e é muito difícil substituir o "em" por outras palavras. (Tente.)

Considere qualquer outra preposição ("por", "a", "entre" etc.) e determine o tipo de relacionamento espacial ou temporal que ela expressa. Cada uma delas se aplica a uma ampla variedade de subcategorias muito diferentes de seu significado, contudo intimamente relacionadas, o que os lingüistas chamam de *polissemia*. Lakoff e Johnson (1980) demonstraram que usamos uma quantidade relativamente pequena de metáforas fundamentais para organizar nossa experiência no espaço e no tempo.

Causa–efeito e contexto Até agora, descrevi como utilizar uma metáfora para expressar uma *equivalência* entre dois eventos, em que uma é categorizada como membro de outra. A metáfora também pode ser usada para expressar as duas outras formas de significado, *causa–efeito* e *contexto*. "De volta à estaca zero" ou "Daqui para frente é só descida" expressam uma relação de causa–efeito entre eventos.

"Um pino quadrado num buraco redondo", "Ela está deitando e rolando", "Ele é carta fora do baralho", todas indicam uma relação entre alguma coisa e seu *contexto*. Embora essas metáforas descrevam causa–efeito ou contexto, elas ainda o fazem criando uma *equivalência* entre a metáfora e o evento descrito por ela. "Ela *é* um peixe fora da água." Agora que exploramos em detalhes a equivalência – elemento fundamental na metáfora –, abordaremos uma forma diferente.

"X" é como "Y" (comparação ou símile)

Estivemos descrevendo uma metáfora direta e explícita que categoriza um evento como membro de outro na forma geral de uma afirmação "X é Y". "Ela *é* um trator", "O coração *pode* cantar", "As emoções *são* estações", "A vida *é* uma jornada".

Contudo, há uma outra estrutura comum para a metáfora, chamada *símile*, que é sutil porém significativamente diferente. Observe como é diferente sua experiência diante das seguintes frases:

"O que ela disse foi um tapa na cara."

"O que ela disse foi como um tapa na cara."

A primeira frase tem a forma que já exploramos "X é Y". Uma vez que "O que ela disse" é descrito como *exemplo* da categoria "tapa na cara", "O que ela disse" *torna-se* um "tapa na cara". Entretanto, "é" afirma uma equivalência *completa*, portanto o ouvinte poderia facilmente encontrar alguma diferença entre X e Y e desafiar a equivalência: "Não, não é".

Já "como" só afirma uma equivalência *parcial*. Posto que se pode descrever *qualquer coisa* como sendo "igual" a qualquer outra de *algum* modo, é muito menos provável que o ouvinte a desafie e bem mais provável que ele aceite a equivalência, encontrando algo em que elas *são* semelhantes.

Embora "tapa na cara" seja mais dramático para ilustrar a diferença entre essas duas formas de metáfora, "um presente precioso" é muito mais agradável de ler e de experimentar, por isso usarei essa metáfora a partir de agora.

Em "O que ela disse foi como um presente precioso", "O que ela disse" e "um presente precioso" são *ambos* descritos como exemplos da *mesma* categoria (em vez de um ser membro do outro na forma de "X *é* Y"). Uma vez que a categoria mais geral *não* está declarada, o ouvinte participa mais ativamente na busca inconsciente de possíveis semelhanças entre os dois eventos, a fim de encontrar uma categoria (ou categorias) adequada para *ambos*. Diagramamos deste modo:

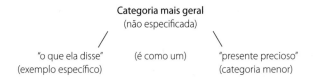

Diversas categorias gerais incluiriam *tanto* "o que ela disse" *quanto* "um presente precioso". Uma expressão de "carinho", "amor", "consideração", "generosidade", "alguma coisa a ser recebida com gratidão". A busca dessa categoria costuma ser um processo automático e inconsciente, que pode resultar em diversas diferentes categorizações – das quais, com freqüência, muitas continuarão inconscientes. Agora, a resposta do ouvinte se voltará principalmente para a categoria mais geral, e não para o *ou* "o que ela disse" *ou* "um presente precioso".

Como a categoria (ou categorias) eliciada é mais geral e abstrata do que "o que ela disse" ou "um presente precioso", o significado será na maioria das vezes mais abstrato e menos impactante, resultando numa resposta inconsciente mais sutil. Naturalmente, usar "um presente precioso" como *protótipo* para a categoria o tornaria tão direto e impactante quanto a forma mais forte, "X é Y". Os protótipos metafóricos serão discutidos com mais detalhes posteriormente.

Para experimentar de que forma essa estrutura "X é como Y" elicia uma experiência diferente da estrutura anterior "X é Y", repita o exercício "Descobrindo novas metáforas" apresentado anteriormente, substituindo a palavra "é" por "como".

A maneira mais simples de usar essa estrutura é dizer: "X é como Y". "O que ela disse é como uma brisa suave." Embora seja mais gentil e delicado do que dizer "X é Y", ainda assim é bastante direto e declarado.

Você também pode criar indiretamente equivalência e ligação entre uma metáfora e um evento que deseja categorizar, usando a proximidade no espaço e/ou no tempo. Se a metáfora é parte de uma resposta natural a uma descrição do evento que você pretende recategorizar, as duas tenderão a se unir.

Diga algo como "Sabe, isso me lembra alguma coisa", "Não sei *por que* isso me veio à mente logo agora", ou "Fico imaginando que ligação *poderia* existir entre o que você disse e o que acabo de pensar". Cada uma delas constitui um convite indireto para o ouvinte procurar uma equivalência entre as duas.

A metáfora também pode ser introduzida com alguma afirmação socialmente aceitável ("Ah, *preciso* lhe contar o que aconteceu ontem"), como se não tivesse nenhuma ligação com o que acabou de ser dito. Outra opção é mencionar ou eliciar abruptamente a metáfora, imediatamente após a menção do evento que você deseja recategorizar, sem nenhuma introdução ou explicação. Por parecer inadequada e fora do contexto, ela será mais notada, eliciando confusão e um esforço intenso para entendê-la relacionando-a a *alguma coisa*.

Se o ouvinte comentar como é estranho o que você acabou de dizer, apenas concorde com ele ("Isso é verdade, não é?") e continue. Ou se desculpe: "Sinto muito, acho que me deu um branco. Não dê importância a isso". O comando negativo para ignorá-la na verdade atrairá *mais* atenção para ela, tornando mais provável que a pessoa continue inconscientemente a procurar uma similaridade.

Para alguém aparentemente "antagônico", diga: "Não poderia haver nenhuma ligação entre o que você disse e o que acaba de me vir à mente". Sua tendência a discordar vai impeli-lo a encontrar uma ligação.

Ao descrever o evento que você pretende recategorizar com uma metáfora, a pessoa usará determinadas palavras-chave, tom de voz, expressões faciais etc. Se você empregar algumas dessas mesmas expressões ao utilizar uma metáfora, isso associará as duas, muitas vezes sem percepção consciente. As pessoas se preocupam muito achando que esse tipo de assemelhação não-verbal requer grande esforço consciente. Mas se você está em *rapport* com a outra pessoa e pensando na semelhança entre o evento e a metáfora, tenderá a assemelhar-se a ela de forma espontânea e não-verbal.

Protótipo metafórico

Todo protótipo é *um pouco* metafórico, na medida em que um único exemplo de uma categoria é usado para representar toda a categoria. Porém, alguns protótipos provocam mais impacto e são muito *mais* vívidos do que outros. Sempre que vivemos uma experiência particularmente notável e memorável, isso se torna um protótipo que cria o núcleo para uma nova categoria, que automaticamente acumulará outras experiências semelhantes.

Durante milhares de anos, as pessoas têm aprendido lições sobre a vida, lembrando eventos significativos que experimentaram e também observando os outros em sua vida cotidiana. Essas experiências são inquestionavelmente reais e poderosas e muitas vezes tornam-se protótipos para categorias de experiências semelhantes.

Por exemplo, aos 6 anos, mudei do campo para a cidade, onde eu via outras crianças andando de patins. Eu imaginava como devia ser maravilhoso deslizar pela calçada. Então, quando tentei, descobri que às minhas imagens de andar de patins faltavam algumas informações cinestésicas bastante importantes sobre movimento, equilíbrio e a dureza do concreto. Isso se tornou um protótipo da importância de ser cauteloso e me planejar cuidadosamente ao tentar alguma coisa nova.

As pessoas também aprendem ouvindo *histórias* de eventos. Estas são particularmente evocativas quando dramatizadas, porque isso as aproxima dos eventos reais. Usar diferentes tonalidades, ênfase no tom de voz e mudanças de tom para diferentes personagens dá mais impacto a uma história que se ouve. As expressões faciais e os gestos acrescentam informações visuais para tornar um relato ainda mais real, evocando respostas mais intensas no ouvinte.

Os contos de fadas, parábolas e mitos são maneiras mais formalizadas de criar protótipos que ensinam princípios e valores importantes para um grupo de pessoas. Cada história cria uma experiência prototípica que "representa" determinada categoria e pode até ser resumida em uma palavra ou frase que a evoca. "Cinderela", "O patinho feio", "Pedro e o lobo", todas identificam protótipos que a maior parte das pessoas aprendeu na infância.

Como categorias perturbadoras já estão organizadas ao redor de um protótipo, para mudar essa categorização é necessário trazer à tona um novo protótipo poderoso. Descrever exemplos comuns ou mundanos de uma categoria não ajudará muito nisso, mas descrever ou criar uma experiência extremamente clara, convincente e concisa metaforicamente dará origem à nova categoria sem que ela seja nem sequer mencionada. Observe sua resposta às seguintes metáforas "espirituosas":

1. "O primeiro pássaro pega a minhoca, mas o segundo rato pega o queijo."

2. "O ressentimento é como tomar veneno e esperar que seus inimigos morram." (Nelson Mandela)

3. "Conheci um homem que sabe que todos os índios andam em fila única, porque certa vez ele viu uma."

4. "Quando a educação não é uma via de duas mãos, é provável que ela se torne um beco sem saída."

Note as categorias que são automaticamente evocadas ou criadas por essas frases: cautela, conseqüências imprevisíveis, excesso de generalização, interação na aprendizagem. Quando as palavras evocam uma imagem protótipica vívida e memorável, isso automaticamente cria e organiza uma categoria que inclui outras experiências similares. Uma boa citação é uma "mini-história" que lhe entra na cabeça, quer você deseje ou não, quer você goste ou não, concorde com ela ou fique totalmente consciente da categoria que ela elicia.

Metáfora comportamental A forma mais forte de metáfora comportamental é um evento que faz parte da vida real, ao que se denomina metáfora viva – uma experiência poderosa e inquestionavelmente real que se torna protótipo para uma nova categoria. As experiências que Milton Erickson arranjava para seus clientes criavam protótipos para novas compreensões. Algumas delas foram apresentadas no capítulo 1 deste livro, em "Criando uma resposta intensa".

Filmes e peças são histórias comportamentalmente dramatizadas e intensificadas de modo que se tornam oportunidades vívidas para observar outras pessoas lidando com questões importantes da vida, "entrar na pele delas" e criar compreensões identificando-se com as situações dos personagens. O teatro é uma versão da categoria "como se", criando uma situação "não real" que observamos em segurança, identificando-nos e aprendendo com ela – quase como se fosse real.

Virginia Satir costumava colocar membros da família em "cenários", revelando como eles estavam presos em interações hierárquicas estereotipadas, às vezes usando cordas para mostrar como se encontravam amarrados e emaranhados. Então, ela os soltava e lhes pedia para interagir de maneiras diferentes a fim de dramatizar novas possibilidades. O processo de "reconstrução da família" de Satir (Andreas, 1991b) recorria a grupos para dramatizar a família de origem do cliente, visando permitir-lhe sentir empatia pelas dificuldades que *seus* pais haviam enfrentado enquanto cresciam e perceber que o comportamento difícil ou abusivo dos pais com o cliente tinha pouco que ver com ele e muito que ver com a história dos pais deles – uma recategorização muito benéfica.

A Terapia de Impacto, desenvolvida por Ed Jacobs (1992), lança mão de cadeiras, desenhos e apoios simples para criar experiências vívidas que ilustram os princípios e a dinâmica dos relacionamentos. Por exemplo, para dramatizar o papel do álcool no relacionamento de um casal, ele segura uma grande garrafa de uísque ou uma caixa de cerveja entre eles e lhes pede para notar como é difícil estabelecer contato com esse obstáculo no caminho.

Danie Beaulieu, colega de Jacobs e autora de um livro sobre a Terapia de Impacto (2006), demonstra um método poderoso para trabalhar com alguém que apresenta falta de valor próprio por ter sofrido abuso. Ela tira uma nota de vinte dólares e pergunta ao cliente: "Quanto vale isso?" Ele responde "vinte dólares", um pouco confuso e curioso pela pergunta e por sua resposta óbvia. Então, Danie cospe nela, amassa-a, joga-a no chão, pisa nela e a chuta. Apontando para o dinheiro, ela diz "Não é assim que você se sente de vez em quando?", convidando-o a se identificar totalmente com a nota maltratada no chão.

Em seguida, Danie pega a nota, alisa-a gentilmente e a mostra, perguntando: "Quanto ela vale agora?" Naturalmente, o cliente afirma que ela ainda vale vinte dólares. A contradição para sua crença de que o abuso no passado resulta na falta de auto-estima é muito óbvia e não precisa ser mencionada. Danie oferece então uma sugestão pós-hipnótica muito proveitosa. Continuando a segurar o dinheiro na frente do cliente, ela diz: "Sempre que você vir uma nota de vinte dólares, se lembrará disso". Assim, toda vez que deparar com uma nota de vinte, ele lembrará que o abuso é irrelevante para seu valor próprio.

Diversas metáforas comuns comparam a vida com um jogo de cartas. "Está (não está) nas cartas", "Ele recebeu uma mão boa (ruim)", "Você precisa jogar com as cartas que recebeu" etc. Quando Danie quer que um cliente acesse suas forças e capacidades pessoais, ela recorre a um maço de cartas da seguinte maneira:

> Peça ao cliente para lembrar de uma época em que se sentiu bem-sucedido ou satisfeito com algum aspecto da vida e para descrever uma característica pessoal que usava a fim de criar essa situação recompensadora. Se o cliente responder "perseverança", pergunte se ele usava um ás, um rei ou uma rainha de perseverança para ter sucesso. Então, escolha essa carta do baralho e escreva perseverança nela com uma caneta hidrográfica de tinta preta. (A tinta preta é importante: você quer que essa seja uma afirmação de força, não uma sugestão insegura feita a lápis!) Continue evocando outras características e qualidades que o ajudaram a ter sucesso no passado (por exemplo, autodisciplina, generosidade, habilidade técnica, humor, apoio familiar, o carinho de um amigo especial) e repita o processo de escolher e rotular as cartas adequadas. O exercício em si ajudará o cliente a identificar e a reconhecer recursos que ele talvez tenha esquecido que possui.
>
> *Quando tiver acumulado pelo menos cinco cartas fortes, apresente-as ao cliente, uma por uma. Explique que ele ainda dispõe dessa mão maravilhosa, cheia de talentos, forças emocionais e autoconhecimento e que ele simplesmente precisa jogá-la na situação que está enfrentando. Estimule-o a olhar suas cartas e apreciar a enorme quantidade de ases, reis e rainhas. Esse ato de "ter uma mão forte" pode ajudar o cliente a passar da apreciação meramente intelectual de suas forças para a experiência visceral de si mesmo como um vencedor. Dê-lhe as cartas para levar para casa como lembretes dos recursos internos que o ajudaram tão bem no passado – e ajudarão novamente.*

(BEAULIEU, 2006)

Usar as cartas poderosas do jogo de baralho (e *não* um, dois ou três!) acessa a força do cliente de um modo que palavras sozinhas não conseguem. Juntar as cartas em uma "mão" fortalece cada uma delas devido à abrangência categórica agregada.

Quando alguém está lamentando uma morte na família, Danie arruma uma fileira de copos de papel com o nome de cada parente escrito em um deles, com o copo da pessoa falecida no início da fileira. No final, ela também coloca copos que trazem escritas as diferentes áreas significativas na vida do cliente: trabalho, amigos, hobbies, outras atividades importantes. Então, ela lhe dá um copo de água dizendo: "Essa água representa seu nível de energia (indicando não-verbalmente que sua energia é limitada). Quero que você derrame água em cada um desses copos para mostrar quanto de sua energia está dando a cada pessoa e a cada atividade".

Enquanto o cliente se aproxima do primeiro copo, representando a pessoa falecida, e começa a virar a mão para derramar água nele, Danie segura o copo e silenciosamente o vira para cima, para indicar que a pessoa falecida não pode mais receber nenhuma energia – a parte destinada a ela precisa ser repassada aos outros membros da família e atividades. Pequenas dramatizações como essa são muito poderosas e entram na mente como experiências prototípicas vívidas difíceis ou impossíveis de esquecer.

Usando critérios para criar equivalência

Como toda categoria tem critérios, você pode usá-los para eliciar a categoria sem mencioná-la ou fazer qualquer afirmação sobre equivalência. Por exemplo, "Ninguém aceitará esse argumento" indica que o argumento está na categoria de "coisas de pouco valor", mas sem dizê-lo diretamente. Se você diz que um plano "nunca vai decolar", isso elicia a categoria "avião que não vai a lugar algum". Por outro lado, uma idéia "fértil" é aquela que crescerá e fará nascer outras idéias. Se você fala de uma pedra cansada (o que os lingüistas chamam de violação de "restrição seletiva"), o ouvinte talvez fique um pouco confuso, mas começará a pensar na pedra como uma coisa viva, passando a se identificar com ela: "Sou uma pedra cansada".

Esse método é muito direto. Faça uma lista dos critérios ou características que definem a categoria metafórica que você deseja eliciar. Então, elimine quaisquer critérios ou características que considera inadequados ou que não se encaixam na visão de mundo da pessoa. Use os restantes para descrever a coisa ou evento – sem jamais mencionar a categoria. Se você conseguir encontrar critérios únicos que *só* se aplicam à categoria metafórica que pretende eliciar (ou que se aplicam a ela e apenas a algumas outras categorias), eles serão particularmente úteis. "Esse projeto tem presas e um tromba" significa que ele é enorme, pesado, difícil de manejar e com um grande apetite. Eis um maravilhoso exemplo de Douglas Flemons empregando critérios com um jovem cliente:

> *Mãe e pai levaram o filho de 5 anos, Darryl, para a terapia, preocupados que ele poderia estar mentalmente doente. Nas semanas anteriores à consulta, Darryl torcera regularmente o pescoço de alguns patinhos em um ninho na beira do canal atrás da casa da família. Os pais fizeram um discurso sobre a santidade da vida, castigaram-no, não o deixaram ir ao quintal, recompensaram comportamentos gentis e assim por diante, mas os bichinhos continuavam aparecendo mortos e Darryl "não demonstrou nenhum remorso por seus atos". Na verdade, ele parecia sentir prazer na matança.* (2002, p. 197)

Antes de continuar lendo, pare por alguns minutos para notar sua resposta a essa descrição, notar como você pensa em Darryl, como imagina que ele está categorizando os patos e como poderia ajudá-lo a recategorizá-los usando critérios...

Sugeri aos pais que, ao chegarem em casa, levassem Darryl até o canal, ajudando-o a identificar os patinhos restantes, dando nome a cada um deles. Depois de chegarem a um acordo sobre os nomes, eles deviam começar a inventar histórias, formando um conto particular para cada ave. Na semana seguinte, os pais me contaram que a matança havia parado completamente e que eles começaram a pensar na possibilidade de o filho não se tornar um criminoso quando crescesse.

Os pais de Darryl tentaram aconselhar o filho a tratar os patinhos com respeito, mas focalizar a atenção do menino em seu comportamento inadequado não funcionou. Você não pode forçar uma ligação com alguém ou alguma coisa, mas pode estimulá-la. Ao dar nomes aos patinhos e imaginar histórias para eles, os pais os estavam categorizando, fora da percepção de Darryl, como seres-com-nomes-sobre-quem-são contadas histórias, desse modo ligando os pássaros às pessoas (bem como, talvez, aos personagens de livros de história), com quem ele sentia uma afinidade ou ligação especial.

Uma categoria é uma conexão: ela une itens distintos com relação a um ou mais atributos compartilhados. Você e eu somos ambos leitores; vinho, chá e água com gás são bebidas; celulares, laptops *e* pagers *são inovações tecnológicas portáteis. Essas categorias classificam – ou contextualizam – seus membros, dando-lhes significado.*

Quando uma categoria é nomeada – "leitor", "bebida", "inovações tecnológicas portáteis", qualquer coisa –, ela fica disponível para um exame consciente, como qualquer outro item isolado de percepção, linguagem ou pensamento. Quando uma categoria não é nomeada, ela ainda contextualiza os exemplos que contém e, portanto, determina seu significado, mas o faz de maneira demasiado invisível, silenciosa, na periferia da consciência.

(FLEMONS, 2002, P. 199-200)

Se Darryl estivesse torcendo varas secas, os pais provavelmente não teriam nem notado. Se notassem, certamente não ficariam alarmados com isso nem imaginariam que o filho estivesse mentalmente doente, porque não categorizam varas como coisas vivas com sentimentos. De algum modo, Darryl categorizou os patinhos de uma forma que tornava certo, ou mesmo agradável, o ato de lhes quebrar o pescoço. Os critérios de dar nomes e contar histórias sobre eles os recategorizaram inconscientemente.

Dar nome aos animais de estimação os coloca numa categoria com pessoas, e tendemos a tratá-los de forma diferente. Se você der nome a um animal da fazenda, será muito mais difícil matá-lo e servi-lo no jantar. Há dois anos, encontrei um carro à venda e descobri que os proprietários tinham lhe dado o nome de "Rose". Quem dá nome ao carro provavelmente o trata com mais gentileza, como trataria outras pessoas ou animais de estimação, portanto ele deve estar em boas condições. Eu comprei Rose (note como é estranho ouvir "Eu comprei Rose", porque habitualmente não compramos algo com nome) e ela tem se mostrado bastante confiável.

Criando uma categoria de metáforas "X, Y, Z"

Há uma variedade de maneiras de incluir um evento numa categoria metafórica. Já exploramos diversas delas: recorrer a uma única metáfora para criar uma categoria, fazer uma comparação que elicia uma categoria implícita, eliciar um protótipo para uma categoria e usar critérios a fim de eliciar uma categoria.

Outra opção é criar uma *categoria* mais geral de metáforas mencionando sucessivamente duas ou mais metáforas "isomórficas" similares, contendo a mesma forma ou estrutura do evento ao qual você deseja aplicá-la. Nossa tendência a encontrar semelhança pela indução provavelmente criará uma categoria que inclua todas essas metáforas, quer percebamos isso conscientemente ou não. Se o evento que você pretende categorizar é semelhante, ele também será incluído nessa categoria mais geral sem jamais mencionar a categoria em si.

Por exemplo, uns anos atrás, fiquei muito confuso com as piadas batidas e algumas vezes picantes que Milton Erickson costumava contar às pessoas em seus grupos de treinamento. Eis uma de que me lembro:

P: "O que disse o menino que estava se afogando depois de ser tirado do rio pelas bolas?"

R: "Muito obrigado, sr. e sra. Bola!"

Examinando a estrutura dessa piada, descobrimos que ela se baseia na ambigüidade auditiva; o significado óbvio de uma palavra *não* é o significado que Erickson tinha em mente. Essas piadas originavam uma categoria de significados inesperados, criados pela ambigüidade auditiva. Na verdade, eram mensagens diretas para o inconsciente do cliente, dizendo: "Preste atenção nos significados que *não* são óbvios".

É muito ruim que não possamos perguntar a Erickson se era por isso que ele contava essas piadas. Sabemos, porém, que muitas vezes ele usava a ambigüidade auditiva para fazer sugestões que o cliente provavelmente não reconheceria conscientemente. Por exemplo, conheci uma mulher chamada Rose DeLong que foi consultar Erickson. Mais tarde, escutando as gravações de suas sessões, ela o ouviu falar da fazenda em Wisconsin, descrevendo cuidadosamente o cultivo de "longas fileiras" de batatas. Contar piadas baseadas na ambigüidade auditiva era uma maneira de alertar o inconsciente do cliente para esse tipo de mensagem – enquanto sua mente consciente fica imaginando "Por que será que ele está contando essas piadas bobas?"

A forma mais geral consiste em contar algumas histórias em seqüência, cada uma ocorrendo em contextos diferentes, com diferentes personagens e eventos, mas com a mesma estrutura, tema ou enredo – por exemplo, ficar agradavelmente surpreso por eventos inesperados ou encontrar uma utilização positiva para algo que parecia totalmente inútil ou desagradável.

Contar essas metáforas paralelas de uma maneira confusa ou totalmente fora de contexto aumenta a receptividade do ouvinte. A pergunta "Por que ele está dizendo essas coisas irrelevantes?" implora por uma resposta e a mente dele estará especialmente ansiosa para encontrar uma. Usar comportamentos não-verbais semelhantes (gestos, expressões faciais, tom de voz etc.) ao mencionar cada uma das metáforas aumenta a probabilidade de elas serem agrupadas numa categoria que também inclua a experiência que se deseja categorizar com elas.

Como cada metáfora possui uma riqueza de significados, na maior parte inconscientes, sempre que diversas delas são combinadas numa *categoria* de metáforas seus significados individuais se tornam ainda menos disponíveis para a consciência. Quando se emprega uma única metáfora, você precisa ter cuidado para que o conteúdo combine com o evento ao qual ela é aplicada. Ao usar um grupo de metáforas, contudo, você não precisa ser tão cuidadoso, pois elas oferecem muitas escolhas ao ouvinte. Ele pode escolher aquela que se encaixa melhor, pegar partes de diferentes metáforas e juntá-las ou responder à categoria mais geral como um todo, e não às metáforas individuais. O poema a seguir é um exemplo disso.

> Espalhado
> Nunca acredite neles. Ouça minhas palavras, minha querida,
> como o mundo sela a marca do acampamento do homem,
> como o ar aceita sua idade, como o tempo suporta seu tiquetaquear.

Falo como uma criança mal-humorada atira pedras a esmo,
como um cão rosna para uma roda; minhas balas explodem
de um soldado atirando na noite da selva – por medo.

JUDSON JEROME[1*]

Esse poema muda a abrangência da experiência do ouvinte para a experiência do orador, categorizando-a metaforicamente de diversas maneiras. Observe como cada metáfora no poema é influenciada por sua associação com as outras, devido à abrangência da categoria agregada. As diferentes imagens tendem a se misturar, criando uma descrição muito mais completa do que qualquer uma delas sozinha. O próximo poema é um exemplo mais complexo de como as metáforas podem ser combinadas de diferentes maneiras para descrever uma experiência.

Caranguejos
Se você deixasse um saco de estopa,
dobrando e estalando, cheio de caranguejos vivos,
na praia, amarrado no topo, cheio de crustáceos se mexendo dentro da
   sua carapaça,
cada olho viscoso cego e macio

patas apertando patas – ou nada –, corpos estalando,
duros, arranhando enquanto as pernas se agitam pelo corpo, apoian-
   do-se
você saberia como estou cheio de coisas,
impassível, fora do alcance do mar

inerte e amorfo,
a não ser pelos caranguejos matraqueando dentro de mim
que ouvem, talvez, as longas ondas quebrando,
a flauta do vento através da grama e da areia,
lembram da água, do sal fresco acalmando

1* Judson Jerome, *Light in the West*, 1962, p. 18. Reimpresso com permissão de Golden Quill Press, Manchester Center, VT.

lutam para abrir a estopa
e se dispersar para os lados e para trás,
como besouros, demônios, achatados como relógios –
essas carências mordedoras, esses remorsos encasulados –
para se arrastar para debaixo das rochas.

JUDSON JEROME[2*]

A imagem de um saco de estopa cheio de caranguejos representa todos os nossos diferentes anseios, sentimentos e desejos, lutando por expressão e satisfação muito melhor do que a maioria dos livros de psicologia. A imagem visual detalhada de um saco de estopa cheio de caranguejos, amarrado no topo, em uma praia, é ampliada por todos os detalhes adicionais nas outras duas principais modalidades – auditiva ("estalando", "matraqueando", "ouvindo as ondas") e cinestésica ("macio", "apertando", "sal fresco"). Os caranguejos metafóricos são ainda mais elaborados ao serem descritos metaforicamente como outras coisas (*"besouros, demônios*, achatados como *relógios"*), criando uma categoria dessas metáforas em um nível lógico mais geral. Todos esses detalhes sensoriais e metáforas aparecem numa única frase, tornando a estrutura do poema igual à imagem única do saco de estopa contendo os caranguejos.

Há bons livros sobre como usar esses princípios para criar metáforas terapêuticas mais longas e mais complexas (Gordon, 1978; Lankton e Lankton, 1989). Para conhecer algumas de minhas histórias, citações e ditados favoritos que podem ser usados dessa maneira, veja *Is there life before death* [Existe vida após a morte] (Andreas, 1995).

> **Resumo** Uma metáfora – seja ela uma única palavra, uma frase ou uma longa história – é um convite para colocar determinado evento ou grupo de eventos numa categoria nova e diferente. Isso se dá de diversas maneiras diferentes.

"X é Y" "Ele é uma rocha" afirma explicitamente que X é membro da categoria Y, transferindo significados de Y para X e eliciando respostas correspondentes.

2* Judson Jerome, *Light in the West*, 1962, p. 19. Reimpresso com permissão de Golden Quill Press, Manchester Center, VT.

Pelo princípio da *hereditariedade*, o critério para Y se aplicará a X. E, pelo princípio da *unidirecionalidade*, a imagem específica de Y será muito mais diferenciada e impactante do que a imagem mais abstrata de X. Provavelmente, Y se tornará um *protótipo* para X, a menos que a categoria já tenha um protótipo mais impressionante e memorável. Esse tipo de metáfora é relativamente direta, específica e consciente. O ouvinte pode aceitar ou rejeitar essa recategorização ("Não, X não é Y"), mas em ambos os casos ele não desempenha nenhum papel ativo na *seleção* da categoria.

A *sinédoque* usa uma *parte* de algo para indicar o *todo* ("arado" indica agricultura) ou um *exemplo* para indicar toda a *categoria* ("ouro" indica riqueza).

A *metonímia* emprega uma abrangência *associada* para indicar uma abrangência maior ou uma categoria mais geral de eventos ("bilhete" indica viagem e "colarinho branco", uma categoria de pessoas que geralmente veste camisas brancas). Às vezes, recorre-se a um material para indicar alguma coisa feita com ele ("fios" indicam roupas).

Toda metáfora direciona a atenção para alguns aspectos do evento, enquanto ignora outros. Toda metáfora *distorce* e algumas podem ser muito *enganadoras*, por vezes até mesmo indicando o *oposto* de uma compreensão adequada.

A metáfora também serve como advérbio (relacionamento "tempestuoso"), adjetivo (olhar "duro") ou qualquer outra parte do discurso, além de transmitir significados na forma de *causa–efeito* (Daqui para frente, é só descida) ou *contexto* (Ela está deitando e rolando). Curiosamente, as metáforas que indicam causa–efeito e contexto o fazem criando *equivalência* entre uma causa–efeito ou contexto e outra.

As metáforas de identidade são particularmente poderosas porque a identidade é auto-referente, descrevendo e criando a si mesma. A utilização de metáforas *alternativas* evoca uma variedade flexível de significados e respostas alternativos, formando uma base para a escolha.

"X é como Y" (comparação/símile) "Ele é como uma rocha" é significativamente diferente, afirmando que de *algum* modo X e Y são semelhantes, sem especificar qual é a similaridade. Trata-se de um convite para o ouvinte pensar numa categoria mais geral que inclua *tanto* X quanto Y como

exemplos. Como *quaisquer* duas experiências são parecidas de *algum* modo, é menos provável que ela seja rejeitada ou desafiada.

E, uma vez que a categoria surge da própria experiência da pessoa (em vez de ser oferecida por alguém), é muito mais provável que ela se encaixe bem na sua visão do mundo. O ouvinte pode pensar em *diversas* diferentes categorias que incluem ambas as experiências, proporcionando *múltiplos* significados, muitos dos quais permanecerão inconscientes. Esse tipo de metáfora é bem menos específica e direta e, portanto, ainda mais sutil e influente.

"Protótipo Y" Eliciar uma experiência particularmente impactante, memorável e adequada (seja por descrição ou comportalmente) ajuda a criar uma experiência *prototípica* para determinada categoria. Ela juntará outras experiências semelhantes, dando origem a uma categoria que naturalmente incluirá o evento. A conexão entre o evento e a categoria pode ser fortalecida de diversas formas – pela contigüidade no tempo ou pelo uso de sinais verbais ou não-verbais que unem as duas.

Usando critérios para criar equivalência Descrever um evento usando os *critérios* ou *características* de uma categoria eliciará esta implicitamente, colocando a coisa ou evento nessa categoria. Dar nomes e contar histórias sobre a vida dos patinhos criou implicitamente uma categoria que se poderia chamar de "pessoas e outros seres com sentimentos".

"X, Y, Z," Criando uma categoria de metáforas Mencionar diversas metáforas diferentes em sucessão oferece ao ouvinte uma oportunidade para encontrar semelhanças entre elas a fim de criar uma categoria mais geral de metáforas que incluirão o evento a ser recategorizado. *Múltiplas* metáforas criam uma soma e uma mistura de significados por meio da abrangência categórica agregada.

Isso é particularmente eficaz quando o ouvinte já se encontra num estado de confusão ou perplexidade, receptivo a qualquer significado que solucione sua incerteza. Como a indução é um processo bastante inconsciente – particularmente no fluxo da conversa normal –, é menos provável que o ouvinte perceba a categoria de maneira explícita e consciente.

O próximo capítulo apresenta a transcrição literal de uma sessão de cinqüenta minutos com uma cliente, mostrando como as mudanças na abrangência e na categoria descritas nos dois volumes deste livro podem ser usadas sistematicamente para a mudança pessoal. A cliente, que estava explodindo de raiva, aprendeu como alcançar o perdão, usando as compreensões apresentadas no capítulo 3.

> *As histórias que as pessoas contam têm uma maneira de cuidar delas. Se as histórias vêm até você, cuide delas. E aprenda a contá-las quando elas forem necessárias. Às vezes, uma pessoa precisa mais de uma história do que de alimento para permanecer viva. É por isso que colocamos essas histórias na memória. É assim que as pessoas cuidam umas das outras. Um dia vocês serão bons contadores de histórias. Nunca esqueçam essas obrigações.*
> **BARRY LOPEZ,** *Crow and Weasel*

11

Perdão
Sessão com um cliente

"QUANDO VOCÊ PERDOA, DE MANEIRA ALGUMA MUDA O PASSADO.
MAS COM CERTEZA MUDA O FUTURO."

BERNARD MELTZER

Nos dois volumes deste livro, exploramos muitos aspectos de como abrangência e categoria nos ajudam a compreender de que forma criamos nosso mundo de experiência e como usamos esse conhecimento para mudar rapidamente nossa experiência quando ela é insatisfatória. Este capítulo apresenta uma sessão completa e não editada de cinqüenta minutos, mostrando como reunir tudo isso a serviço da mudança pessoal.

Essa sessão com Melissa, uma jovem estudante, foi gravada num estúdio em 1999. Eu a conheci apenas alguns minutos antes do início da gravação e não tinha nenhuma informação a seu respeito ou sobre o que ela desejava. A transcrição a seguir é literal, a não ser pela eliminação de algumas repetições e pela mudança de certas palavras para melhorar a leitura.

Embora eu tenha ficado bastante satisfeito com a sessão, você verá que muitas vezes perdi mensagens claras de Melissa na primeira parte e cometi diversos erros significativos. Aponto-os para que você aprenda com o que não fiz bem, bem como com aquilo que fiz bem. Notar os erros e corrigi-los é uma importante parte de aprender a ser mais eficiente, um dos benefícios da revisão cuidadosa da gravação em vídeo de uma sessão. Apesar dos meus erros, consegui ajudar Melissa a alcançar o perdão, o que satisfez seus objetivos de não explodir de raiva.

Na transcrição, parênteses () indicam uma resposta curta de Melissa ou minha, ocorrida no contexto de uma comunicação mais longa do outro, com o propósito de economizar espaço. Reticências (...) significam uma pausa. Colchetes [] identificam meus comentários explicativos e a descrição de respostas não-verbais e gestos. É muito difícil descrever as nuanças de diferentes tipos de sorrisos, a altura ou a duração da risada de alguém ou como a pessoa sacode a cabeça; assim, todas as representações de gestos são aproximações muito imperfeitas. Outra pessoa poderia descrevê-los de maneira diferente. Todo o encontro está disponível em vídeo/DVD, junto com uma introdução e comentários sobre clipes da sessão (Andreas, 1999a). Para saber mais sobre o processo de alcançar o perdão, veja "Forgiveness" [Perdão] (Andreas, 1999b).

Conheci dois outros clientes durante a mesma sessão de gravação, mas não consegui obter um objetivo claro de nenhum deles, portanto não lhes fui muito útil. Melissa, porém, já tinha um objetivo claro e era uma cliente disposta, "pronta para agitar". Ela também era muito receptiva, expressiva e cooperativa e bastante clara a respeito de suas objeções durante a sessão. Foi um prazer trabalhar com ela.

Steve: Ok, Melissa. Nos sentamos aqui, ligamos os aparelhos e você acaba de me dizer que já fez toneladas de terapia e eu disse que isso é muito ruim [*Ela sorri.*] porque o que faço é, de certo modo, um pouco diferente. [*Quero ser claro desde o início que minhas expectativas podem ser diferentes das suas. Ao mesmo tempo, descrevo o que vejo como "um pouco diferente" para indicar que não será uma diferença radical daquilo a que ela está acostumada.*]

E o que eu queria é que você pensasse na pergunta "Que mudanças você gostaria de fazer hoje?" [*Essa pergunta é escolhida muito cuidadosamente após uma considerável reflexão. A questão lhe pede para identificar as mudanças – plural – que ela deseja e pressupõe que **ela** é que vai fazê-las, não eu.*]

E, enquanto você pensa nisso, falarei um pouco sobre como trabalho com as pessoas. Primeiro, não acho que a terapia é algo que se faz para outra pessoa. Penso nela mais como educação. E, portanto, penso nela principalmente como ensinar as pessoas a usar o cérebro. [*Melissa concorda.*] E o cérebro de algumas pessoas as enlouquecem, e o de outras as tornam criativas e felizes, e assim por diante. [*Ela sorri. Colocar nossa sessão na categoria "ensino" ou "aprendizagem" afasta Melissa de qualquer outra maneira como ela poderia categorizar "terapia" – por exemplo, como "tratamento para uma doença ou deficiência" ou "ajudar" alguém que é fraco.*]

Mais uma diferença entre o que eu faço e muitas outras terapias é que realmente não me importo em saber *por que* as coisas ficam do jeito que estão. [*Diversas terapias exploram histórias passadas – o que Virginia Satir chamava de "arqueologia" ou uma "visita ao museu".*] Me interesso mais em *como* as pessoas têm seus problemas ou o que está acontecendo com elas e, se eu souber o suficiente a respeito de como as coisas funcionam, então podemos fazer alguns pequenos ajustes, com a sua permissão, e alcançar coisas.

E isso nos leva a outro fator, que talvez seja a parte mais importante da minha pequena introdução. Se a *qualquer* momento durante essa sessão – temos cerca de 45 minutos – acontecer *qualquer coisa* que você não goste, ou que a preocupe, me diga e nós pararemos. [*Ela concorda.*] E eu poderia encorajá-la a continuar, mas sob nenhuma circunstância estou interessado em obrigá-la a fazer algo que você não queira fazer. [*Ela concorda.*] (OK.) Na verdade, *só* estou interessado em fazer mudanças com as quais *todas* as suas partes concordem. [*Ela concorda.*] Isso é realmente importante, pois, do contrário, as mudanças não durarão. [*Ela concorda.*] Assim, que tipo de mudanças você gostaria de fazer hoje? [*Enquanto faço minha pequena introdução, reparo que ela está muito animada e receptiva, sorrindo e assentindo com a cabeça para mostrar sua compreensão e concordância. Também reparo que sua cabeça está mais inclinada para a direita, indicando que provavelmente ela vai lidar principalmente com seus sentimentos. Baseado nestas pistas, acredito que ela costuma estar totalmente associada à sua experiência, portanto não me surpreendo quando ela diz que deseja mudar os sentimentos de raiva.*]

Melissa: Estou muito zangada. (Zangada.) Sinto muita raiva porque minha tendência é explodir com as pessoas. Quer dizer, com coisas estúpidas. [*Ela gesticula em um movimento para fora com as mãos voltadas para dentro. Gesticular com as duas mãos indica um envolvimento congruente com a raiva, confirmando que ela em geral está totalmente associada. Conforme a sessão continua, os gestos com as mãos ocorrem sempre que ela se encontra envolvida de forma congruente naquilo que está descrevendo.*]

Nunca consigo me acalmar antes de explodir. [*Ela gesticula com um movimento rápido da mão esquerda para baixo e para cima, indicando que "se acalmar" é incongruente, demonstrado apenas por metade do corpo. À medida que a sessão continua, esse gesto da mão esquerda aparece sempre que ela fala sobre as pessoas que a bloqueiam ou sobre interromper sua raiva. "Nunca consigo me acalmar" é uma mensagem clara de que diminuir seu ritmo interno provavelmente lhe ajudaria a adquirir algum controle sobre a raiva – um exemplo de como muitas vezes os clientes são explícitos acerca do tipo de mudança que seria proveitosa. Contudo, meu objetivo é mais ambicioso do que ajudá-la a controlar a raiva; quero que ela seja capaz de apresentar uma resposta totalmente diferente.*] Quer dizer, é só esse acesso de raiva. [*Gesticulando com as duas mãos. Eu poderia ter lhe perguntado há quanto tempo ela vinha explodindo dessa maneira. Então, quando ela dissesse "há mais ou menos um mês", teria sido fácil perguntar "O que aconteceu há um mês?", e sua resposta tornaria desnecessários os próximos quinze minutos da sessão. Alguns leitores talvez queiram passar para as páginas 315 e 316.*]

Steve: OK. Agora, como você fica zangada? [*Tempo presente.*]

Melissa: [*Sacudindo a cabeça.*] Com aquilo que – coisas estúpidas. [*Melissa desfocaliza os olhos e então olha para cima e para a esquerda a fim de acessar uma lembrança visual.*] Como ontem, quando fiquei zangada porque eles não deixaram eu me matricular na escola (Sim.) e eu fiquei *gritando* com aquela mulher atrás do balcão e ela me olhava como se dissesse "Não posso ajudar você". [*Perguntei "**Como** você fica zangada?" querendo saber sobre seu processo, no tempo presente. Ela responde me dando um exemplo de quando ela ficou zangada no passado.*]

Steve: OK. Agora, *antes* de você começar a gritar, o que você fez dentro do seu cérebro? [*Mudo para o tempo passado para acompanhá-la, perguntando sobre o processo de ficar zangada.*]

Melissa: Eu estava, eu estava pensando em como eu estava zangada e como aquilo era tão injusto e como eles podiam fazer isso comigo! [*Novamente, ela fala sobre já estar zangada, e não como ela fica zangada, portanto preciso levá-la de volta ao início.*]

Steve: OK. E como isso começou? O que aconteceu? Você apresentou alguns documentos ou alguma coisa?

Melissa: Levei alguns documentos e eles disseram "Você não pode se matricular porque precisa de um requisito prévio". E eu "Mas já tenho esse requisito prévio. Estou na classe acima dessa. E, embora não tenha freqüentado essa classe, eu seria capaz de freqüentar essa classe". (Certo.) E eles meio que disseram "Bem, você terá de ver um conselheiro" e eu "Não vou desperdiçar meu tempo".

Steve: OK. [*Brincando.*] Mas você estava disposta a desperdiçar seu tempo ficando zangada? [*Isso aplica o seu critério de "não desperdiçar tempo" à sua raiva, apoiando o objetivo de não ficar zangada.*]

Melissa: Certo. [*Sorrindo, rindo, expirando; eu ri com ela.*] É um *hábito!* [*Ela pensa nisso como alguma coisa automática sobre a qual ela não tem nenhum controle, uma resposta inconsciente.*]

Steve: OK, bom. Bem, ver coisas que são habituais é maravilhoso, porque se alguma coisa sair numa determinada seqüência [*Gesticulando com a mão direita em uma série de passos.*], e então mudarmos isso, toda a coisa também será habitual em toda a sua vida de outras maneiras. [*Melissa concorda. Ela considera um "hábito" como um problema, um obstáculo à mudança. Quero que ela veja a vantagem: quando o mudamos, ele fica igualmente habitual e confiável.*] Agora você disse algo sobre "ser injusto".

Melissa: Fiquei maluca porque era como – era como se eles estivessem fazendo de propósito. [*Novamente, ela gesticula com as duas mãos, indicando congruência e total envolvimento.*]

Steve: OK. Portanto, você era uma vítima marcada, certo? [*Exagero.*]

Melissa: [*Rindo.*] Certo. Mas eu sei que isso não é verdade. Mas quando estou zangada, você sabe...

Steve: [*Rindo.*] Mas como você pensa nisso agora? Quero dizer, quando você – volte para o momento em que você pensa "Eles estão fazendo isso intencionalmente. Eles querem me pegar", ou seja lá o que estivesse acontecendo lá. Como você faz isso? Como você representa isso? Que tipo de imagem você faz? Que tipos de vozes você tem, ou...

Melissa: Eu não sei. Era apenas alguma coisa dentro de mim "Não posso acreditar que isso está acontecendo".

Steve: "Não posso acreditar que isso está acontecendo." E logo antes disso?

Melissa: Hum, eu estava – não sei. Eu não sei.

Steve: OK, bem, essa é a chave, temos de descobrir. Feche os olhos. Volte para o momento em que entregou os papéis e eles disseram que você precisa ter esse requisito prévio que você não tem, e assim por diante. Quando aconteceu pela primeira vez? É realmente importante compreender as coisas desde o início, porque então você pode levar o cérebro para uma direção totalmente diferente.

Melissa: [*Concordando vigorosamente.*] Assim que as palavras saíram da sua boca. (Então ele disse) "Você não tem essa aula. Deixe-me verificar com meu chefe para ver se [*Ela abre os olhos.*] ele pode desconsiderar isso." E então, quando ele se afastou, estou pensando – (Sim.) "Eu posso *freqüentar* essa classe. Não me digam que não posso freqüentar essa classe" e fiquei como – Então as coisas meio que se tornaram uma bola de neve e eu estava como...

Steve: Sim, queremos pegar o primeiro pedacinho da bola de neve. (Certo.) Desse modo, onde ela começa?

Melissa: Logo depois que ele disse "Você não pode fazer isso".

Steve: OK, assim, qual é a primeira coisa que lhe vem à mente? ("Sim, eu posso.") "Sim, eu posso." Freqüentar essa classe.

Melissa: *Sim.* E então foi como se eu pensasse, você sabe "Não posso acreditar nisso". Isso é...

Steve: Isso nunca lhe aconteceu antes?

Melissa: O quê? Que eu não podia freqüentar uma aula, ou...

Steve: Que você não pudesse acreditar...

Melissa: Não [*Sorrindo e rindo.*], acontece comigo o tempo todo!

Steve: Exatamente. Portanto, você podia acreditar, certo? (Certo.)

Mas você não podia acreditar. [*Desafio sua afirmação "Não posso acreditar nisso" mostrando que, como ela já teve muitas experiências assim, ela podia esperar por isso. Mas não apresento bem essa idéia, ela não entende e fica aborrecida comigo.*]

Melissa: Fico frustrada. [*Sorrindo.*] (Sim.) Urghh, eu fico tensa. (Sim.) *Nesse momento*, estou ficando zangada porque não sei o que fazer, nem mesmo – como explicar isso. [*Nesta última frase, ela gesticula simetricamente com as duas mãos fechadas, num movimento que expressa sua tensão e frustração. Eu apenas a frustrei e ela está demonstrando exatamente como fica zangada. Aqui, paro para pensar de que outra maneira eu poderia continuar obtendo as informações de que preciso. Decidi então só perguntar novamente.*]

Steve: OK. Você pode me contar um pouco mais sobre o que está acontecendo lá? Se conseguíssemos chegar ao início da bola de neve, isso seria muito útil. Quero dizer, há diversas coisas que posso fazer mesmo sabendo o que já sei. Como há determinadas pressuposições com relação à raiva, uma das quais você mencionou: que eles estão fazendo isso intencionalmente, certo? (Certo.) Você disse algo parecido para si mesma?

Melissa: Não, eu apenas – eu estava...

Steve: Ou isso aconteceu um pouco depois?

Melissa: Foi um pouco depois. Foi *depois* de eu me afastar. Eu fiquei pensando "Não posso acreditar que eles estão fazendo isso comigo. Como eles puderam fazer isso?"

Steve: OK, portanto você definitivamente tinha a sensação de que eles estavam "*fazendo* isso com você". (Certo.) Não era somente a burocracia e as regras, e você precisa encontrar um modo de passar pelas regras, certo? Você não via isso assim? (Não.) E agora, como você vê?

Melissa: [*Inspirando profundamente, animada.*] Que me esforcei muito para terminar o ensino médio. [*Gesto rápido com a mão esquerda.*] Eu era uma ótima aluna e tinha os pré-requisitos para estudar cálculo. Essa é a aula que preciso freqüentar, cálculo. E eu a tive no ensino médio. A aula que quero freqüentar é de física, que também tive. Eu posso freqüentar essas aulas. [*Gesticulando com as duas mãos.*] (Certo.) Eu passei nessas aulas. (Certo.) E agora que quero freqüentá-las no nível universitário, tudo que desejo é ver meus relatórios, ver as aulas que tive antes. (Certo.) Sou uma boa aluna. (Certo.) Obedeço às regras. (OK.) E, então "Não, você precisa ver um conselheiro" [*Gesticula com as palmas das mãos voltadas para fora num movimento de interrupção, como se ela fosse a pessoa dizendo "Não".*] e eu...

Steve: Bem, você *sabe* como é a burocracia.

Melissa: Sim, mas não consigo *agüentar* isso. [*Ela está focalizada no desejo de que o sistema fosse diferente, algo que ela não pode controlar. Quero direcionar sua atenção para aquilo que **ela** pode fazer diferente, porque esse é um objetivo potencialmente sob seu controle.*]

Steve: Bem, veja, você tem uma escolha. Uma vez que a burocracia é como é, você provavelmente vai descobrir que isso acontecerá novamente. E que aconteceu antes. Você mencionou que isso acontece muitas vezes, certo? [*Ela concorda.*] (Sim.) É como se, de repente, a inerente estupidez do mundo se colocasse diante do seu rosto [*Gesticulando amplamente, como se estivesse lhe colocando alguma coisa diante do rosto. Ela sorri e ri.*] (Sim.) Portanto, a questão agora é saber como você gostaria de responder a isso? [*Direciono sua atenção para a sua resposta, e não para a burocracia, perguntando sobre um objetivo positivo dirigido ao futuro.*]

Melissa: Não quero explodir com as pessoas. (Sim.) Não gosto de fazer isso.

Steve: OK. Então, agora, se eu entrasse num ônibus e dissesse "Não quero ir para Milwaukee, não quero ir para Nova Orleans e não quero ir para São Francisco", como o motorista do ônibus saberia aonde me levar? [*Essa curta metáfora ilustra a idéia de que um objetivo negativo não é útil e que ela precisa pensar em um positivo.*]

Melissa: A não ser que você lhe diga?

Steve: Sim. Portanto, para onde você gostaria de ir? O que você gostaria de fazer diferente, em vez de explodir?

Melissa: Dizer às pessoas qual é o problema. Dizer a elas...

Steve: OK, você gostaria de ficar calma com relação a isso? [*Ela sorri.*] (Sim.) Então perceba, você sabe disso, que há muita estupidez no mundo. Há muitas regras, certo?

Melissa: Detesto gente estúpida.

Steve: Bem, eu também não as considero agradáveis [*Ela sorri e ri.*], mas elas existem. [*Ela ri.*] (Sim.) E a questão é saber se você preferiria explodir e armar uma confusão ou gostaria de encontrar seu caminho dentro do sistema? [*Oferecer a ela uma escolha ou/ou refocaliza o que **ela** pode fazer diferente e lidar com as conseqüências de cada escolha cria motivação para alcançar uma resposta diferente.*]

Melissa: Encontrar meu caminho dentro do sistema.

Steve: OK. Portanto, como você gostaria de se sentir com relação a isso? O que você poderia dizer para si mesma ou como poderia pensar nisso para que, ao enfrentar a burocracia e o "Não, você não pode fazer isso" e assim por diante, você apenas dissesse: "Ah, fale mais a respeito", ou *alguma coisa* parecida. (Hummmm.) "Diga o que preciso fazer" e sentir-se calma, e encontrar seu caminho dentro do sistema.

Melissa: Mas isso vai ser difícil. [*Gesticulando com as duas mãos.*] Sim.

Steve: Você acha que vai ser mais difícil do que explodir e ficar zangada?

Melissa: Não, vai ser difícil eu *parar* [*Gesticulando com golpes rápidos da mão esquerda.*] e não explodir e...

Steve: OK. E o que tornaria isso difícil?

Melissa: Porque é um *hábito*, é desse jeito.

Steve: Bem, o que podemos fazer aqui é criar um novo hábito. (OK.) E ele acontecerá do jeito que você quer, tão repetitivamente e tão 100% quanto o hábito que você já tem. Tudo bem para você? [*Ela sorri e ri.*] (Sim.) Você está interessada em fazer isso? (Sim.) OK. Como você gostaria de responder nessa situação? Pense um pouco nisso. [*Ela olha para baixo e desfocaliza os olhos enquanto pensa.*] Volte a essa em particular. [*"Essa" é muito vago. Eu deveria ter dito "incidente", "evento" ou "lembrança" para ser claro.*] Sempre é bom ter uma determinada coisa [*Novamente, dizer "coisa" é muito vago.*] com que lidar. E então sempre podemos generalizar para outros exemplos do mesmo tipo de coisa. [*Novamente, vago demais.*]

Melissa: Acho que gostaria de ter dito "OK, eu entendo. Vou conversar com o conselheiro. (OK.) Muito obrigada". (OK.) Em vez de dizer [*Sorrindo.*] "Não posso *acreditar* que você..."

Steve: Ficando furiosa.

Melissa: [*Rindo.*] Quer dizer, não era culpa da pessoa. [*Gesticulando com as duas mãos, palmas para cima.*]

Steve: Sim, elas apenas são parte do sistema, certo? (Certo.) Então, lá está você – Na verdade [*Censurando delicadamente.*], você está agindo como se fosse o alvo, certo? [*Ela ri.*] E aqui está esse pobre sujeito e você mirando *nele.* [*Uso sua percepção de que os outros a estão mirando a fim de mostrar como o fato de ficar zangada os transforma em alvos. Ela percebe isso instantaneamente, criando motivação adicional para modificar sua raiva.*]

Melissa: [*Coloca as mãos sobre o rosto, envergonhada, e ri.*] Eu *sei!*

Steve: E ele é apenas parte do sistema. [*Ela ri.*] (Eu sei.) [*Censurando.*] Não posso acreditar que você é esse tipo de pessoa.

Melissa: [*Com tristeza.*] Eu sou. [*Rindo.*]

Steve: [*Rindo.*] OK. Agora, feche a mente. [*Que tal esse erro? Mas eu estou escutando e corrigi.*] Ah, desculpe-me – feche os *olhos* [*Ela sorri.*] (OK.) e volte – portanto imagine – Rode novamente o mesmo filme, só que dessa vez, quando você entregar os papéis, ou seja lá o que for, e ele lhe disser "Você não pode se matricular etc., etc.", apenas – Você não precisa me contar nada –, apenas me diga o que acontece enquanto se imagina fazendo isso, ficando calma e apenas dizendo "OK, com quem preciso falar a respeito?", ou qualquer coisa que seja satisfatória para você. [*Ela concorda.*] (OK.)... Como isso funciona? [*Esse é um "test drive" para descobrir se isso funciona bem em sua imaginação.*]

Melissa: Eu digo "OK, obrigada" e então, você sabe, vou embora. (OK.) Eu poderia – eu poderia *ver* isso [*Ela ri, balançando a cabeça.*], mas acho que nunca conseguiria *fazer* isso. [*Sua habilidade para fazer essa distinção entre **imaginar** a cena e realmente **fazer** torna-se muito importante no final da sessão, quando ela diz congruentemente "Posso fazer isso".*]

Steve: OK. Vamos para a outra parte – mas que seria satisfatória para você, certo? Se você pudesse fazer isso, ficaria feliz, está certo? (Sim.) Agora vamos examinar isso de novo. Feche os olhos e pergunte-se "Existe *alguma* parte de mim que teria alguma objeção a lidar com esse tipo de situação dessa maneira?" E perceba qualquer *sentimento, voz* ou *imagem* que venha a surgir ou qualquer parte de você que apresente objeções, qualquer objeção a isso...

Melissa: Sim. (OK.) Há uma parte.

Steve: E qual é a objeção?

Melissa: [*Balançando a cabeça, fazendo "não".*] Que é – é culpa deles. [*Gesto rápido com a mão esquerda.*] E como eles são os culpados –

Steve: Ah, você quer culpar alguém.

Melissa: Sim. Quero gritar com alguém, sim. Quero berrar. [*Gesto rápido com a mão esquerda. Se eu tivesse perguntado "Com quem você quer gritar?", ela provavelmente teria dito "Meu ex", e isso levaria direto ao âmago de sua raiva. Veja p. 316.*]

Steve: O que o fato de culpar alguém faz por você?

Melissa: Faz as pessoas enxergarem que erraram. [*Novamente, eu poderia ter perguntado "Quem, especificamente?"*]

Steve: Bem, elas estão apenas seguindo as regras. Em que elas erraram?

Melissa: Não quero falar apenas *dessa* situação. Estou falando sobre *tudo*, como – [*Gesto rápido com a mão esquerda.*] *outros* exemplos. [*As duas mãos com as palmas voltadas para cima. Quando ela diz "tudo" e "outros exemplos" está novamente me contando com muita clareza que a verdadeira questão é com outra pessoa, mas não percebo isso e continuo focalizando o conteúdo da matrícula para a aula.*]

Steve: OK, agora você gostaria que eles entendessem que poderia haver uma maneira diferente de fazer as coisas e que demonstraria mais respeito por você. (Certo.) Está certo? Essa é uma boa maneira de dizer isso? (Mmhmn.) OK. Você acha que eles vão escutá-la mais se você explodir e ficar furiosa com eles [*Ela balança a cabeça e sorri.*] ou se estiver calma?

Melissa: [*Sorrindo.*] Se eu estiver calma.

Steve: Eu acho. Portanto, se você realmente quer mudar a burocracia ou algumas outras situações – nas quais, digamos, outra pessoa seja desrespeitosa com você, não seria realmente mais fácil se você pudesse permanecer calma e centrada, e dissesse "Olhe, não gostei do que você fez. Isso não serve para mim. Eu gostaria que você mudasse isso".

Melissa: Mas eles não escutam. Eles não vão escutar. [*Essas são pistas adicionais de que ela está se referindo a alguém específico, mas novamente não percebo e não pergunto "Quem não escuta?"*]

Steve: Às vezes, eles não escutam. Você acha que eles vão escutar melhor se você estiver zangada ou calma?

Melissa: Bem, e se eu começar calma, mas então ficar zangada se eles não escutarem?

Steve: Você sempre poderá ficar zangada. Você é boa nisso [*Ela ri.*] e sabe como fazer isso, certo? [*Melissa ri e movimenta a cabeça para baixo, para a esquerda. Rio com ela, enquanto categorizo sua raiva como uma habilidade na qual ela é boa.*] Não vamos eliminar nenhuma escolha aqui. (OK.) Você sempre pode ficar zangada mais tarde. E, às vezes, a raiva faz as pessoas repararem em você. [*Ela concorda.*]

Mas, você sabe, há outras ocasiões em que as pessoas apenas dizem [*Mudo meu tom de voz, para deixar claro que estou fingindo ser outra pessoa e também para me dissociar do conteúdo da citação.*] "Bem, eles só estão zangados" e, portanto, estão demonstrando [*Ela concorda.*] e eles apenas dizem "Bem, é porque ela é tão emocional; você sabe como são as mulheres". [*Faço deliberadamente uma observação sexista que tenho certeza de que ela não vai gostar e que desejará se afastar dela. Ela responde olhando para cima e para a esquerda, com um sorriso tenso que demonstra sua aversão pelo sexismo.*] (Sim.) Essas coisas. Provavelmente você já viu isso. [*Estamos rindo juntos.*] (Sim. Uhuh. Sim. Certo.) OK. Portanto, vamos examinar isso de novo. Pergunte a essa parte, uma vez que essa parte quer ser capaz de ficar zangada se ela quiser, em algum momento posterior, "Você tem alguma objeção a aceitar isso como um novo programa geral ou um novo padrão geral para lidar com essas situações?" [*Ela balança a cabeça.*] ("Não.")

Porque você sabe, tenho um palpite, sei que isso é verdade para mim. Que se eu estivesse numa dessas posições oficiais e alguém começasse a gritar comigo, isso me levaria a *firmar* minha posição. Eu diria [*Novamente mudando meu tom de voz para enfatizar a citação e me dissociar de seu conteúdo.*] "Bem, está no livro de regras aqui, não posso fazer nada, sinto muito". [*Melissa ri e sorri.*] Porque quero me livrar de você o mais rápido possível. (Humm.) Mas se você estivesse calma e me dissesse "Bem, essa é a situação e eu tive essa aula no ensino médio e assim por diante, apresentando quaisquer razões, eu estaria muito mais inclinado, acho – sei que *eu* estaria, e acho que a maioria das pessoas estaria – muito mais inclinado a mudar as regras, tentar encontrar um modo de contorná-las ou alguma coisa assim. [*Ela pensa um pouco e então concorda.*] (OK.) Isso faz sentido? [*Ela concorda e sorri.*] (Sim.) Acho que isso é verdade. Mas verifique você mesma. Feche os olhos novamente e pense em passar por uma dessas situações, e ah...

Melissa: A mesma situação ou *qualquer* situação?

Steve: Bem, a mesma e depois outra...

[*Ela mantém os olhos fechados enquanto verifica e então os abre, sorri de lado e ri. Seu sorriso torto é uma resposta à percepção de que uma resposta calma funcionaria muito melhor do que ficar zangada, mas eu interpreto errado, como sua resposta a uma objeção.*]

OK? Há uma? (Sim.) Bom, qual é? Veja, a única maneira de fazermos uma mudança duradoura é se todas as suas partes estiverem felizes. Se houver qualquer parte que diga "Ah, não gosto disso" ou "Isso vai atrapalhar uma coisa que eu quero que aconteça", então ela não vai durar. Portanto, realmente precisamos conhecer todas as objeções e satisfazê-las. Assim, qual é ela? (A outra situação?) A outra objeção. Não, você não precisa me contar a situação. Na verdade, há outra coisa que eu deveria ter mencionado a esse respeito. Na maioria das vezes, podemos trabalhar sem conteúdo. (OK.) Portanto, não precisamos de detalhes e nomes, e lugares e datas, e coisas assim. (OK.) Então você tentou em outra situação e há alguma objeção. [*Ainda estou pensando que ela encontrou uma objeção, mas ela me corrige.*]

Melissa: Não, não há nenhuma objeção. Pude ver claramente como eu teria [*Ela gesticula primeiro com as palmas para cima e depois somente com a mão direita.*] me beneficiado, ou sim, conseguido mais...

Steve: Bem, interpretei mal sua expressão.

Melissa: Se tivesse me acalmado.

Steve: Você estava com aquele sorriso irônico e pensei "Ah, outra objeção". Ótimo. Bem, vamos tentar uma. Pense em outra. ... [*Melissa fecha os olhos, enquanto visualiza outro exemplo, então os abre, sorri e concorda.*] Isso também funcionaria melhor nele?

Melissa: Em *todos* eles! [*Ela fala enfaticamente, gesticulando com as duas mãos, palmas voltadas para cima do início ao fim, quando ela diz "Entendo!"*]

Eu posso – todas essas situações do passado em que fiquei, você sabe, tão zangada (Explodi.) *Sim*, eu poderia ter – acho que é como se eu quisesse que eles *entendessem*, você sabe. "Vocês não *entendem* pelo que estou passando? Vocês não *entendem* que estou com problemas?" *Entender, você sabe, e [Sua ênfase repetida na palavra "entender" também pode ser compreendida como um comando embutido para eu "Entender!", pois com certeza ainda não a entendi totalmente.]* E a única maneira...

Steve: E você achou que gritando com eles (Sim.) poderia fazê-los entender?

Melissa: Sim. "É assim que me sinto. Esse é o tamanho da minha raiva. OK, *entendam!*"

Steve: Sim. Acho que funciona melhor do outro jeito. [*Dizer a eles o que ela quer que eles entendam funcionará melhor se vier antes da raiva.*]

Melissa: [*Concordando vigorosamente e sorrindo.*] Sim. Estou começando a ver isso também.

Steve: OK, ótimo. Agora faremos uma coisa que vai ajudá-la a programar isso na mente e tornar as coisas realmente fáceis para você. (OK.) Pense no que você veria na primeira vez – Bem, considere esses três exemplos que você acabou de verificar. Era alguma coisa que você vê ou ouve? Na verdade, você disse "Você não pode fazer isso". Essa é uma coisa importante? Alguém dizendo "Você não pode fazer isso?"

Melissa: Não. Apenas o contexto.

Steve: O que existe de comum em todos os três? [*Peço-lhe para identificar a categoria de experiência que está sempre presente.*]

Melissa: Alguém me impedindo de fazer alguma coisa. [*Ela nomeia a categoria.*]

Steve: Alguém a impedindo de fazer alguma coisa. Alguém a *bloqueando* de algum modo. (Certo.) OK. Ótimo. E como você *pensa* em um bloqueio, em alguém lhe impedindo? Há algum tipo de imagem ou palavras ou qualquer coisa?

Melissa: O que me vem imediatamente à mente é "Azar. Lide com isso". [*Enquanto pronuncia essas últimas palavras, ela encolhe os ombros e inclina um pouco a cabeça para trás.*] ("Difícil.") [*Ela concorda.*] "Viva com isso."

Steve: "Difícil" [*Ela concorda.*], e essa espécie de menear de ombros e aceitação. Isso faz parte? (Sim.) Porque quando você fez isso, agora, houve uma espécie de inclinação da cabeça para trás. [*Ela concorda.*] (Sim.) Como se dissesse "difícil", certo? Ok, bom. Ok ... posso mudar de direção aqui. Eu ia fazer uma coisa e poderia fazer outra. [*Ela sorri.*] E, então, teremos tempo para fazer algumas outras coisas. [*Pensei em fazer um padrão que ajuda a mudar respostas habituais como a raiva, mas não estava satisfeito, achava que não tinha encontrado uma pista sensorial clara, portanto parei para repensar aquilo que aprendi e o que poderia fazer.*] ...

Vamos pensar numa situação futura na qual isso poderia acontecer. Você consegue imaginar uma possibilidade futura? (Humm.) Talvez com alguém que a aborreceu no passado ou alguma coisa assim? (Sim.) Veja uma possibilidade futura. Feche os olhos. Apenas imagine alguém lhe bloqueando dessa forma e diga "Difícil". Esse é um *test drive*. (Estou zangada.) Você está zangada. (Estou zangada.) OK. E o que sua parte zangada quer para você?

Melissa: [*Suavemente.*] Ela quer que eu magoe essa pessoa como ela me magoou. [*Novamente, "perdi o barco". Eu poderia ter simplesmente perguntado "Quem magoou você?" Até esse momento, a sessão fora leve e bem humorada; a partir daí, ela se torna mais séria.*]

Steve: OK. [*Suavemente.*] Portanto, há mágoa por trás disso? [*Ela concorda.*] (Sim.) Você disse "bloqueando você?" Qual é a raiz disso? [*Ela franze os lábios.*] Isso aconteceu há muito tempo – ser magoada dessa maneira? [*Finalmente começo a entender, apesar de fazer a suposição errada de que foi "há muito tempo".*]

Melissa: [*Dá um sorriso torto e joga a cabeça para trás.*] Há mais ou menos um mês. Cerca de um mês atrás. [*Há uma pergunta interessante. Sua explosão de raiva começou há um mês ou era um problema que existia havia muito tempo? Embora eu não tenha perguntado, presumi que provavelmente eram as duas coisas. Isto é, ela tinha um problema antigo com a raiva que ficara significativamente mais intenso um mês antes. Mais tarde, ela descreve estar gritando com o pai e parece improvável que tenha feito isso apenas durante o último mês.*]

Steve: Um mês atrás. Portanto, há uma determinada pessoa que a magoou dessa maneira?

Melissa: [*Concordando com um sorriso tenso.*] Meu "ex".

Steve: Seu "ex". Ótimo. Vamos fazer uma coisa diferente. Você gostaria de alcançar o perdão com essa pessoa? [*Em vez de lhe pedir um objetivo, ofereço-lhe um objetivo que sei que será benéfico.*]

Melissa: [*Defensivamente.*] Eu não fiz nada errado. [*Joga a cabeça para trás e a balança.*]

Steve: Não, eu sei. Acredito em você. [*Apesar de saber que ela deve ter contribuído para o rompimento de algum modo, não quero desafiar sua afirmação de que ela não fez nada errado. Mais tarde, ela conta espontaneamente que contribuiu para o problema entre ela e o "ex", porque fez algumas "coisas horríveis".*] E o perdão não é para a outra pessoa. É para você [*Uma mudança na abrangência.*], para que você não precise ser – ter os sentimentos de mágoa ou de raiva [*Ela está concordando.*] ou ressentimento, vingança. [*Isso esclarece o que quero dizer com perdão e ao mesmo tempo relaciona seus benefícios. Ela concorda.*] (Certo.) Há alguma coisa que possa interessá-la?

Melissa: [*Concordando.*] Quero deixar isso para trás.

Steve: Você gostaria de deixar para trás?

Melissa: Isso vem me aborrecendo todos os dias. [*Ela suspira.*]

Steve: OK. Sim, esse é o problema e é por isso que o perdão é particularmente vantajoso em situações como essa. OK, preciso de mais informações. Quando você pensa nessa pessoa, onde a imagem está localizada? A que distância? Fale mais sobre essa imagem. Não me refiro ao conteúdo, mas a que distância ela está. Ela é grande ou pequena?

Melissa: Está mais ou menos aqui. [*Rindo, ela faz um gesto cerca de três metros à sua frente, à direita de onde estou sentado.*]

Steve: OK, mais ou menos a essa distância. (Humm.) E qual a altura, o tamanho? [*Gesticulando com as mãos.*] Tamanho natural? Pequena?

Melissa: [*Concordando*] Tamanho natural.

Steve: Portanto, é como se ele estivesse bem aqui. OK, e há vozes nela? (Mmhm.) E eu não quero – não preciso do conteúdo, mas ela é estridente, zangada, calma, tranqüila? De que tipo...

Melissa: [*Concordando.*] Gritando e berrando.

Steve: Gritando e berrando. Todas essas coisas boas. [*Ela ri. Agora tenho uma descrição clara de sua atual situação. Com o seu "ex" a três metros de distância gritando e berrando com ela, não me surpreende o fato de ela ficar zangada rapidamente. A seguir, preciso eliciar nela como ela experimenta alguém que perdoou, que se encontrará numa localização diferente em seu espaço pessoal.*]

OK. Agora, você consegue pensar em alguém que a magoou no passado, mas que você perdoou? [*Ela concorda.*] (Humm.) Como você representa essa pessoa? (Minha mãe.) OK. E quando você pensa em sua mãe, que você perdoou, onde ela está? Ela está no mesmo local ou em algum outro lugar em seu espaço pessoal? [*Ela concorda.*] (Ela está mais próxima.) Ela está mais próxima? OK. Onde? ...

Melissa: [*Balançando a cabeça lentamente, indecisa*] Não sei. Eu diria que, talvez, bem ao meu lado. [*Gesticulando para o lado direito com a mão direita.*]

Steve: OK. [*Gesticulando em direção à direita de Melissa.*] Aqui? (Sim.) Perto de você. E ouço sua voz mudar. [*Ela concorda e sorri.*] Há uma suavidade aqui, certo? [*Comento sobre a mudança em seu tom de voz, o que me mostra que ela realmente perdoou a mãe.*] (Sim.) Portanto, acredito em você; você a perdoou. Algumas pessoas, elas meio que perdoam, mas não totalmente. Mas ouço em sua voz que você de fato a perdoou. Há uma suavidade e uma ternura aqui. [*É muito importante eliciar uma experiência de perdão congruente, total, assim estou muito atento às suas respostas não-verbais que indicam suavidade, relaxamento e compaixão. Ela concorda.*] OK, ótimo.

Agora vem a parte difícil. [*Ela sorri.*] Essa foi a parte fácil, conduzimos para a parte difícil com muitas recomendações. Se você quer perdoar essa pessoa, uma das maneiras é representá-la aqui [*Gesticulando na direção do lado direito de Melissa.*], mais perto etc., da mesma forma como você representa sua mãe. [*Isso especifica a exata mudança que estou propondo para alcançar o perdão. Essa especificidade deixa muito claro exatamente como isso vai acontecer, tornando mais fácil para Melissa saber quais são suas objeções a respeito.*] Agora, tenho um palpite de que você não está disposta a fazer isso. A maioria das pessoas não está. [*A maioria das pessoas têm muitas objeções quanto a alcançar o perdão, portanto quero adverti-la a esperar algumas. Isso também normaliza sua resposta.*] OK. Agora, quais são suas objeções? Vamos jogar o jogo da objeção.

Melissa: [*Balançando a cabeça.*] Eu o odeio.

Steve: Pelo que ele fez. [*Ela concorda.*]

Melissa: Eu o odeio por mentir. (OK.) Eu odeio a maneira como fui tratada. (OK.) E, sim, isso é tudo.

Steve: OK. Talvez demore um pouco para compreender isso. [*Olhando para trás, isso é muito vago.*] Mas a primeira coisa que quero mencionar é que suponho que você também teve sentimentos ternos por essa pessoa. [*Quero que ela reconheça os sentimentos positivos que teve pelo "ex" para equilibrar um pouco sua raiva. Ela concorda.*] OK? Mas ele violou alguns dos valores [*Ela concorda.*] que você acha *muito* importante manter, certo? [*Ela concorda.*] (Sim.) Há quanto tempo você conhece essa pessoa?

Melissa: Oito meses.

Steve: Oito meses. Portanto, você o conhece muito bem.

Melissa: Eu achava que sim.

Steve: Bem, agora você o conhece melhor. [*Com um toque de ironia.*] (Sim.) Não da maneira como você queria. (Não.) Mas agora você o conhece melhor. Em geral, quando culpamos, há a pressuposição de que a pessoa poderia ter agido de forma diferente. [*Ela concorda.*] (Sim.) Acho que talvez com um pouco de terapia ou com uma pancada na cabeça, ou algo assim [*Ela sorri.*], provavelmente ele pudesse agir diferente. (Provavelmente.) Mas naquele momento ele era quem era, ele fez o que fez e você precisava manter seus valores. Seja o que for que tenha acontecido, isso violou seus valores, certo? E você precisava dizer [*Fazendo um gesto incisivo.*] "É isso". Você consegue entender que ele não podia ter agido de maneira diferente? (Não.)

OK. Deixe-me tentar outra coisa. Você consegue pensar em algum momento no passado no qual magoou alguém? [*Melissa concorda.*] [*Peço-lhe para trocar de papéis e assumir a posição de alguém que magoou, e não a de alguém que foi magoado, o que facilitará a aceitação que estou propondo.*] Talvez totalmente sem intenção ou qualquer outra coisa, e agora, olhando para trás, suponho que você se arrepende um pouco. [*Melissa concorda.*] Está correto? (Humm.) No momento em que magoou essa pessoa, você poderia ter feito algo diferente? (Sim.)

Eu não acho. Isso faz parte de perdoar a si mesmo e tenho a idéia, maluca ou não [*Ao dizer "maluca ou não", torno mais fácil para ela considerar simplesmente o que digo, sem nenhuma pressão para concordar.*], que todas as pessoas sempre fazem o melhor que podem, de acordo com seu conhecimento, sua formação, seus hábitos, sua situação financeira e assim por diante. As pessoas fazem as melhores escolhas que podem na ocasião. [*Ao trocar de papéis, colocando-a na posição de alguém que magoou outra pessoa, pretendo lhe proporcionar a experiência da pressuposição de que as pessoas sempre fazem o melhor que podem, conforme sua compreensão, limitações, história de vida etc.*] E acho que você fez a melhor escolha que podia naquela ocasião, de acordo com o que sabia naquele momento, embora tenha magoado outra pessoa. [*Ela olha para baixo, para a direita, pensativamente, então concorda.*] (Sim.)

Isso é verdade? Faz sentido para você? E, naquele momento no tempo – talvez dez segundos depois, você tenha pensado "Ah, eu podia ter feito diferente." Mas naquele momento você fez a melhor escolha que pôde.

Agora, não sei que tipo de medos essa pessoa tinha [*Gesticulando na direção do "ex".*], que tipo de inseguranças, ou o que o levou a mentir para você, mas acredito que, se ele estivesse aqui, talvez descobríssemos o que o fez pensar que aquela era a melhor escolha que ele poderia ter feito naquela situação. ...

Melissa: [*Concordando e sorrindo suavemente.*] Já sei o que é.

Steve: Sabe? Portanto, você tem alguma compreensão? Alguma compaixão?

Melissa: [*Concordando*] Um pouco. Sim. [*Balançando a cabeça.*] Mas ainda o odeio.

Steve: Bem, ele ainda fez alguma coisa que a magoou. A questão é saber se você está disposta a esquecer isso – o que nós poderíamos fazer ou dizer para tornar isso possível.

Melissa: [*Concordando.*] Sinceramente, uma parte de mim não quer esquecer (OK.) por medo de que, se eu o encontrasse novamente...

Steve: Você ficaria mais uma vez suscetível? [*Este é um erro de minha parte. É uma objeção freqüente ao perdão a pessoa ter medo de, se perdoar, acabar voltando para o relacionamento e ser magoada novamente. Mas estou errado e ela me corrige.*]

Melissa: Não, que apenas quero dizer – "Sabe do que mais, não o perdôo. Odeio você. Não posso acreditar que você fez isso." Essa coisa de vingança. (OK.) Mas então há essa parte de mim que quer esquecer. [*Muitos terapeutas ficariam tentados a evitar essa "coisa de vingança", contudo essa objeção precisa ser totalmente satisfeita para que ela queira alcançar o perdão.*]

Steve: OK. Agora, o que a vingança faria por você?

Melissa: [*Sorrindo e rindo.*] Faria eu me sentir melhor.

Steve: "Faria você se sentir melhor." Eu gostaria que você se sentisse melhor. [*Ela sorri e ri.*] Não acredito que a vingança seja a melhor maneira para isso. É uma maneira. Agora, diga-me, diga-me isso. Feche os olhos e fantasie uma vingança terrível. O que você faria se fosse totalmente onipotente, com todo o poder no mundo, e pudesse se vingar desse sujeito e bater nele até transformá-lo numa massa sangrenta ou seja lá o que for. [*Ela sorri.*] Como você se sentiria?

Melissa: Que eu venci.

Steve: OK. Você se sentiria mais forte? [*Na vitória e na derrota, sempre há uma comparação; queria que ela prestasse atenção em como ela se sentiria, sem se comparar com alguém.*]

Melissa: Não, eu diria que me sentiria igual a ele.

Steve: "Igual." Portanto, agora você não se sente igual a ele? [*Ela concorda.*]

Melissa: Quero que ele sinta a mágoa que eu senti.

Steve: Sim. E isso a faria se sentir igual a ele? (Sim.) Há alguma outra forma que a faria se sentir igual ou até mesmo superior a ele? Porque você sabe que o perdão é algo que poucas pessoas conseguem alcançar. Ele requer grande força de caráter e compaixão e muitas qualidades. [*Ao categorizar o perdão como algo difícil e que requer muitas qualidades, espero torná-lo mais atraente e apoiar seu objetivo de se sentir igual, mas isso não a convence. Ela sacode a cabeça.*] Não concorda? (O quê?) Não concorda? [*Sorrindo.*] (Não concordo.)

Não. Bem, você pode continuar mal-humorada e zangada com o resto do mundo [*Não vou forçá-la a alcançar o perdão; a decisão é dela.*], o que não é muito justo. Quero dizer, ele não foi justo com você. [*Ela sorri.*] Acho que a justiça é importante para você, certo? [*Ela concorda.*] Para mim também. [*Ela mencionara anteriormente na sessão que o modo como fora tratada pelo funcionário tinha sido injusto. Como a justiça é um valor importante para ela, continuar ficando zangada com as pessoas será injusto. E, como ela diz que o "ex" foi injusto com ela, isso também a ajudará a ver que ela e ele têm algo em comum, trazendo provavelmente um pouco de compaixão por ele.*] Agora, quero lhe contar uma história sobre Milton Erickson. Você já ouviu falar nele? Ele foi um grande médico hipnotizador e um ótimo terapeuta.

Melissa: Provavelmente, nas aulas de psicologia. [*Rindo.*]

Steve: Ele era médico num hospital psiquiátrico e estava conduzindo exames físicos regulares nos funcionários e pacientes, bem como nas voluntárias, as assistentes, jovens mulheres que ajudavam. E ele examinou esse homem de 73 anos de idade, alcoólico, que enfrentara problemas durante a maior parte da vida e que provavelmente viveria mais vinte anos. O sujeito tinha boa saúde e ele foi examinado e dispensado. Erickson examinou então uma voluntária de 16 anos e descobriu sinais inconfundíveis de uma doença fatal que lhe daria apenas três meses de vida. Ele precisou deixar a sala, recuperar a compostura e, conforme ele conta, disse para si mesmo: "Enfie isso na sua cabeça, Erickson: a vida não é justa", antes de voltar e contar à jovem que ela tinha três meses de vida. [*Muitas pessoas têm a idéia de que a vida deveria ser justa. Portanto, se acontece alguma coisa desagradável, ela não é apenas desagradável, mas também injusta. E esse julgamento em um nível lógico mais elevado faz duas coisas: aumenta o desagrado e desvia da solução do problema. Essa história apresenta evidências irrefutáveis de que a vida é basicamente não justa. Provavelmente, ela terá um impacto em Melissa, uma vez que ela é apenas alguns anos mais velha do que a voluntária e deve se identificar muito com ela. Eu entendi mal alguns detalhes dessa história de Erickson; para consultar o original, veja* Healing in hypnosis *[A cura na hipnose]* (Erickson, 1983, p. 17-19).]

Agora, isso não nos impede de tentar ser tão justos quando pudermos e fazer nosso melhor para sermos justos e sinceros em nossos relacionamentos, mas a *vida* é basicamente não justa. Olhe à sua volta. Algumas pessoas estão em cadeiras de rodas. Outras não estão aqui. Isso faz alguma diferença em sua compreensão desta pessoa aqui? [*Ela concorda.*] Provavelmente, a vida também não foi justa com ele. [*Gesticulando na direção da localização do "ex".*]

Melissa: [*Ela olha para baixo à direita e fica pensativa durante algum tempo, então diz suavemente, com os olhos úmidos.*] Sim, eu sei.

Steve: Feche os olhos. [*Suavemente.*] Fique um pouco com esse sentimento... [*Um sentimento terno nasceu dentro dela. Embora eu não saiba exatamente qual, deve ter sido compaixão pelo "ex", ou algum outro sentimento que sustentará o objetivo de alcançar o perdão, e quero que ela o experimente por completo.*] ...

Há uma outra coisa que tenho certeza de que será muito importante aqui, antes de você se dispor a perdoá-lo. Você precisa estar protegida. Porque se o perdoasse [*Ela abre os olhos.*], poderia ficar tentada a voltar para ele na mesma situação de antes, ficando vulnerável ao mesmo tipo de tratamento outra vez. Isso faz sentido para você? [*Ela concorda.*] Portanto, você precisaria ter certeza dentro de você de que, se o perdoasse, contaria com algum tipo de resolução a esse respeito. Sabe, "Sinto muito que isso tenha acontecido e sinto muito ele ter precisado ser quem foi etc., mas não é isso o que quero para minha vida" ou algo parecido, assim você estaria segura. Porque algumas vezes – você sabe que isso acontece o tempo todo com mulheres espancadas – elas perdoam os maridos. Elas voltam. Elas apanham de novo. Você não deseja isso, certo? [*Ela concorda.*] Se você fechar os olhos, se imaginar indo para o futuro e imaginar que sentiu por ele o mesmo que sente por sua mãe – você se sente segura? Há algum perigo? ...

Melissa: Há o perigo de eu voltar.

Steve: OK. E o que podemos fazer aqui para que isso deixe de ser um perigo? Por exemplo, você poderia reconhecer – só vou conversar um pouco e fazer o que você quiser fazer. Mas se você tem claro na mente – "Aqui está uma pessoa que tinha muitas qualidades que eu apreciava. Vivemos muitos momentos bons juntos, mas mentir é – inaceitável. Não gosto disso. Não quero que isso faça parte da minha vida." E, a menos que eu estivesse totalmente segura de que isso *absolutamente* não aconteceria no futuro, não quero – eu poderia conversar com essa pessoa, dizer "Oi", mas não quero estar num relacionamento com ela. [*Note que falo em "citações" como se eu fosse ela. Isso torna mais fácil para Melissa tentar essas palavras para si mesma e descobrir se elas servem, coisa que Virgina Satir fazia com freqüência.*]

Há algum tipo de ajuste como esse que você poderia fazer dentro de si de modo que, se você fosse para o futuro e pensasse em estar com essa pessoa sem ódio e sem raiva, ainda pudesse estar a salvo de qualquer tipo de repetição futura disso? [*Falo de maneira muito geral, pedindo-lhe para encontrar um jeito de criar um compromisso claro que resultaria na sensação de estar a salvo de mágoas futuras.*]

Melissa: [*Suavemente.*] Sim.

Steve: OK. Feche os olhos. Vá para o futuro e imagine que você fez isso. E você o encontra no *campus* ou em qualquer outro lugar onde seria provável encontrá-lo. Apenas faça um *test drive* do que fizemos aqui... Como é estar com ele? É fácil manter uma distância importante para você ou qualquer proteção?

Melissa: [*Hesitando.*] Sim. Eu consigo – eu consigo fazer isso.

Steve: "Mas" – ouço um "mas" na sua voz...

Melissa: Mas é como se eu colocasse essa "fachada", você sabe, de estar feliz e...

Steve: OK. Não, não recomendo isso. [*Como ela está incongruente, precisamos fazer alguma outra mudança para que ela possa ficar congruente.*] Você consegue fazer de outro jeito? Você pode – Aqui, você demonstrou um pouco de compaixão por ele, certo? (*Melissa concorda.*) E se você conversasse com ele assim? E se você lhe dissesse como ele a magoou, mas com uma voz que não fosse zangada e acusadora, mas apenas falando de si mesma? Apenas deixe que ele saiba, porque isso é importante para você, não é? [*Ela concorda.*] Que ele saiba. Mas de um modo em que você fale com ele a respeito de si mesma – sem acusá-lo –, dizendo "Olha, você mentiu para mim, seja lá o que for, blá, blá, blá, cara, isso foi como uma facada no meu coração", ou qualquer outra forma como você descreveria. Assim, ele poderia saber o impacto que está tendo no mundo... [*Volto ao seu desejo de fazê-lo entender, o que ela enfatizou com tanta intensidade anteriormente. Isso costuma ser chamado de "negócios inacabados". Se ela puder expressar isso com-*

pletamente, na imaginação – onde está o verdadeiro conflito –, isso eliminará outro obstáculo para alcançar o perdão. Quando ela solucionar o conflito interior, então será capaz de ser congruente com o "ex".]

Meu palpite é que você gostaria de proteger outra pessoa disso, não gostaria? [*Ela sorri.*] (Sim.) No futuro, se ele estiver com alguém. Você gostaria que ela passasse pela mesma coisa que você? [*Ela balança a cabeça. Ao pensar em outra pessoa em seu lugar no futuro, ela se dissociará temporariamente da situação e provavelmente também eliciará a compaixão por quem pudesse estar na sua posição com o "ex" no futuro. Isso a motivará a se comunicar com ele para provocar algum impacto.*] Portanto, você gostaria de causar um impacto nele, certo? Mesmo que você não o veja nunca mais? Não seria bom se você pudesse dizer "Ei, isso não funcionou comigo. Isso magoou muito" ou qualquer outra coisa, e fazê-lo compreender que o que ele fez não foi bom para você?

Melissa: [*Olhando para baixo, à direita, durante um tempo.*] Acho que posso fazer isso.

Steve: OK. Imagine. Feche os olhos. Se imagine fazendo isso e note como ele responde. Observe para onde vai a conversa. Você sabe que seu foco principal é fazê-lo conhecer sua experiência. Porque se você começar a acusá-lo, ele provavelmente ficará tenso, se afastará ou desaparecerá. Mas se você estiver apenas lhe contando como se sente, há uma chance de que ele ouça – não posso garantir... [*Uma série de expressões diferentes surgem no rosto de Melissa e elas parecem ser desagradáveis.*] Como ficam as coisas quando você tenta isso?

Melissa: Ele me culpa – que o motivo de ele ter sido daquele jeito foi provocado pelas coisas que *eu* fiz.

Steve: OK. Há um fundo de verdade aqui? [*Ela concorda.*] OK. Você pode lhe dizer isso? "Há um fundo de verdade aqui." Diga a ele agora – seja qual for sua compreensão de sua parte nisso – e apenas veja como transcorre a conversa imaginária com ele... [*Dessa vez, seu rosto está muito mais relaxado e mantém a mesma expressão. Essa expressão continua quando ela abre os olhos, ainda parecendo pensativa e, então, ela concorda e olha para mim.*] Como foi?

Melissa: Eu lhe expliquei que percebi que fiz algumas coisas horríveis. [*Anteriormente, ela dissera, um tanto defensivamente, "Não fiz nada errado". Se eu a tivesse desafiado nesse ponto, não teria sido proveitoso e eu teria perdido o* rapport *com ela.*] OK. Mas isso não justifica a maneira como fui tratada no final (Sim. Isto está claro.), pois eu merecia mais do que me foi dado.

Steve: Com certeza. Agora, baseado no que fizemos até agora, você está disposta a considerar a idéia de representá-lo [*Gesticulando para a localização do "ex"*], da mesma forma como representa sua mãe [*Gesticulando para o lado direito dela.*] para poder experimentar esses sentimentos de perdão? Acho que talvez haja uma ou duas coisas faltando, mas é assim que descobrimos.

Melissa: [*Concordando.*] Eu acho que conseguiria perdoá-lo. (OK.) E então ele poderia ser como minha mãe (Hummn.), da maneira como a vejo.

Steve: OK – com defeitos, com limitações e, como todos nós, fazendo o melhor que podemos. Você está fazendo o melhor que pode, não está? [*Ela concorda.*] Ele também. Mas algumas vezes não dá certo. [*Ela sorri.*] Você compreende a diferença? (Humm.) Você sabe, há pessoas no mundo inteiro fazendo o melhor que podem e às vezes é *terrível*, mas elas estão se esforçando. E algumas vêm ao mundo com grandes limitações. Algumas se tornam limitadas pelas experiências que lhes acontecem. Experimente, sempre podemos VOLTAR ATRÁS. Imagine que você pega essa imagem dele e a movimenta para cá, na mesma posição de sua mãe, do mesmo tamanho e, se houver alguma iluminação especial, ou qualquer coisa assim, faça o mesmo nela... [*Ela inspira profundamente.*] Provavelmente, será um pouco estranho no início. [*Aviso a ela que esse novo ajuste deve ser estranho no início, porque é novo e desconhecido, contudo eu poderia ter sido mais claro.*] Se você tiver objeções, mande-o de volta para cá e lidaremos com objeções.

Melissa: Estou com medo.

Steve: Com medo. Bom. Do quê? Alguma vulnerabilidade? [*Ela concorda.*] Você pode falar um pouco disso?

Melissa: Estou com medo, medo do que ele possa dizer –

Steve: Coisas especiais para você e que a levariam de volta? [*Ela concorda.*] (Sim.) O que poderia protegê-la disso – dessa vulnerabilidade?

Melissa: Lembrar como me senti antes. [*Revendo a sessão, não tenho certeza se a sua afirmação se refere às "coisas especiais" que ele poderia dizer para trazê-la de volta ao relacionamento ou se lembrar do desagrado a protegeria de sua vulnerabilidade. Na ocasião, presumi que era a primeira opção e aparentemente ela entendeu o que eu queria dizer, portanto a comunicação ficou clara, embora eu não a tenha compreendido bem.*]

Steve: Lembrar dos bons tempos e dos bons sentimentos. Bem, há uma outra possibilidade: de que você pudesse ser muito clara com ele, mas isso está totalmente fora do seu mundo, e você simplesmente não se permitirá. Caso isso acontecesse, vocês poderiam tentar voltar a ficar juntos novamente. Mas você teria de ser muito cuidadosa. Precisaria ser capaz de se proteger de uma repetição. ...

Melissa: [*Parecendo um pouco pensativa, então balançando a cabeça.*] Não quero isso.

Steve: Você não quer isso. (Não.) OK. Então, que ajustes você poderia fazer na mente para ficar totalmente a salvo disso? (Para poder ver essa pessoa com quem teve momentos muito especiais e valorizar esses bons sentimentos, esses bons tempos, mas não é o suficiente para você. Você merece mais. [*Deliberadamente, uso as palavras "merece mais" porque Melissa disse há alguns minutos que ela merecia mais.*]

Melissa: O que eu posso fazer?

Steve: Internamente. Você já fez muitas mudanças internas e elas são ótimas. O que você poderia dizer para si mesma ou como poderia pensar nele – hum, como você poderia ver de maneira *clara*? É mais uma questão de congruência, de ser muito congruente consigo mesma, pois, apesar dos bons momentos que viveu com ele, esse elemento em particular da personalidade dele ou de seu comportamento não deixa você fazer parte desse tipo de relacionamento. Você merece mais. Para poder ser muito clara com ele, sem ficar vulnerável e cair de novo na mesma coisa, sendo maltratada novamente. ...

Melissa: [*Parecendo pensativa durante alguns minutos, então balançando a cabeça.*] Eu só – eu sei que ele nunca vai mudar.

Steve: Bem, você realmente não pode saber isso. Você não tem licença para prever o futuro, tem? [*Ela sorri.*] (Não, mas...) Eu não tenho. (Eu apenas...) Você não tem. Nesse momento, você não acha que ele vai mudar. (Certo.) Ótimo.

Melissa: Há algumas qualidades...

Steve: Você pode ter um bom motivo para estar certa.

Melissa: Eu tentei durante oito meses.

Steve: Sim. Portanto, *sabendo* disso, você pode entender muito bem que, se encontrá-lo no futuro e estiver com ele, será capaz de valorizar os bons tempos e saber com *muita*, muita clareza "Não, não mais". [*Ela sorri suavemente e concorda.*] (Sim.) OK. Faça um *test drive*. Feche os olhos. Imagine-se com essa pessoa. ... [*Seu rosto está relaxado e então ela concorda.*] Funciona? (Sim.) OK, agora tentemos novamente. Vamos trazê-lo de volta. [*Gesticulando do local do "ex" para o lado direito dela.*] Veja, você precisa dessa proteção antes de poder perdoar. Mas o perdão é muito, muito curativo. Ele ajuda a eliminar toda a raiva, ressentimento, mágoa etc. Se você conseguir representá-lo como faz com sua mãe [*Gesticulando da localização do "ex" para o lado direito dela.*] e se sentir segura, protegendo a si mesma e aos seus valores... [*Ela olha para baixo, para a direita durante um tempo e então o sorriso suaviza e há um ar de "satisfação", enquanto ela tem uma nova experiência que não esperava.*] Isso me parece bom. (Sim.) [*Ela sorri novamente, expirando.*] Você parece relaxada. Esse é um lindo sorriso.

Melissa: Eu acabo – percebo que minha mãe tinha seus defeitos e que ela sempre terá determinados defeitos.

Steve: Eles podem mudar. (Certo.) Talvez haja outros.

Melissa: Mas vou – eu a aceito pelo que ela é. (Sim, exatamente.) E é isso o que consigo me ver fazendo com ele. [*"Eu consigo me ver" poderia significar que ela está literalmente "vendo a si mesma" em uma imagem dissociada. Sabendo como ela está associada, duvido que esse seja o caso, mas faço uma anotação mental para verificar isso mais tarde.*]

Steve: Hummn. E eu tenho defeitos e você tem defeitos. E nós todos somos humanos. E nosso tempo está quase acabando. Você gostaria de fazer algum comentário ou pergunta?

Melissa: Eu quero – eu quero experimentar. (Com certeza.) De verdade. [*Ela sorri.*]

Steve: Esse é o lugar para realmente fazer o *test drive*. Com certeza. Experimente. (Sim.) [*Ela ri e sorri.*] Você consegue se imaginar experimentando isso de modo a se sentir em segurança – como você se sente com outras pessoas ou alguma coisa assim, para que sempre possa pegar alguém pelo braço e dizer "Me tira daqui!" [*Ela ri e sorri.*] (Sim.) Ou alguma coisa parecida, para que você tenha uma segunda camada de proteção. Agora, se você voltar à coisa original, a coisa na – (Escola?) a coisa da escola. (Sim.) Como seria se você voltasse e fizesse isso, porque foi lá que começamos. [*Ela fecha os olhos e imagina a cena.*] ...

Melissa: [*Concordando, com um pequeno dar de ombros.*] Calma. (Sem problema?) Apenas dizendo "OK. Há alguma outra maneira de conseguir isso?" "Não, não há; você precisa fazer isso." "OK, muito obrigada. Tenha um bom dia." [*Ela expira e ri. Agora, ela está respondendo espontaneamente a essa cena de maneira* **muito** **diferente** *daquela do início de nossa sessão.*]

Steve: Parece bom – quero dizer, olhando para o seu corpo – sua respiração e tudo. É confortável, certo? Agora tente isso – você imaginou dois ou três incidentes nos quais ficou zangada no passado. Volte para eles agora. Apenas os veja sem nenhuma intenção em particular, somente observe como eles se desenrolam por si mesmos.

Melissa: Consigo me ver com meu pai gritando. [*Ela gesticula com as duas mãos. Novamente, reparo que "Consigo me ver" poderia significar que ela está dissociada, algo que preciso lhe perguntar.*] Gritando comigo, e no passado eu gritaria de volta, você sabe.

Steve: Na hora, sim. O que dá a ele uma boa desculpa para gritar mais com você, certo?

Melissa: [*Rindo e sorrindo, animada e gesticulando com as mãos.*] Sim, eu sei. Mas eu – eu pude me ver realmente, hum, dizendo "OK, você sabe. Tudo bem, eu entendo", ou você sabe, sem ficar tensa. (Ótimo.) Eu estava calma. (Isso é bom?) Mas é uma sensação estranha. [*Rindo e sorrindo.*]

Steve: Não é familiar, certo? (Sim.) [*Quando alguém tem pela primeira vez uma nova resposta espontânea em um contexto no qual costumava responder de maneira muito diferente, é naturalmente uma sensação desconhecida. As pessoas costumam rotular isso de "estranho", como Melissa fez, e podem começar a achar que há algo errado nisso, em vez de perceber que se trata de uma sólida evidência de que uma mudança útil ocorreu. Portanto, quero recategorizar essa sensação imediatamente.*] OK, agora quero verificar uma coisa. Você disse que conseguia "ver a si mesma" calma. Você estava se olhando na televisão [*Gesticulando para uma televisão imaginária.*] ou estava realmente de volta àquele lugar [*Gesticulando na direção do meu corpo.*] com seu pai à sua frente.

Melissa: Eu estava de volta lá com meu pai. [*Ela usa os mesmos gestos que eu empreguei para me colocar na situação.*]

Steve: *Pensei* que provavelmente você estivesse fazendo isso, a maneira – por seu comportamento, mas eu queria verificar, porque às vezes, quando as pessoas olham para lá [*Gesticulando na direção da televisão imaginária.*], não funciona na realidade. [*Isso sugere que, por ela estar associada, **funcionará** na realidade.*]

Melissa: Não, eu de fato estava lá em pé, eu conseguia me ver, por exemplo, em pé lá, calma, relaxada.

Steve: *Muito bem!* [*Aperto a mão de Melissa.*]

Melissa: [*Rindo.*] Obrigada.

Steve: Obrigado. Isso é ótimo. Você tem alguma outra pergunta? Temos mais ou menos um minuto.

Melissa: Não. É isso ai. [*Séria.*] O que eu faço se não funcionar?

Steve: Ligue para mim. [*Ela ri.*] (OK.) Eu lhe darei meu telefone. (OK.) Falo sério. Às vezes fica faltando uma peça. Isso me parece realmente bom e não sei se você acompanhou o que estávamos fazendo, mas repetidamente perguntei sobre objeções e problemas [*Melissa concorda.*] e experimentamos alguma coisa. Bem, não deu certo e você tentou outra coisa e estava sendo agradável por fora, mas por dentro "Grrr". [*Ela sorri e ri.*] (Sim.) Continuamos trabalhando e melhorando o que vínhamos fazendo. Portanto, meu palpite é que funcionará bem. Mas sempre é possível que alguma parte de você esteja se "escondendo" e pensando "Bem, eu *acho* que vai funcionar". E então, quando a situação surgir, é como se ela dissesse "Oh-oh".

Melissa: Portanto, eu deveria ter essa sensação de bem-estar? Devo ficar pensando nela antes?

Steve: Você não deve precisar fazer nada. [*Muitas vezes, as pessoas perguntam se precisam conscientemente ensaiar ou fazer alguma outra coisa para tornar a mudança permanente. Mas se o trabalho que fizemos for congruente, ela deve ocorrer espontaneamente no mundo real da mesma forma que ocorreu nos* test drives *internos durante a sessão.*]

Melissa: Eu só devo ir lá e "improvisar".

Steve: Vá lá e improvise.

Melissa. OK. [*Concordando congruentemente.*] Posso fazer isso.

Steve: Eu acho que você pode. [*Ela sorri.*] Muito obrigado.

Melissa: Obrigada. [*Ela não me telefonou, portanto suponho que o que fizemos funcionou também no mundo real.*]

> *Um dos meus amigos íntimos passou cerca de dezoito anos na prisão chinesa e em campos de trabalho. No início dos anos 1980, eles o deixaram vir para a Índia. Na época, ele e eu discutimos suas experiências nos diversos campos de trabalho chineses. E ele me disse que, durante esses períodos, em algumas poucas ocasiões ele realmente enfrentou algum perigo. Perguntei que tipo de perigo e ele respondeu: "Ah, perigo de perder a compaixão pelos chineses". Esse tipo de atitude mental é, eu acho, um importante fator para manter a paz mental.*
>
> **Dalai Lama**

Nota de encerramento

*"Os inícios e os finais de todos os empreendimentos
humanos são confusos."*
John Galsworthy

Todas as aplicações de abrangência e categoria deste livro podem ser discutidas mais detalhadamente e há muitas outras aplicações interessantes a se descrever. Espero ter apresentado exemplos e descrições suficientes, permitindo-lhe aplicar essas distinções fundamentais à própria vida e ao trabalho, desenvolvendo-as ainda mais.

Existem muitas maneiras de descrever a experiência; abrangência e categoria são apenas uma delas. Espero ter mostrado que estas são formas úteis para compreender *qualquer* experiência, das mais simples até as descritas como "extremas". A seguir, um relato certamente incomum e que provavelmente estaria muito além da capacidade da maioria das pessoas, embora também possa ser compreendido com o uso de abrangência e categoria:

Morávamos na parte judaica de Varsóvia, minha esposa, duas filhas e nossos três menininhos. Quando os alemães chegaram à nossa rua, eles alinharam todos diante de uma parede e abriram fogo. Implorei para morrer com minha família, mas como falo alemão, eles me colocaram num grupo de trabalho. Eu precisava decidir, naquele momento, se me permitiria odiar os soldados que fizeram aquilo. Realmente, foi uma decisão fácil. Eu era advogado. Em minha prática, vira com muita freqüência o que o ódio podia fazer com a mente e o corpo das pessoas.

O ódio acabara de matar as seis pessoas com quem eu mais me importava no mundo. Então, decidi que passaria o resto da vida – fossem alguns dias ou muitos anos – amando cada pessoa com quem eu entrasse em contato.

(RITCHIE, 1978, P. 115-116)

Essa é uma afirmação verdadeiramente surpreendente. Quantos de nós poderíamos passar por esse tipo de experiência e sair dela com amor e não com ódio ou desespero? Enquanto a maioria nessa posição não teria controle sobre os sentimentos, ele sentiu o poder em si mesmo para ativamente *escolher* se odiava ou não os soldados. Como a sua abrangência incluía evidências das conseqüências mentais e físicas do ódio que ele vira "com muita freqüência" na prática, achou que era uma "decisão fácil" (!) escolher não odiar. Em vez de odiar os soldados, o que aumentaria o ódio e a violência no mundo, ele usou uma abrangência *muito* grande e se afastou daquele sentimento ruim. E, então, deu o próximo passo, comprometendo-se com um futuro de amor – outra escolha extraordinária. Esses são os tipos de escolhas que grandes seres humanos vêm demonstrando, incluindo muitos místicos, santos e profetas em toda a História.

Tudo que qualquer ser humano faz possui uma estrutura de abrangência e categoria. Ser capaz de descobrir essa estrutura ajuda a tornar possível que mais pessoas respondam com mais recursos como ele fez – uma maneira de pensar tão rara quanto terrivelmente necessária nos desafios sociais, econômicos, políticos e ecológicos que enfrentamos. Usar bem o que escrevi aqui é o melhor agradecimento que você poderia me dar e lhe serei eternamente grato. Nós só podemos fazer isso juntos.

"Estamos no começo dos tempos para a raça humana. É razoável que enfrentemos problemas. Mas há dezenas de milhares de anos no futuro. Nossa responsabilidade é fazer o que podemos, aprender o que podemos, melhorar as soluções e passá-las adiante."

RICHARD P. FEYNMAN

Referências bibliográficas

ALLPORT, Gordon W. *The nature of prejudice*. Readin, MA: Addison-Wesley, 1954.

ANDREAS, Connirae. Aligning perceptual positions: a new distinction in NLP. *Anchor Point Magazine*, vol. 5, n. 2, 1991a. Disponível em: http://www.steveandreas.com/aligning.html.

ANDREAS, Connirae; ANDREAS, Steve. *A essência da mente: usando seu poder interior para mudar*. São Paulo: Summus, 1993.

ANDREAS, Connirae; ANDREAS, Tamara. *Transformação essencial: atingindo a nascente interior*. São Paulo: Summus, 1996.

ANDREAS, Steve. Breakthroughs and meltthroughs. *Anchor Point*, vol. 18, n. 2, p. 25-43, 2004. Disponível em: http://www.steveandreas.com/breakthroughs.html.

_____. Determinism: prerequisite for a meaningful freedom. *Review of existential psychology and psychiatry*, vol. 17, n. 3, 1967. Disponível em: http://www.steveandreas.com/determinism.html.

_____. *Diffusing reflexive anger* (vídeo/DVD). Zeig, Tucker & Thiesen, 1999a.

_____. Forgiveness. *Anchor Point Magazine*, vol. 13, n. 5, 1999b. Disponível em: http://www.steveandreas.com/forgiveness.html.

_____. *Is there life before death: I was an imaginary playmate in my past lives. (antologia)* Moab, UT: Real People Press, 1995.

_____. *The fast phobia cure* (vídeo/DVD). Evergreen, CO: NLP Comprehensive, 1984.

330 · STEVE ANDREAS

_____. *Transforme-se em quem você quer ser*. São Paulo: Summus, 2005.

_____. *Virginia Satir: the patterns of her magic*. Moab: Real People Press, 1991b.

ANDREAS, Steve; ANDREAS, Connirae. *Transformando-se*. São Paulo: Summus, 1991.

BANDLER, Richard. *Usando sua mente*. São Paulo: Summus, 1988.

BANDLER, Richard; GRINDER, John. *Patterns of the hypnotic techniques of Milton H. Erickson, M. D.,* vol. 1. Capitola, CA: Meta Publications, 1975a.

_____. *The structure of magic I*. Palo Alto, CA: Science and Behavior Books, 1975b.

BATESON, Gregory. "A social scientist views the emotions". In: KNAPP, Peter H. (Ed.). *Expression of the emotions in man*. Chicago, IL: International Universities Press, In., 1963.

_____. "Dialogue with Carl Rogers". 28 mai. 1975, UC Santa Cruz, CA: Bateson Archive, 1975.

_____. *Steps to an ecology of mind*. Nova York: Ballantine Books, 1972.

BATESON, Gregory; JACKSON, Don D.; HALEY, Jay; WEAKLAND, John H. Toward a theory of schizophrenia. *Behavioral Science*, vol. 1, n. 4, 1956 (reimpresso em *Steps to an ecology of mind*, 1972).

BEAULIEU, Danie. *Impact techniques for therapists*. Londres: Routledge, 2006.

BRONOWSKI, J. The logic of the mind. *American scientist*, 54, p. 1-14, 1966.

BROWN, George Spencer. *Laws of form*. Nova York: Bantam Books, 1973.

CAMERON-BANDLER, Leslie. *Lasting feelings* (vídeo/DVD). Evergreen, CO: NLP Comprehensive, 1987.

_____. *Soluções*. São Paulo: Summus, 1991.

DILTS, Robert B. *Sleigh of mouth: the magic of conversational change*. Capitola, CA: Meta Publications, 1999.

_____. *The encyclopedia of NLP*. Santa Cruz, CA: 2000. Disponível em: http://www.nlpuniversitypress.com/.

ERICKSON, Milton H. *Creative choice in hypnosis: the seminars, workshops, and lectures of Milton H. Erickson*, vol. 14. Nova York: Irvington Publishers Inc., 1992.

_____. *Healing in hypnosis: the seminars, workshops, and lectures of Milton Erickson*, vol. 1. NY: Irvington Publishers Inc., 1983.

_____. *Life reframing in hypnosis: the seminars, workshops, and lectures of Milton Erickson*, vol. 2. Nova York: Irvington Publishers Inc., 1985.

_____. *Mind-body communication in hypnosis: the seminars, workshops, and lectures of Milton Erickson*, vol. 3. Nova York: Irvington Publishers Inc., 1986.

ERICKSON, Milton H.; ROSSI, Ernest L. Varieties of double bind. *The American Journal of Clinical Hypnosis*, p. 143-157, 17 jan. 1975.

FLEMONS, Douglas. *Of one mind: the logic of hypnosis, the practice of therapy*. Nova York: W. W. Norton, 2002.

GORDON, David; MEYERS-ANDERSON, Maribeth. *Phoenix: therapeutic patterns of Milton H. Erickson*. Capitola, CA: Meta Publications, 1984.

_____. *Therapeutic metaphors: helping others through the looking glass*. Capitola, CA: Meta Publications, 1978.

GREENBERG, Dan. *How to be a jewish mother*. E. Rugherford, NH: Price, Stern, Loan, 1965.

HALEY, Jay. *Conversations with Milton H. Erickson*, vol. 1, *Changing individuals*. Nova York: Triangle Press/W.W. Norton, 1985a.

_____. *Conversations with Milton H. Erickson*, vol. 3, *Changing individuals*. Nova York: Triangle Press/W.W. Norton, 1985b.

JACOBS, Ed. *Creative counseling techniques: an illustrated guide*. Florida: Educational Media Corp., 1992.

KEENEY, Bradford P. *Aesthetics of change*. Nova York: Guilford Press, 1983.

KOOPMANS, Mathijs. "Schizophrenia and the family: double bind theory revisited", 1997. Disponível em: **http://www.goertzel.org/dynapsyc/1997/Koopans.html**.

LAING, R. D. *Knots*. Nova York: Random House, 1970. [*Laços*. 6. ed. Petrópolis: Vozes, 1991.]

LAKOFF, George. *Women, fire, and dangerous things: what categories reveal about the mind*. Chicago, IL: University of Chicago Press, 1987.

LAKOFF, George; JOHNSON, Mark. *Metaphors we live by*. Chicago, IL: University of Chicago Press, 1980.

LANKTON, Stephen R.; LANKTON, Carol H. *Tales of enchantment*. Nova York: Brunner/Mazel, 1989.

McCULLOCH, Warren S. *Embodiments of mind*. MIT Press, 1965.

NARDONE, Giorgio; PORTELLI, Claudette. *Knowing through changing*. Carmarthen, Gales: Crown House Publishing, 2005.

O´HANLON, Bill. *Do one thing different: and other uncommonly sensible solutions to life's persistent problems*. Nova York: William Morrow & Co., 1999.

O´HANLON, Bill; HEXUM, Angela. *An uncommon casebook: the complete clinical work of Milton H. Erickson, M.D.* Nova York: W. W. Norton, 1990.

PAULOS, John Allen. *I think, therefore I laugh; the flip side of philosophy*. Londres: Penguin Books, 2000.

RITCHIE, George G. *Return from tomorrow*. Grand Rapids, MI: Baker Book House, 1978.

ST. CLAIR, Carmen Bostic; GRINDER, John. *Whispering in the wind*. Scotts Valley, CA: J & C Enterprises, 2001.

WATZLAWICK, Paul. *How real is real?* Nova York: Random House, 1976.

_____ (Ed.). *The invented reality*. Nova York, NY: W. W. Norton & Co., 1984.

_____. *The language of change: elements of therapeutic communication*. Nova York: Basic Books, Inc., 1978.

WATZLAWICK, Paul; WEAKLAND, John; FISCH, Richard. *Change: principles of problem formation and problem resolution*. Nova York, NY: W. W. Norton & Co., 1974.

WEAVER, Warren. The imperfections of science. *Proceedings of the American Philosophical Society*, vol. 104, n. 5, out. 1960.

WHITEHEAD, Alfred North; RUSSELL, Bertrand. *Principia mathematica*. Cambridge: Cambridge University Press, 1910.

Outros livros sobre programação neurolingüística (PNL):

ANDREAS, Steve. *Seis elefantes cegos – Princípios fundamentais de abrangência e categoria na programação neurolingüística*. vol. 1. São Paulo: Summus, 2007.

_____. *Transforme-se em quem você quer ser*. São Paulo: Summus, 2005.

_____. *Virginia Satir: the patterns of her magic*. Real People Press.

ANDREAS, Steve; ANDREAS, Connirae. *Transformando-se*. São Paulo: Summus, 1991.

_____. *A essência da mente*. São Paulo: Summus, 1993.

ANDREAS, Connirae; ANDREAS, Tamara. *Transformação essencial*. São Paulo: Summus, 1996.

COLGRASS, Michael. *My lessons with Kumi – how I learned to perform with confidence in life and work*. Real People Press.

SBPNL é pioneira em Programação Neurolingüística no Brasil

Criada em 1981, a Sociedade Brasileira de Programação Neurolingüística foi a primeira empresa a trabalhar esta ciência no Brasil. Associada à American Society of Neurolinguistic Programming, tem o aval de qualidade dos criadores mundiais da PNL. Mantém intercâmbio de tecnologia com o Dynamic Learning Center (Robert Dilts e Todd Epsteim), Grinder DeLozier & Associates (John Grinder) e NLP Comprehensive (Steve e Connirae Andreas).

A SBPNL é referência em PNL no país, tornando-se igualmente um centro gerador e formador de novas idéias, estudos e pesquisas na área. Seus cursos vão desde a introdução à PNL até seu aperfeiçoamento, como o Practitioner e o Master Practitioner.

Os cursos são ministrados por Gilberto Cury e pela equipe de instrutores da SBPNL, formados pelos principais nomes da PNL no mundo, como Richard Bandler, John Grinder e Robert Dilts. Todos com sólida formação e experiência. Também participam assistentes treinados pela SBPNL, que, além de qualificados, passam por constante atualização.

Escrever para a SBPNL é a maneira de garantir a qualidade de treinamento recebido, com o endosso de Richard Bandler, John Grinder e de Steve Andreas.

Sociedade Brasileira de Neurolingüística
Rua Fernandes Borges, 120 – São Paulo/SP
Telefone: (11) 3887-4000
Internet: www.pnl.com.br
E-mail: pnl@pnl.com.br

IMPRESSO NA

sumago gráfica editorial ltda
rua itauna, 789 vila maria
02111-031 são paulo sp
telefax 11 **2955 5636**
sumago@terra.com.br

G R Á F I C A
sumago